W0333915

Danke Sai Baba

STEPHAN VON STEPSKI-DOLIWA

DANKE SAI BABA

DOLIWA VERLAG

Foto auf dem Cover von R. Padmanaban, Puttaparthi, Indien
Foto auf der Rückseite von Detlev von Kessel, Sarasota, USA

Alle Rechte vorbehalten, auch die der photomechanischen Wiedergabe und der Speicherung auf elektronischen Medien.
Dies gilt sowohl für den gewerblichen als auch für den privaten Bereich.

1. Auflage 2008
Copyright © 2008 by Doliwa Verlag ®
Lerchenstr. 10, D 82284 Grafrath
Telefon: +49 8144 / 99 82 82 7, Fax: +49 8144 / 99 66 77

E-Mail: kontakt@doliwa-verlag.de

www.doliwa-verlag.de
www.vonstepski.de

Einbandgestaltung: Stephan von Stepski-Doliwa, Dr. Dieter Gruchmann
Textlayout: Ulrike Wolter
Satz, Druck- und Bindearbeit: Heichlinger Druckerei GmbH
Printed in Germany

ISBN 978-3-930889-27-3

Inhalt

Danksagung

Natürlich müsste ich diese Danksagung damit beginnen, dass ich Sai Baba danke, da ohne ihn dieses Buch niemals entstanden wäre. Das ganze Buch handelt aber genau davon, weswegen ein Dank an ihn an dieser Stelle eher eine Einschränkung denn eine Betonung wäre. Aber – wie nun einmal die wunderbaren Widersprüche des Lebens wirken: Genau in der Überlegung, hier keinen Dank auszusprechen, ergibt er sich. So ist es nun einmal: Gott sei Dank (!) kann man das Wichtige und Stimmige nicht einschränken!

Wem ich hier den größten Dank ausspreche, ist Ulrike Wolter. Sie hat alle Bücher seit *Sai Baba spricht zum Westen* formatiert. Immer war sie absolut zuverlässig, hilfsbereit, positiv und gebend. Vielen Dank, liebe Ulrike.

Sehr danke ich für die hervorragende Lektoratsarbeit Maare Schönhöfer, Dr. Oliver Rumpf, Dr. Ralph Müller und Marianne Glaßer. Sie haben mir in vielem wunderbar geholfen.

Zudem danke ich an dieser Stelle meinen Seminarteilnehmern, durch die ich so unendlich viel lernte und die aus mir einen viel besseren Menschen machten.

Und zum Schluss, als besondere Betonung, danke ich meiner Frau Constanze, die alles mit mir – wie übrigens bei jedem Buch! – durchging und mich immer wieder so herzlich und engagiert beriet. Vielen Dank.

Puttaparthi, 18.8.2008

Einleitung

Im Oktober 2007 saß ich wieder einmal auf dem Tempelplatz bei Baba und dachte darüber nach, wie viel ich in diesen 21 Jahren seit meinem ersten Besuch 1986 bei ihm bekommen habe. Dabei empfand ich das starke Bedürfnis, darüber ein Buch zu schreiben.

Gleichzeitig war mir klar, dass ich nicht alles berichten kann, denn sonst würde es ein Buch mit mindestens 1000 Seiten werden. Zudem wäre vieles zu privat und/oder langweilig für den Leser.

Meine Frau Constanze, unser Sohn Gopala und ich haben aber so viel erlebt, von dem ich denke, dass es auch andere berührt. Davon wollte ich berichten.

Als ich dann im Februar 2008 wieder bei Baba war, schrieb ich die Glicderung handschriftlich auf einen Block.
Anschließend flog ich in die USA und wurde krank. So hatte ich die Zeit, mir den Inhalt des Buchs im Detail vorzustellen.
Tippen konnte ich nur die Gliederung. Sehr viel weiter kam ich nicht.

Nun bin ich wieder in den USA und habe gestern das Buch nicht nur fertig geschrieben, sondern auch noch einmal durchgelesen und korrigiert.

Noch einmal werde ich es, wie jedes Buch!, mit Constanze lesen und verbessern. Dazu fahren wir Anfang August zu Sai Baba nach Puttaparthi und kommen mit dem fertig korrigierten Buch 14 Tage später zurück.

Denn das Ziel ist, dass es am 23. November zu Babas Geburtstag vorliegt, als kleines Geschenk von jemandem, der für sehr, sehr vieles von Herzen dankbar ist.

Stephan von Stepski-Doliwa Sarasota, 25.5.2008

1. Kindheit in Italien

Meine Mutter

Gott danke ich sehr für meine Mutter Brigitte von Stepski-Doliwa, geb. von der Schulenburg, eine großartige Frau. Sie war großzügig, sehr positiv, sehr fröhlich, sehr frei lassend, hatte viel Humor und einen, wie sie gesagt hätte, „großen Wurf". Zudem ruhte sie in sich und konnte sehr gut mit Menschen umgehen. Und warum konnte sie das? Weil sie sehr viel gab.
Als wir 1954 nach Italien zogen – ich erinnere noch genau die lange, lange Bahnfahrt –, befand sich unsere neue Heimat, die Villa meiner Großtante Lilly, in keinem guten Zustand. Was mich schon damals als Vierjährigen verwunderte, waren die erstaunlich vielen Bediensteten, die bei meiner Tante angestellt waren, und das, obwohl kaum einer, wenn überhaupt, etwas zu tun hatte. Zudem ging es vielen schlecht. Sie litten unter vielfältigen Schmerzen, Verspannungen oder Rheuma.
Meine Mutter, die dort nur *Signora Baronessa* genannt wurde, gebärdete sich nicht als „große Dame", sondern nutzte ihre große Fähigkeit, Menschen durch Massagen zu helfen. So massierte sie alle, die litten.

Mein Vater fand das gar nicht gut. So kam es wiederholt zu Diskussionen zwischen meinem Vater und meiner Mutter. Sie ließ sich aber nicht beirren, massierte viel und erreichte viel. Noch nach Jahren haben mich immer wieder Menschen darauf angesprochen, wie sehr meine Mutter ihnen geholfen habe. Ich weiß von einer Frau, die als kleines Mädchen sehr unter Asthma gelitten hatte. Sie erzählte mir, dass sie durch die Massage meiner Mutter völlig beschwerdefrei geworden sei. Durch diesen Einsatz erreichte meine Mutter die Herzen der Menschen unmittelbar. Aus diesem Grunde nahm sie immer eine besondere Stellung ein, nicht weil sie die *Baronessa* war, sondern weil sie bewiesen hatte, dass ihr die Menschen wichtig waren und sie sich persönlich für diese einsetzte. Das wirkte sich natürlich direkt aus. Ich weiß, dass damals viele Haushalte Angestellte suchten, aber keine fanden. Meine Mutter dagegen war immer von Menschen umgeben, die ihr halfen und sie liebten. Einerseits durch ihren Einsatz für andere, andererseits durch ihr Fröhlichsein.

Ich habe sehr viel durch meine Mutter gelernt. Zum Beispiel sagte sie jedes Mal, wenn ihr Dinge merkwürdig erschienen: „*Wir wollen erst einmal sehen, wie alles zusammenhängt*!“ Sie lehrte mich damit sehr früh, stets beide Seiten bezüglich eines Sachverhaltes zu hören.
Zudem lehrte sie mich den Unterschied zwischen Humor und Witz beziehungsweise, einen Sinn für Witze zu entwickeln. Meine Mutter hatte, wie gesagt, viel Humor, aber kaum Sinn für Witze. Ich dagegen liebte es, Witze zu erzählen. Häufig lachte dann die ganze Familie, nur meine Mutter nicht. Sie schaute verdutzt in die Runde und verstand überhaupt nicht, worüber gelacht wurde. Vielmehr amüsierte sie sich über uns, dass wir über eine derartige „Banalität“ so lachen konnten. Irgendwann fragte sie: *„Was ist daran so komisch?“* Daraufhin erklärte ich ihr den Witz, der nun natürlich nicht mehr witzig war. Völlig zu Recht sagte sie dann: *„Das ist ja gar nicht witzig. Aber ihr findet es komisch. Wunderbar!“* Und lachte mit uns. Diese positive Form, eine Kommunikation zu führen, hat mich sehr viel gelehrt und ist ein Meilenstein auf meinem Weg, obwohl ich selber noch viel, sehr viel dazulernen musste.

Wofür ich meiner Mutter besonders dankbar bin, ist, dass sie mir gegenüber sehr frei lassend und verständnisvoll war. Sie war geduldig und stets bemüht, uns Kinder zu verstehen. Ich hatte dadurch immer das Gefühl, ernst genommen zu werden. Völlig selbstverständlich besprach meine Mutter alle wichtigen, die Kinder betreffenden Dinge mit uns, was natürlich meinen Selbstwert enorm förderte.
Was ich aus der Sicht eines Schülers besonders angenehm fand, war, dass meine Mutter sich nicht um unsere Hausaufgaben kümmerte. Das war zwar für meine schulischen Erfolge nicht immer das Beste, erzog mich aber zur Selbstverantwortung.

Gab es Probleme, war sie es, die sich in der Schule für uns einsetzte. Und dies immer mit Erfolg.
So fuhr sie einmal nach München, um zu hören, wie es meiner Schwester dort in der Schule ginge. Zu ihrem großen Erstaunen erfuhr sie von der Klassenlehrerin, dass diese vorhatte, meine Schwester durchfallen zu lassen. Die Reaktion auf diese Mitteilung war typisch für meine Mutter. Sie sagte nämlich: „*Ich bin nicht den langen Weg von Italien hierher gekommen, um zu hören, dass meine Tochter durchfällt, sondern um herauszufinden, wie sie versetzt werden kann!*" Und: Sie schaffte es. Sie fand zusammen mit der Lehrerin eine Lösung, wie meine Schwester versetzt werden konnte.

Für mich setzte sie sich genauso ein wie für meine Schwester. Mit Sicherheit ist es ihrem Einsatz zu verdanken, dass ich immer versetzt wurde, denn sie hat sowohl mit den Lehrern gesprochen als auch mir sehr deutlich vermittelt, dass ich verantwortlich sein müsse. Klar war aber auch, dass, sollte etwas schiefgehen, ich mich auf sie verlassen konnte. Ihre Haltung, keine Probleme zu sehen und Lösungen nicht zu *suchen*, sondern zu *finden*, hat mir sehr, sehr viel gegeben. Diese Lebenseinstellung ist noch heute der Maßstab, an dem ich mich orientiere. Vor allem, weil sie mir, wie gesagt, vermittelte, dass ich zwar verantwortlich sein müsse, dass ich mich aber, wenn etwas schiefginge, auf sie verlassen könne.

Besonders schön war für mich eine „Institution", die meine Mutter einführte: Sie machte mit mir jedes Jahr eine Reise. Zunächst machte sie diese auch mit meinen Geschwistern, aber dann konnten diese aus verschiedenen Gründen nicht mehr, und so gingen nur noch wir beide jährlich auf Reisen. Meine Frau Constanze lacht schon, wenn wir über irgendein Reiseziel sprechen und ich sage: „*Dort war ich schon, es ist wunderschön*", und was antwortet Constanze darauf? Genau: „*Ah, da warst du sicherlich mit deiner Mutter!*" Und häufig hat sie Recht.

Bei diesen Reisen bewies meine Mutter Mut und Freude am Abenteuer. Ihr verdanke ich es, im freien Deutschland geboren und aufgewachsen zu sein. Als die russische Armee drohte, das heutige Sachsen-Anhalt zu erobern, packte meine Mutter zwei Wagen mit jeweils zwei Pfer-

den, belud sie mit dem Wichtigsten und fuhr mit meinen beiden Brüdern und ihrer Freundin Annekathrine von Wangenheim gen Westen. Sie verließ damit eine Heimat, in der ihre Familie nicht weniger als 800 Jahre gelebt hatte.
An der Grenze angekommen, verlangte ein amerikanischer Offizier nach den Ausreisepapieren. Meine Mutter reichte ihm geistesgegenwärtig die Diplome von ihr und Tante Annekathrine, die sie beide beim Abschluss der Diätküche bekommen hatten. Zum Glück für meine Mutter war der Offizier mehr an seiner Freundin als an diesen Papieren interessiert und winkte sie durch! Welch eine Gnade! Danke, Lieber Gott.
Dann landete sie in der Nähe von Fulda bei ihrer Tante Armgard von Riedesel, einer Schwester ihres Vaters, die sie in ihrem Schloss in Freiensteinau aufnahm. Hier wurde ich 1950 geboren. 1954 ging es dann vom fränkischen Gunzenhausen aus, wo mein Vater eine Anstellung als Landwirtschaftslehrer bekommen hatte, nach Italien. Man kann wahrlich nicht sagen, dass meine Eltern keinen Mut zur Veränderung gehabt hätten!

Diesen Mut benötigte meine Mutter viel später noch bei unseren Reisen, denn mein Auto als Student war ein klappriger Citroen 2 CV. Wie eine Ente wackelte es auf der Straße und legte sich so richtig in die Kurven. Meine Mutter fand das herrlich. Ebenso, dass ich steile Straßen nur im Rückwärtsgang hochkam. Einmal, bei einem sehr steilen Pass, blieb ich auf der Hälfte stehen, weil meine schlappe Ente es nicht mehr schaffte. Meine Mutter zeigte großes Interesse daran, was nun wohl geschehen würde. Ich hielt einen VW-Bus an und bat dessen netten österreichischen Fahrer, uns hochzuziehen. Als dieser sogleich zustimmte, war das für meine Mutter wieder ein wunderbares Abenteuer, das ihr den Tag noch schöner werden ließ.

Außer diesem Sinn für das Unvorhergesehene und Abenteuer aller Art verdanke ich meiner Mutter viele, viele Anregungen, ein kunsthistorisches Interesse und die Freude an Schönem. Denn auch das hatte sie: Einen absoluten Sinn für Ästhetik und ein Interesse, uns schlicht, aber sauber und schön zu kleiden und das Haus wie den Garten ansprechend zu gestalten. So achtete sie darauf, dass, wann immer es möglich war, irgendetwas blühte und frische Sträuße aus dem Garten im Haus waren. Schnittblumen wiederum hätte sie nicht gekauft, dafür war sie viel zu sparsam.

Zudem hatte meine Mutter wunderbare Sprüche wie zum Beispiel:
„*Lehre die Jungen weisheitsvoll, du wirst ihnen nichts ersparen; was ihnen wirklich helfen soll, müssen sie selbst erfahren!*"
Oder: „*Du kannst den Ochsen zur Tränke führen, du kannst aber nicht machen, dass er säuft.*"
Weitere Sprüche, die ich gerne verwende, sind: „*Reisende sollte man nicht aufhalten.*" Oder: „*Zehn Mal Pech ist Pech. Elf Mal Pech ist Schuld!*"
Und: „*Zehn reiten vorbei und der Elfte sieht es nicht.*"
Besonders hat mir der folgende Spruch geholfen, der mich lehrte, in allem Schwierigen das Positive zu sehen: „*Chaque malheur quelque chose est bon*" – *Alles Unglück ist für etwas gut!*

Die Art und Weise, wie und wann meine Mutter diese Sprüche verwendete, machte deutlich, wie klug und souverän sie mit vielen Situationen umging. Sie hat mich damit gelehrt, dass ein passender Spruch selbst eine nicht ganz einfache oder sogar schwierige Situation sehr positiv beeinflussen kann.

Hier und ebenso im Kapitel *Therapieausbildung* spreche ich davon, dass meine Mutter sehr frei lassend war. Was damit zusammenhing und was sie ebenfalls charakterisierte, war ihre unkonventionelle Art und ihr „Revoluzzertum". Ihre unkonventionelle Art zeigte sich zum Beispiel, als ein Mann zu uns kam, der nur mehr seinen linken Arm hatte. Jeder gab ihm zur Begrüßung die rechte Hand, wodurch das Händeschütteln im wahrsten Sinne des Wortes linkisch ausfiel. Nicht meine Mutter: Sie gab ihm beherzt die Linke, was nach ihr auch ich tat, und es war dem Mann sichtlich angenehm.

Das „Revoluzzertum" meiner Mutter drückte sich darin aus, dass sie sehr stolz war, dass einer ihrer Vorfahren von der Schulenburg ein Raubritter gewesen war. Sie liebte es, die Geschichte zu erzählen, dass dieser Raubritter zu einem Ablasshändler ging und – wahrscheinlich mit geraubtem Geld! – seine vergangenen und seine zukünftigen Sünden abbezahlte. Einige Tage später überfiel er dann diesen Ablasshändler und raubte ihn aus – keine Sünde, denn er hatte ja bereits dafür gezahlt! Meine Mutter lehnte unmoralisches beziehungsweise unethisches Verhalten ab und verabscheute es, wenn Institutionen ihre Macht missbrauchten. Da kam ihr dieser Raubritter als Mini-Robin-Hood gerade recht, denn er machte mit seiner Missetat deutlich, wie absurd der Ablasshandel war.

Ich danke ihr auch sehr, dass sie mich bei meinem für meine Familie absolut ungewöhnlichen Studienwunsch – Philosophie, Psychologie und politische Theorie – in jeder Hinsicht unterstützte. Und dies, obwohl sie mit den Inhalten dieser Fächer gar nichts anfangen konnte. Sie spürte, dass dieser Weg für mich richtig war, und sorgte dafür, dass ich diese mir so wichtige Fächerkombination studieren konnte.
Und ich danke ihr ausdrücklich dafür, dass sie für unser Wohlergehen, unsere Freude und unsere positive Entwicklung keine Auseinandersetzung mit unserem Vater scheute. Sie ist mir heute noch ein Beispiel an Mut, Klugheit und Gelassenheit.

Mein Vater

Mein Vater war ein sehr intelligenter, witziger, schlagfertiger Mann, der aus dem Stegreif die spannendsten und amüsantesten Reden halten konnte. Er war auch ein sehr eleganter Mann, der noch dazu besonders in seiner Jugend unglaublich schnell und beweglich war. Über seine Schlagfertigkeit wurde immer gemutmaßt, er habe sie von seiner Tante Lilly, von der er das Gut geerbt hatte. Als während des Zweiten Weltkriegs eine kommunistisch aufgehetzte Delegation Bauern zu ihr kam und meinte, von nun an gehöre das Land denjenigen, die es bearbeiteten, antworte Tante Lilly völlig gelassen: „*Der Meinung bin ich auch. Denn wer das Land bearbeitet, sind die Ochsen, und die gehören mir!*“ Die Delegation machte daraufhin auf dem Absatz kehrt und behelligte meine Tante nie wieder.

Leider ruhte mein Vater aber nicht in sich, sondern war launisch und hatte ein schreckliches Lebensmotto. Er sagte bei allen großen Entscheidungen: „*Wenn ich einmal positiv denke, geht es mit Sicherheit schief!*“ So verlief sein Leben nach dem Motto: „*Du bekommst, was du denkst.*“

Meine Eltern hatten im Grunde alles. Der Urgroßvater meines Vaters war der österreichische Kommandant von Venedig. Der Großvater meines Vaters hatte eine Bank in Venedig und war ein sehr angesehener Konsul. Er hat viele Häuser und einen großen Grundbesitz erworben.

Ein Vorfahre meiner Mutter, der *Condottiere* Johann Matthias Graf von der Schulenburg, rettete Venedig vor den Türken. Deswegen prangt an einer Wand im Arsenal in Venedig – der größten Schiffswerft im Mittelalter – eine große Büste von ihm. So war die Familiengeschichte meiner beiden Eltern eng mit Venedig verbunden. Die alten Dogenfamilien wussten dies und ebenso, dass zu der Zeit, als mein Ururgroßvater Kommandant von Venedig war, der österreichische Kaiser ihnen den Grafentitel verliehen hatte, um sie an Österreich zu binden. Davor hießen sie schlicht *Nobiluomo, Nobildonna* – Edelmann, Edelfrau.

Durch diese ihre Familiengeschichte verkehrten meine Eltern selbst mit den ältesten Familien des *Veneto* auf Augenhöhe. Zudem kamen meine Eltern nach Italien, als dort die goldenen Sechzigerjahre begannen. Und was tat mein Vater? Während andere Vermögen aufbauten, die weit reichenden gesellschaftlichen Kontakte nutzten und damit äußerst erfolgreiche Geschäftsideen umsetzten, lebte mein Vater nach seiner obigen Devise. Und er ergänzte sie zu gegebener Zeit noch durch sein anderes, ebenso wenig Erfolg versprechendes Motto: „*Schuster, bleib bei deinem Leisten*“. Somit verlor mein Vater ein Vermögen, war unglücklich, verließ Italien und ging zurück in sein geliebtes München ins Altersheim. Witzig, wie er war, umschrieb er seine Stimmung dort folgendermaßen: „*Was ist der Unterschied zwischen einem Altersheim und einem Zuchthaus? Aus dem Zuchthaus kommt man bei guter Führung wieder raus!*“

Meine Eltern hatten wirklich alles: Vier gesunde, intelligente Kinder, ein wunderbares Zuhause, unendlich viele Möglichkeiten, und sie kannten die interessantesten Menschen. Und wie starb mein Vater? Absolut enttäuscht.

Und noch etwas fiel mir auf: Mein Vater ging regelmäßig in die Kirche. Alle 14 Tage fuhren wir 60 km Landstraße nach Venedig, nahmen dann den *Vaporetto*, das Linienboot, und waren natürlich pünktlich um 11 Uhr in der Kirche. Das bedeutete jeden zweiten Sonntag spätestens um 6:30 Uhr aufstehen, waschen, anziehen, frühstücken, eine Stunde Fahrt bis Venedig, Parkplatzsuche, Boot nehmen und dann noch ein Stück zur Kirche laufen. In den Fünfzigerjahren dauerte es noch länger, denn da gab es noch den Zoll!

Die Kirche befand sich in der ehemaligen Schule der Kirche *Santi Apostoli*, einem im Grunde wirklich schönen Bau. Als Kind fand ich ihn aber nur feucht, kalt und nicht besonders attraktiv. Das Gleiche galt für den Pfarrer und dessen Predigten, die mich auch nicht besonders ansprachen.

Erst viel später verstand ich etwas Entscheidendes: Mein Vater war nicht besonders gläubig. Sein Glaube bezog sich auf die Kirche und nicht auf Gott. Das freute offensichtlich den Pfarrer, denn ich weiß nicht, was mein Vater alles verkauft hat, um die Kirche herzurichten.

Meiner Mutter wiederum war das alles nicht wichtig, denn sie war überhaupt nicht gläubig – sie hielt sich da lieber an ihren Vorfahren, den Raubritter! Sie fuhr lediglich mit nach Venedig, um meinen Vater und uns Kinder zu begleiten.

Das war für mich eine entscheidende Lehre: Man kann alles haben, hat man aber die falsche Lebenseinstellung und keinen Glauben, nützt einem das alles nichts.

So haben mir meine Eltern unendlich viel gegeben. Und mein heutiges Leben ist ohne sie nicht denkbar.

Und dies, obwohl sie mit sehr vielem, was mir wichtig ist, überhaupt nichts anfangen konnten.

Ja, vieles habe ich geändert oder auch ändern müssen, was für meine Eltern beziehungsweise meine Familie noch völlig selbstverständlich war. Und trotzdem habe ich ihnen sehr viel zu verdanken und weiß genau, dass ich ohne sie nicht erreicht hätte, was ich heute – natürlich auch durch Gottes Gnade – erreicht habe.

Zum Schluss möchte ich noch eine wunderbare Eigenschaft meines Vaters erwähnen: Er erlebte immer wieder die lustigsten Geschichten und konnte sie herrlich erzählen. Eine, die mein Vater immer wieder erzählte, möchte ich hier zum Abschluss des Berichts über meine Eltern wiedergeben:

Wie ich bereits schilderte, war das Haus meiner Tante Lilly voller Angestellter. Darunter befand sich ein Ehepaar, Giovanni und Giovanna. Diese stritten sich so sehr, dass sie sogar handgreiflich wurden. Giovanna wehrte sich nach Leibeskräften und soll Giovanni auch immer wieder ordentlich zugesetzt haben. Einmal war Giovanni so wütend, dass er nach Giovanna trat. Diese sprang gekonnt zur Seite und Giovanni traf nicht sie, sondern die Wand und brach sich den Fuß! Er musste ins Krankenhaus, wo er verarztet wurde. Zur Kontrolle, weil er noch erhebliche Schmerzen hatte, sollte er eine Nacht da bleiben. In Italien war es damals Brauch, dass immer ein Familienangehöriger mit übernachtete, in diesem Fall in der dritten Klasse auf einem Stuhl neben dem Krankenbett. Nun wollte sich keiner für Giovanni die Nacht um die Ohren schlagen außer Occett, dem Bruder von Giovanna. „Occett" heißt auf Venezianisch „das kleine Auge", bedeutet aber „das Schlitzohr". Und das war er auch. Er hatte zum Beispiel den Krieg unbeschadet überstanden, weil ihm ein Ochse auf den großen Zeh gestiegen war. Der behandelnde Arzt sagte nämlich: „Wenn ich dir den Zeh abnehme, musst du nicht zum Militär!" Darauf Occett: „Dann nur ab damit!" So blieb er die ganze Zeit zu Hause im Warmen, während überall in Europa der Zweite Weltkrieg tobte.
Occett saß nun neben seinem nicht besonders geliebten Schwager und harrte nicht der Dinge, die da kommen sollten, sondern der Schwester, die da ging. Denn kaum war die Abendschwester gegangen, beugte er sich zu Giovanni und sagte: „Freundchen, du kannst morgen ausschlafen und ich muss arbeiten. Also: Hurtig mit dir auf den Stuhl, damit ich schlafen kann!" So fand die Morgenschwester einen schlotternden Giovanni auf dem Stuhl und einen munteren, ausgeschlafenen Occett im Bett!

Mein Vater erzählte diese Geschichten absolut *cool*, wie man heute sagen würde. Das habe ich nicht von ihm geerbt, denn ich lache manchmal mehr als alle anderen über meine Geschichten. Ich bin sogar schon mehrmals vor Lachen vom Stuhl gefallen. Dann haben die anderen doch mehr als ich gelacht!

Meine Geschwister

Mein Bruder Roger

Meinem Bruder Roger habe ich sehr viel zu verdanken. Er war nicht nur ein vorbildlicher ältester Bruder, sondern hatte auch Sinn für mich, meine Späße, meine verrückten Einfälle und meine kleinen Sketche. Außerdem hat er sich immer wieder für die Gerechtigkeit in unserer Familie eingesetzt und deshalb häufiger großen Streit mit meinem Vater gehabt, der leider nicht sehr gerecht war und auch nicht immer Wort hielt.
Roger lebte seine Ideale und bildete sich in bewundernswerter Weise auf vielen Gebieten fort. Er hat mich viel gelehrt, wofür ich ihm ebenfalls sehr dankbar bin.

Meinem Bruder Roger habe ich zudem meinen Sinn für Architektur und Kunst und den „Umgang mit dem Nein" zu verdanken.
Roger kennt sich umfassend in Geschichte und Kunstgeschichte aus. Ich konnte ihn fragen, was ich wollte, er wusste über alles genauestens Bescheid.
Er kennt alle Kunstepochen und Kunstrichtungen und kann sogleich sagen, welcher Beschlag etwa zu welcher Kommode passt. Er entwarf Möbel, die unser Schreiner dann baute. Ich besitze immer noch einen sehr hübschen Sofatisch und ein Schränkchen, das nun seit Jahrzehnten mein Meditationsschränkchen ist.

Er ist sich so sicher in dem, was zusammenpasst und was nicht, was klassisch oder spießig ist, dass ich viel von ihm gelernt habe und früher gerne seinen Rat einholte.
So benötigte ich einst ein Paar Schuhe. Wir gingen in einen Schuhladen in Venedig und die Verkäuferin brachte einige Modelle. Sie gab

sich sichtlich Mühe. Das berührte mich und ich hätte beinahe Schuhe gekauft, die mir nicht gefielen, um ihr einen Gefallen zu tun.
In seiner dezidierten Art sagte Roger: „*Auf keinen Fall darfst du etwas kaufen, was dir nicht gefällt. Stattdessen musst du freundlich, aber klar Nein sagen. Das tust du jetzt!*" So sagte ich etwas ungelenk, dass mir kein Paar gefalle. Roger unterstützte mich dabei und wir gingen ohne neue Schuhe. Er bläute mir dies so ein, dass es mir bis heute in Erinnerung ist. Ich danke ihm sehr für diese kostbare Lehre.

Mein Bruder Hans Onno

Mein zweiter Bruder Hans Onno hatte es wirklich schwer. Er war von uns vieren offensichtlich der verträumteste, und dafür hatte mein Vater überhaupt kein Verständnis. So gab es sehr viele unschöne Begegnungen zwischen den beiden. Meine Mutter setzte sich besonders für meinen Bruder ein, dennoch hatte er es sehr schwer. Zu allem Unglück starb auch noch sein Lieblingsonkel Wille von der Schulenburg sehr früh an Krebs. Auf ihn hatte mein Vater gehört. Damit hatte Hans Onno eine seiner wichtigsten Stützen verloren.
Später heiratete er die reizende Hemma Mayrhofer von Grünbühl, die schon mit 30 Jahren Krebs bekam und nach zwanzig schwersten Jahren daran starb.
Hans Onno ist immer da, wenn man in Not gerät. Er hat viel Gemüt und Humor und es ist immer wieder sehr lustig und kurzweilig mit ihm.

Hans Onno erbte Piavon, das wunderschöne Gut meiner Eltern, welches mein Vater aus Steuergründen in eine Gesellschaft umgewandelt hatte. Obwohl mir Anteile gehörten, wollte ich nicht den gesamten Wert von Hans Onno ausgezahlt bekommen, da ich wusste, wie viel er meinen anderen Geschwistern zu zahlen hatte und wie sehr ihn die Krebserkrankung seiner Frau belastete.

Er hätte mein Angebot dankend annehmen können, doch er sagte mir mehrfach: „*Ich speise dich nicht mit einem Linsengericht ab. Du bekommst zu gegebener Zeit das Geld, das dir zusteht.*" Als ich das Haus in Grafrath umbaute und er erfuhr, in welch finanziellen Schwie-

rigkeiten ich steckte, überwies er mir den gesamten Wert meiner Anteile und half mir damit entscheidend, den Umbau zu Ende zu führen.
Hans Onno lehrte mich damit, dass Ethik über Geld, Anstand über finanziellen Interessen steht.
Ich danke ihm sehr dafür.

Meine Schwester Rosvith-Malvina

Meine Schwester war eine süße ältere Schwester für mich. Sie setzte mich schon als Zweijährigen in ihren Puppenwagen und fuhr mich überall hin. Es ging dann über Stock und Stein – bis der Puppenwagen zusammenbrach. Meine Eltern reparierten ihn stets – und wieder ging es los.
Meine Schwester und ich glichen uns wie Zwillinge: Wir waren lange Zeit gleich groß, hatten eine ähnliche Stimme und die gleiche Schrift, was natürlich für mich sehr günstig war, denn meine Schwester half mir häufig bei den Hausaufgaben. Oder sie schrieb mir einen Teil der Bedanke-mich-Briefe nach Weihnachten. Sie half mir auch aufzuräumen, denn das war nicht meine Stärke.

Zudem programmierte sie mich stets positiv, denn sie sagte mir immer und immer wieder: „*Du kannst machen, was du willst, du wirst erfolgreich werden. Ganz sicher!*" Sie hat mir damit sehr viel gegeben und ich bin ihr unendlich dankbar dafür.

Als ich etwa 15 war, meinte Malvina, ich bräuchte eine Geschmackserziehung, da ich keinen „klassischen Geschmack" hätte. Sie nahm mich, wann immer es ging, mit und stellte mich vor ein Schaufenster. Hier sollte ich nun sagen, was mir gefiel. Anschließend teilte sie mir mit, was spießig oder gar hässlich beziehungsweise schön war, und begründete, warum. Sie hat das so lange mit mir geübt, bis ich bei meinem Bruder Roger, dem „Geschmackspapst" der Familie, die „Prüfung" bestand.

Als ich in München studierte, wohnte sie ganz in der Nähe und kam immer wieder zu einem Tee vorbei, was ich liebte. Sie war aber sehr

unzufrieden mit meinem Geschirr. So besuchte sie mich eines Tages und brachte mir zwei wunderschöne Tassen mit. Sie war extra in die Stadt gegangen und hatte nach einem Geschirr gesucht, das zu mir passen würde. Sie hat sich so gut in mich hineingefühlt, dass dies noch heute mein Lieblingsgeschirr ist. Wir benutzen es täglich zum Essen und ich ergänze es sogar noch immer.
Ich danke ihr sehr für diese vielen wunderbaren Anregungen.

Das italienische Umfeld

Ich bin Gott unendlich dankbar, dass ich so früh nach Italien kam. Meine Geschwister mussten sofort in die italienische Schule, denn mein ältester Bruder war sieben Jahre älter, mein zweiter fünf und meine Schwester drei Jahre. Als erst Vierjähriger hatte ich dagegen genug Zeit, Italienisch zu lernen. Ich erinnere mich noch, wie schwer dies für mich war, hatte ich doch gerade erst Deutsch gelernt und musste nun erleben, dass mich keiner verstand. Aber alle Italiener um mich herum begegneten mir mit sehr viel Liebe und Wohlwollen. Zum Glück war besonders mein Vater so mit dem Neuanfang in Italien beschäftigt, dass er kaum Zeit für mich hatte. So wuchs ich mehr bei den Bauern, in den Kuhställen und auf den Feldern als Zuhause auf. Das gab mir einen Erfahrungsschatz, der mich heute noch erfreut (siehe die obige Geschichte mit *Occett*).
Das Italien von damals war im Gegensatz zu heute wunderschön und stimmungsvoll. Die Menschen, die Städte, die Dörfer und die Landschaft waren von einer ursprünglichen Schönheit, die mich sehr berührte. Das gab mir unendlich viel.
Zudem war unser Zuhause wunderschön: Es war eine alte Venezianische Villa, die – interessant! – der Graf Bonamico verkaufen musste, da er ein Riesenvermögen durch Frauengeschichten und sonstige Freizeitbeschäftigungen verspielt hatte. Mein Urgroßvater konnte die Chance nutzen und das Gelände samt Villa erwerben.
Zu unserem Haus gehörte ein großer Park von vier Hektar. Das war mein Reich während der gesamten Kindheit. Besonders gut verstand

ich mich mit den Arbeitern, von denen immer irgendwelche dort zu tun hatten. Sie sprachen alle nicht Italienisch, sondern Venezianisch, eine Sprache, die ich besonders liebe.

So erlebte ich in meiner Kindheit gleich zweierlei: Einmal die eher problematische Dynamik meiner Familie und im Gegensatz dazu das fraglose Aufgehobensein in einer uralten bodenständigen Kultur. Für beides danke ich meinem Schöpfer sehr, denn genau das bildete die ideale Voraussetzung für mein Leben und meine heutige Arbeit.

2. Rettungen und Veränderungen

Als kleines Kind war ich noch sehr gläubig, und es war für mich selbstverständlich, dass ich mich mit Gott unterhielt. Ebenso selbstverständlich war es für mich, dass Gott mir antwortete. Leider ging das später verloren. Ich nahm es deshalb damals ernst, wenn die Italiener immer wieder zu mir sagten: *„Ma Dio sì che ti protegge!"* – *Aber Gott schützt dich wirklich!* Ja, das tat er.

So war ich einmal vom Kuhstall auf den Heuboden und weiter aufs Dach geklettert. Ich war gerade fünf. Das Dach war nass, denn es hatte geregnet, und ich lief mit meinen Gummistiefeln darauf herum. Meine Mutter war gerade im Gemüsegarten und sah mich. Ganz ruhig sagte sie zu mir, ich solle unbedingt zurück in die Dachluke gehen. Das tat ich und bis heute ist mir nicht klar, wieso ich nicht rutschte.
Es passierte mir auch immer wieder, dass ich hinfiel. Ich weiß nicht, warum, aber genauso wenig, wie ich durch meine Legasthenie lesen und schreiben konnte, konnte ich laufen. Ich konnte zwar sehr schnell rennen, fiel aber immer wieder in gefährlichen Situationen hin. Wie häufig landete ich direkt vor den Ochsen eines Ochsenkarrens, die gerade noch halten konnten, oder ich fiel direkt vor einen Traktor, der ebenfalls gerade noch bremsen konnte.

Baumhaus

Dann kam ich mit zwölf Jahren auf die Idee, ein Baumhaus an den dicken Ast einer riesigen Platane zu hängen. Ich kaufte mir zwei Seile und hängte daran ein Haus mit den Grundmaßen 2 m x 3 m und 2 m Höhe, alles aus Brettern mit 2 cm Stärke gebaut. Wie diese Hanfseile von 2 cm Durchmesser dieses Gewicht halten konnten, ist allen unerklärlich. Als mein Vater das Haus sah, ließ er es sofort mit Stahlseilen unterfangen, denn ihm war bewusst, dass es jederzeit hätte herunterfallen können. Auch hier glaube ich, dass der Liebe Gott, zu dem ich einen so engen Kontakt hatte, mich beschützte, denn ich hatte häufig mit mehreren Freunden darin gesessen und wir hatten zum Teil wild darin getobt. Wären wir samt Haus aus der Höhe von etwa sechs Metern heruntergefallen, es wäre eine Katastrophe geworden. Danke, Lieber Gott, dass das gut ging.

VIOLETTA

Zu meinem sechsten Geburtstag machten mir meine Eltern ein Riesengeschenk. Ich bekam eine Eselin, Violetta, mit wunderschönem Zaumzeug und einem kleinen Kutschwagen. Anfangs machte es mir und meinen Freunden großen Spaß, mit der Eselin und dem Kutschwagen durch die Gegend zu fahren. Aber bald langweilte es uns. Also überlegten wir uns, wie wir Violetta zureiten könnten. Wir legten ihr also Zaumzeug an und ich schwang mich todesmutig auf ihren Rücken. Kaum saß ich, da sprang sie dreimal hinten hoch und schon lag ich im Gras. Also probierten wir es zu zweit. Mit dem gleichen Ergebnis. Schließlich schwangen wir uns zu dritt auf Violettas Rücken: Nun konnte sie uns nicht mehr so leicht abwerfen. Sie war aber schlau, rannte los, raste unter einem niedrigen Ast durch und streifte uns alle drei ab. Gott sei Dank hatte mein Vater vorausschauend eine sehr kluge Entscheidung getroffen. Er hatte dafür gesorgt, dass Violetta nur vorne Hufeisen trug, hinten aber unbeschlagen war. Dies bedeutete, dass es nicht sehr schmerzhaft war, wenn sie uns einmal traf. Und so gelang es uns langsam, sie zuzureiten.

ILIA

Einige Jahre später schenkte mir eine Geschäftspartnerin meines Vaters ein großes Kutschpferd, wiederum samt Wagen und Zaumzeug. Weil sie so groß war, nannte ich diese Stute Ilia in Anlehnung an das große trojanische Pferd. Von den Erfahrungen mit Violetta geprägt, beschloss ich, auch Ilia zuzureiten. Dies gelang mir, hatte aber weit reichende Konsequenzen.

So stand ich immer morgens früh auf und ritt noch vor der Schule über die Felder. Dies war wunderbar, denn der frische Morgen verzauberte die an sich schon so schöne Landschaft mit einem Schleier aus Tau und strahlendem Morgenlicht. Genauso genoss ich es, am Nachmittag oder Abend über die weiten Felder zu reiten, und war so zeitweilig Stunden unterwegs.

Mit Ilia hatte ich mehrere einschneidende Erlebnisse: Einmal galoppierten wir sehr schnell über ein Feld, als ich im allerletzten Augenblick einen gespannten Draht sah und mich gerade noch ducken konnte. Es war ein Wunder, dass ich diesen verrosteten Draht noch bemerkt hatte. Ich wusste sofort, dass ich hier ein Geschenk bekommen hatte. Nicht auszumalen, was geschehen wäre, wenn dieser dünne Draht mich bei dieser Geschwindigkeit am Hals getroffen hätte.
Eines Nachmittags, ich war damals 14, ritt ich auf einem Lehmweg, als Ilia direkt nach einer Kurve in einer Pfütze ausrutschte und stürzte. Sie fiel Gottlob nicht auf mein rechtes Bein, ich kam dafür mit voller Wucht auf meinem rechten Knie auf.
Hatte ich bisher mein Leben fast nur mit Rennen, Reiten, Klettern und Bogenschießen verbracht, so schmerzte mein Knie fortan und ich konnte nicht mehr wie früher mit meinen Freunden mithalten. Das war ein großer Schock. Und ein großes Geschenk, denn es markierte einen Wendepunkt, die Veränderung der Blickrichtung von außen nach innen.

Dieser Prozess wurde dadurch unterstützt, dass Ilia noch einmal stürzte. Diesmal überschlug ich mich und landete auf dem Rücken, Gott sei Dank auf feuchtem Boden direkt **neben** einem großen Stein. Ich möchte mir die Folgen lieber nicht vorstellen, wenn ich nur 30 cm weiter links mit meiner Wirbelsäule auf dem Stein gelandet wäre. Dennoch trug ich eine Verletzung am Rücken davon.

Beide Stürze, bei denen ich wirklich viel Glück hatte, veränderten mein Leben grundlegend. Ich konnte nicht mehr ungestüm springen, rennen und toben, sondern war von nun an in meinen Bewegungen eingeschränkt. Jetzt fielen mir plötzlich die guten Bücher auf, die

meine Mutter mir immer empfohlen hatte. Ich fing an zu lesen. Dies eröffnete mir eine Welt, die mir bis dahin völlig verschlossen gewesen war.
Bücher – Erfahrung, die man kaufen kann. Diesen wunderbaren Spruch las ich einmal als Werbung in einer Buchhandlung, und er wurde das Motto meines Lebens. Ich bin all meinen Büchern sehr dankbar, denn ich habe durch sie unendlich viel gelernt. Doch, ich habe auch den Preis dafür gezahlt.

Mit 21 bekam ich eine Gelenkmaus im rechten, verletzten Knie: Ein Stück Knorpel hatte sich gelöst und blockierte immer wieder das Gelenk, was unendlich schmerzhaft war. Ich musste sofort operiert werden und bekam eine Beruhigungsspritze vor der OP. Ich weiß heute noch den Namen des Mittels: *Thalamonal.* Anstatt mich zu beruhigen, löste es panische Ängste aus. Und wieder riss das Schicksal das Ruder meines Lebens herum. Auf Wunsch meines Vaters machte ich zu der Zeit eine Banklehre, bei der ich mich äußerst unwohl fühlte, obwohl ich sehr gut behandelt wurde. Aber dieses Abreißen, Stempeln und Entwerten von Aktiencoupons langweilte mich zu Tode. Kurz bevor ich ins Krankenhaus kam, hatte sich ein sehr netter Direktor gemeldet und mir mitgeteilt, er würde mich gerne fördern und sich von nun an um meine Entwicklung in der Bank kümmern. Wie wäre dann mein Leben wohl verlaufen?

In meiner Todesangst wurde mir deutlich, dass ich auf keinen Fall Karriere im Bankwesen und auch nicht mit Jura, was ich damals studierte, machen wollte. Mir wurde in diesem Moment vor der OP deutlich, dass es einen viel, viel größeren und tieferen Sinn im Leben gab – dem wollte ich mich widmen.
Kaum war ich aus dem Krankenhaus entlassen, kündigte ich bei der Bank und gab das Jurastudium auf. Mein Vater war empört. Er kam extra aus Italien angefahren, um mit mir zu reden. Als ich ihm dann auch noch offenbarte, dass ich Philosophie studieren wollte, dachte er, ich sei völlig übergeschnappt. Heute verstehe ich ihn, obwohl er es mir damals nicht leicht machte. Er konnte so wenig wie ich damals erkennen, dass mein Leben einen roten Faden hatte. Natürlich konnte er

damals nicht das sehen, was ich heute sehen kann. So machte er sich Sorgen, dass ich eines Tages *„unter der Brücke landen würde"*, wie er es formulierte. Er unterstützte mich dann aber doch in meinem Vorhaben, das für ihn noch befremdlicher wurde, als ich anschließend nicht nur Philosophie, sondern auch noch Psychologie studierte. Mein armer Vater, ich habe ihn wirklich strapaziert!

Durch die OP konnte ich nicht mehr lange stehen, nicht tanzen, nicht lange laufen und hatte selbst beim Autofahren Schmerzen. Ein recht „tollkühner" Arzt im Krankenhaus meinte, ich sollte mir mein Knie versteifen lassen. Gott sei Dank tat ich das nicht, sondern machte stattdessen viele Körperübungen (Bioenergetik und tiefgehende Massagen) und habe heute – Gott sei Dank! – keine Probleme mehr mit dem Knie. Es hatte die Funktion, mein Leben völlig zu verändern, und das ist ihm auch gelungen. Braves Knie.

Ertrinken

Wenn ich so zurückblicke, dann fallen mir weitere erstaunliche Vorfälle ein:
Es geschah am Strand in Caorle, der damals noch klein, idyllisch und wunderschön war. Ich war noch recht klein, vielleicht fünf. Ins Spiel im Wasser versunken merkte ich nicht, dass ich mich langsam dahin bewegte, wo ich nicht mehr stehen konnte. Plötzlich verlor ich den Boden unter den Füßen und bekam keine Luft mehr. In dieser Situation kam ein Mann, zog mich hoch, brachte mich ans Ufer und verschwand dann.

Das Gleiche passierte mir in München im Müllerschen Volksbad. Auch hier geriet ich irgendwie ins Schwimmerbecken und ging unter. Wieder kam ein Mann, zog mich heraus und verschwand dann.

Besonders dramatisch war es in Nizza. Damals war ich 14. Meine Eltern feierten Silberne Hochzeit, deswegen hatten sie uns zu einer Reise durch Frankreich eingeladen. In Nizza gingen wir, mein Vater,

mein Bruder Hans Onno und ich, an den Strand. Die Wellen waren sehr, sehr hoch. Trotzdem gingen wir baden – und wären um ein Haar alle drei „baden gegangen“!
Solange wir weiter draußen waren, konnten wir mit Leichtigkeit auf den riesigen Wellen reiten, was sehr viel Spaß machte. Das Problem bestand nun darin, wieder an Land zu kommen, denn dort brachen sich die Wellen. Ich kam auf die abwegige Idee, an Land zu kraulen. So geschah es, dass ich, als ich Luft holen wollte, mein Gesicht genau in eine sich brechende Welle drehte und folglich den ganzen Mund voller Salzwasser hatte. Ich hustete unter Wasser, was meine Situation noch unangenehmer machte. Ich versuchte noch einmal Luft zu bekommen, befand mich aber mittlerweile in einer Wasserwalze, die mich zudem auf den Boden drückte. Entkräftet wollte ich aufgeben und einfach auf dem warmen Boden liegen bleiben. Da wies mich jemand innerlich an, es noch einmal zu versuchen. Das tat ich, schob mit letzter Kraft meinen Kopf nach oben und konnte Luft holen und mich aufrichten, bevor sich die nächste Welle brach. Während ich vor dieser großen Welle an den Strand eilte, sah ich, wie die Wasserwacht meinen Vater und meinen Bruder an Land zog. Sie waren ebenfalls in Not geraten. Aber – im Gegensatz zu mir – hatte die Wasserwacht sie gesehen. Mich hatte niemand bemerkt, und so wäre ich ohne diese innere Anweisung am Strand von Nizza ertrunken. Danke, Lieber Gott, dass du mir wieder einmal das Leben gerettet hast.

Les Baux

Frankreich scheint ein gefährliches Land für mich zu sein. Zumindest galt dies für eine weitere Station der Reise. Wir besuchten Les Baux, die Ruine der größten Burg Frankreichs, die Kardinal Richelieu hat schleifen lassen. Obwohl so viel zerstört wurde, ist es ein beeindruckender und sehr malerischer Ort. Ideal für viele verschiedene Fotomotive.
Ich fotografierte dieses und jenes und wollte zum Schluss noch eine Gesamtaufnahme machen. Mit der Kamera vor Augen ging ich immer weiter zurück, um endlich alles ins Bild zu bekommen, da sagte mir eine Stimme, ich solle auf der Stelle stehen bleiben. Das tat ich, sah

mich um und ein Todesschrecken fuhr mir in die Glieder: Noch ein Schritt und ich wäre mindestens 10 m in die Tiefe gestürzt und damit sicher tot gewesen.
Danke, Lieber Gott, für diese wunderbare Rettung. Doch: Woher kam diese Stimme?

TRAMBAHN

Die wohl wundersamste Rettung erlebte ich als Abiturient am Stachus in München. Ich wollte gerade über die Gleise gehen, da kam – man kann es mir glauben oder nicht, es stimmt aber wirklich – eine Faust aus dem Nichts und versetzte mir einen so starken Schlag gegen die Brust, dass ich fast nach hinten gefallen wäre. Im selben Augenblick fuhr eine Trambahn vor mir vorbei. In Gedanken versunken, wie ich so häufig war, hatte ich sie weder gehört noch gesehen. Sie hätte mich mit voller Wucht erfasst und ich bin sicher, dass ich diesen Unfall nicht überlebt hätte. Da ich zu der Zeit nicht an Wunder glaubte, rätselte ich lange, wer das gewesen sein könnte. So kam ich damals zu dem Schluss, es sei ein verstorbener lieber Freund von mir gewesen, der mich aus dem Jenseits gerettet hatte. Bis ich eines Tages eines Besseren belehrt wurde.

3. Studium und Platon

Durch mein Erlebnis mit *Thalamonal* bei der Knie-OP hatte sich etwas Grundlegendes in mir verändert. Ich wollte nicht mehr irgendetwas machen, um mein Geld zu verdienen, ich wollte vielmehr etwas Sinnvolles tun. Ich erinnere noch genau den Abend mit meiner Schwester im Lokal *Donisl* am Marienplatz in München, als mir ein armer Mann auffiel, der mit dem Oberkörper und dem Kopf auf einem der Tische schlief. Er tat mir unendlich leid. Damals schwor ich mir, ein Leben zu führen, in dem ich anderen helfen könne. Ich überlegte deshalb lange, ob ich nicht Chirurg werden sollte. In der Schule hatten wir häufig den „Handtest" gemacht, um denjenigen mit der ruhigsten Hand herauszufinden. Dabei schnitt ich immer wieder als einer der Besten ab, weswegen meine Klassenkameraden gemeint hatten, ich solle doch Chirurg werden.

Aber irgendwie sprach mich das doch nicht an. Ich wollte Menschen direkt erreichen, mit ihnen reden und auch ein bisschen ihre Umstände verändern. So entschied ich mich, Philosophie zu studieren, um Antworten auf meine brennendsten Fragen zu bekommen, und Soziologie, um den Menschen helfen zu können.
Sehr bald zeigte sich aber, dass Soziologie nichts für mich war. In den Vorlesungen langweilte ich mich nämlich zu Tode.

Nun kam wieder Gottes Fügung ins Spiel. Ich war im dritten Semester Philosophie in der Vorlesung von Prof. Stephan Otto. Er erzählte etwas über Aristoteles, was mir unlogisch erschien. So hob ich meine Hand und sagte dies. Er staunte und korrigierte seine Aussage. Es stimmte aber noch immer nicht. So meldete ich mich wieder. Er schaute auf den Satz, den er an die Tafel geschrieben hatte, drehte sich zu mir um und sagte: „*Sie haben Recht. Kommen Sie doch bitte nach der Vorlesung zu mir!*" Ich dachte mir: ‚*Da hast du dir ganz schön was eingebrockt, weiß der Himmel, was da auf dich zukommt!'*, ging aber trotzdem nach der Vorlesung zu ihm. Er freute sich, mich zu sehen, was ich schon sehr viel besser fand als das, was ich erwartet hatte, und sagte dann: „*Sie sind sehr scharfsinnig. Möchten Sie in mein Seminar kommen?*" Ich war hoch erfreut über diesen unerwarteten Ausgang und besuchte bereits in derselben Woche sein Seminar.

Hier ergab sich die nächste Fügung: Wir lasen damals die *Phänomenologie des Geistes* von Hegel, ein recht mühsames Buch – wie ich alles von Hegel sehr schwierig fand. Eine Kostprobe ist seine Definition des Bewusstseins, das anderes und zugleich sich selbst wahrnehmen kann: „*Der Begriff der Idee, dem die Idee als solche der Gegenstand, dem das Objekt sie ist*"!! Es erstaunt mich deshalb nicht, dass Marx ihn falsch verstanden hat, denn Hegels Philosophie ist nur schwer verständlich. Es passt dazu, dass er am Ende seines Lebens gesagt haben soll: „*Ich hatte einen einzigen Schüler, und auch er hat mich nicht verstanden!*"
Prof. Otto sagte nun, er habe eine Theorie, zu deren Beweis er in diesem Buch bestimmte Aussagen nur noch nicht gefunden habe. Mich packte der Ehrgeiz. Ich setzte mich mit Tee, Gauloises (dieses Zeug rauchte ich damals!!) und der *Phänomenologie des Geistes* mit dem festen Vorsatz ins Bett, das zu finden, wonach Prof. Otto suchte. Ich las und las und war so angestrengt, dass ich nachts kaum noch schlafen konnte, so viel Hegel spukte in meinem Kopf herum. Eines Tages fand ich tatsächlich die von Professor Otto gesuchte Stelle. Ich rief ihn an, woraufhin er mich voller Freude in sein Doktorandenseminar einlud. Das war ein Riesensprung.
Prof. Otto habe ich sehr viel zu verdanken. Ohne ihn wäre mein Leben völlig anders verlaufen.

Ich nahm also am Doktorandenseminar von Prof. Otto teil und scheiterte immer wieder mit meinen von linker Ideologie angehauchten Gedanken an der schlüssigen Logik der anderen. Besonders tat sich hier ein junger Mann namens Odowin Clos hervor.

Doch bevor wir hier zu Odowin kommen, noch schnell eine Geschichte, die mir genau zu der Zeit passierte.

Piero Baron Kunkler, ein gemütvoller Mann und Freund meines Vaters, besaß ein herrliches Gut in der Nähe von Venedig und ließ gern alle Fünfe gerade sein. Mich nannte er meiner langen Haare wegen Beethoven und war auch sonst besonders witzig und herzlich.
Piero hatte einen in Deutschland gemeldeten weißen Mercedes Cabrio, den er im Veneto fuhr, und nun hatte er um einige Zeit den TÜV-Termin verpasst. Mein Vater hatte Piero deshalb angeboten, den Wagen nach Deutschland und hier durch den TÜV zu fahren. Es war ein wunderbarer Sommertag, als meine Eltern mich abholten, um mit mir essen zu gehen. Wir fuhren nun mit offenem Verdeck in diesem absoluten Luxuswagen, von dem ich fand, dass einzig die knallrote Farbe seiner Sitze zu meiner Einstellung von „Anti allem“ passte. Zu allem „Unglück“ fuhren wir auch noch nach Schwabing, also dem Studentenviertel Münchens. Mein Vater hatte diesen auffälligen Wagen neben einem stark frequentierten Fußgängerweg geparkt, um noch etwas abzuholen. Meine Eltern waren beide ausgestiegen und ich fühlte mich absolut wie auf einem Präsentierteller. Es war mir sehr peinlich. Um deutlich zu machen, dass ich mit dieser rot-weißen Dekadenz, mit dieser Ausgeburt des Kapitalismus’ nichts zu tun hatte, zündete ich mir sogleich eine Gauloise an. Da kam bereits eine Gruppe Studenten vorbei, denen ich sofort ansah, dass sie genau wie ich dachten, und schon sagte einer ganz laut im Vorbeigehen: *„Beruf Sohn, wah?!!*“ Der Tag war für mich gelaufen. Am liebsten wäre ich aus dem Auto gesprungen und hätte alles „klargestellt“. Aber ich erkannte die Sinnlosigkeit dieses Unterfangens und fügte ich mich in mein Schicksal…
Als ich dieses Erlebnis Odowin erzählte, schüttelte er sich vor Lachen. Odowin hatte nicht nur einen scharfen Verstand, sondern auch viel Sinn für Lustiges. Dies machte seine Argumentation zuweilen noch stringenter, noch schlüssiger.

ODOWIN

Odowin widerlegte meine Aussagen immer wieder mit wenigen, aber äußerst brillanten Sätzen. Ich bewunderte ihn, denn ich merkte, dass er nicht nur viel wusste, sondern sich ernsthaft mit den Dingen auseinan-

dersetzte. Zudem hatte er, im Gegensatz zu mir, ein klares philosophisches System, aus dem heraus er alles durchdachte. Ich dagegen stocherte im Nebel herum und hatte nicht viel zu bieten, wenn es wirklich in die Tiefe ging. Das störte mich sehr.
Durch meine Freude an Diskussionen und Odowins Antworten kamen wir mehr und mehr ins Gespräch. So erfuhr ich, dass er Platoniker war. Damals hatte ich noch keine Ahnung, was das genauer bedeutete. Platon interessierte und begeisterte mich aber so, dass ich sogar einige Semester Griechisch lernte, wodurch ich seine Texte auch in der Ursprache – mit der Übersetzung daneben – lesen konnte.
Ich bin noch heute felsenfest davon überzeugt, dass ich Putzfrau bei Platon war und ihn deshalb so liebte, weil er mich trotz meines miserablen Putzens nicht an einen seiner Feinde verkaufte…

Scherz bei Seite: Irgendwann schlug Odowin vor, einen Lesekreis zu gründen. Wir waren zu viert: Odowin, Philippa, ein junge Studentin aus Südtirol und Alfred, der eine Ausbildung bei Maharishi Yogi machte und immer wieder, wenn wir Platons Texte lasen, in tiefste Meditation – oder auch Tiefschlaf! – verfiel.
In diesem Lesekreis lernte ich unendlich viel. Ich war Odowin immer sehr dankbar und bin es heute noch, denn er baute das Fundament – beziehungsweise das halbe Haus! – meines philosophischen Wissens. Ihm habe ich zu verdanken, dass ich endlich verstand, worum es in der Philosophie überhaupt ging.
Platon erfüllte und bereicherte mein Leben so vollkommen, dass es sich wiederum grundlegend veränderte. Ohne Odowin und Prof. Otto hätte ich wahrscheinlich, wie so viele andere, mein Philosophiestudium nicht zu Ende geführt. Ich habe so viel unzusammenhängendes Halbwissen kennen gelernt, dass ich mir sehr gut vorstellen kann, dass ich daran gescheitert wäre.

Nun entstand ein Problem: Prof. Otto bot mir eine Doktorarbeit über den Heiligen Augustinus an. Den fand ich ganz interessant, aber mehr auch nicht. Ich war damals – durch verschiedene Erfahrungen, auf die ich noch kommen werde – Atheist geworden und meinte, dies auch gut begründen zu können. Deswegen gefielen mir Platon und Kant, denn beide lehrten, den letzten Grund könne man mit dem Denken nicht erfassen. Das missverstand ich damals als Beweis dafür, dass es Gott nicht gibt. Daher wollte ich nicht jahrelang die Schriften von Augustinus studieren müssen, interessierte mich doch vielmehr eine Arbeit über Platon und Freud. Platon lehrte nämlich als Erster die Dreiteilung der Seele, was Freud 2000 Jahre später wieder aufgriff. Prof. Otto war aber nicht bereit, diese Arbeit zu begleiten, denn erstens kannte er sich nicht so eingehend mit Freud aus und zweitens passte dies nicht in den Rahmen seines Lehrauftrages. So trennten wir uns schweren Herzens und waren beide traurig, denn er verlor einen Studenten, der bis heute noch begeistert von ihm ist, und ich verlor einen Professor, der von Anfang an eine besondere Einstellung zu mir hatte. Ich bleibe ihm mit Dank in meinem Herzen verbunden.

Odowin und ich trafen uns in jeder freien Minute oder telefonierten, wann immer wir konnten. Odowin entzündete meine Liebe für Platon. Ebenso, wie ich als Schüler alles von und über Heinrich von Kleist gelesen hatte, verfuhr ich nun mit Platon. Ich war begeistert, denn Platons große Klugheit und schriftstellerisches Können faszinierten mich. Zudem konnte ich mit allen meinen Fragen zu Odowin kommen, der immer eine sehr interessante Antwort parat hatte.
Spannend waren auch unsere gemeinsamen Fahrten nach Paris. Odowin hatte nämlich entdeckt, dass das Buchwesen beziehungsweise der Vertrieb von Büchern dort anders verläuft als zum Beispiel in Deutschland: In Frankreich haben die Verlage eigene Buchhandlungen, in denen man somit alles finden kann, was ein Verlag bisher herausgegeben hat. Die Buchhandlung von *Presse Universitaire de France* wurde diejenige, in der wir die interessantesten Kommentare zu Platon fanden. Wir stöberten dort wahre Schätze auf und ich war immer wieder von neuem begeistert, wenn ich mit einem scharfen Messer die noch verschlossenen Seiten eines dieser schönen Bücher aufschnitt, denn in Frankreich werden viele Bücher noch so verschlossen in den Buchhandel gebracht.

Dies war alles hochinteressant und unsere gemeinsamen Reisen nach Paris absolut spannend, ebenso unser Platonzirkel. Doch wie ging es weiter mit mir? Bei wem sollte ich meine Doktorarbeit schreiben? So brachte mich Odowin zu Prof. Henry Deku.

Prof. Henry Deku

Prof. Henry Deku war ein Mann, der mich heute immer noch berührt und fasziniert. Er war klein gewachsen, sehr schlank, hatte ein überaus waches Gesicht, war von einer unsagbaren Freundlichkeit und hatte ein unglaubliches Wissen. Wir hatten sofort einen sehr guten Draht zueinander. Und auch ihm habe ich unendlich viel zu verdanken. Man stelle sich vor: Es gab keine einzige Frage in Philosophie, Theologie oder Altphilologie, die er mir nicht beantwortet hätte. Häufig sofort, spätestens aber am nächsten Tag. In diesen Fällen gab er mir einen Zettel, auf dem in sehr kleiner und äußerst akkurater Schrift die Antwort mitsamt Quellenverweis stand. Ich fühlte mich sehr gesegnet, diesen wunderbaren Menschen kennen gelernt zu haben, der zudem eine sehr bewegte Vita hatte.

Er musste als Jude vor den Nazis fliehen, war als amerikanischer Offizier zurückgekommen und hatte nach dem Krieg die Münchner Universität wieder aufgebaut. Er hatte sich allerdings niemals um ein Lehramt bemüht, deshalb konnte ich bei ihm nicht promovieren. Das schmerzte mich sehr, hatte er doch großes Verständnis für mein Vorhaben, Platon und Freud zu vergleichen. Also musste ich weitersuchen.

Auch Prof. Henry Deku veränderte mein Leben wesentlich. Eines Tages fragte er mich: „*Herr von Stepski, was wollen Sie eines Tages mit Ihrem Studium anfangen? Bedenken Sie, dass die meisten Lehrstühle mit jungen Professoren besetzt sind. Wahrscheinlich müssen Sie sehr lange warten, um einen Ruf als Dozent zu bekommen. Außerdem möchten Sie unbedingt eine Arbeit über Platon und Freud schreiben, weil Sie offensichtlich Psychologie interessiert. Warum studieren Sie dann nicht neben Philosophie auch noch Psychologie? Damit hätten Sie ganz andere Möglichkeiten.*"

Ich erzählte diesen Vorschlag meiner Mutter, und ich werde nie vergessen, wie sie reagierte! Sie nahm den Gedanken äußerst positiv auf und versprach, mir mit ihren bescheidenen finanziellen Mitteln zu helfen, wenn ich in Probleme käme. Mein Vater dagegen fand die Idee nicht gut – so wenig, dass er jedes Mal fragte, wenn er mich in den

Ferien sah, was ich studiere. Damals empfand ich das als Ablehnung. Heute glaube ich, dass er sich nur mit meiner speziellen Fächerwahl nicht anfreunden konnte, hätte ich doch in seinen Augen Landwirtschaft oder zumindest Wirtschaft studieren sollen.

Wie sehr haben sich die Ansichten seitdem geändert! Am 27.6.2008 haben wir ein wunderschönes Fest anlässlich des 80. Geburtstags meiner Tante Elisabeth von Stepski gefeiert, der Witwe des Vetters meines Vaters. Nach dem Fest unterhielt ich mich herzlich und familiär mit Gabriele (Weli), der Frau meines Vetters Ulrich von Stepski. Und was kam heraus? Ihre älteste Tochter studiert Soziologie und Politik und er findet es wunderbar! Ich habe mich sehr für diese kluge junge Frau gefreut.

Doch zurück zu meinem Studium: Der Vorschlag von Prof. Deku hatte einen Haken: Ich musste mich bei der ZVS, der Zentralstelle für die Vergabe von Studienplätzen, bewerben. Und wurde prompt abgelehnt, da die Studienplätze für Psychologie in München äußerst rar waren.

Percy und Wolfgang

Mein Bruder Roger, der sich nicht nur für Geschichte und Kunstgeschichte, sondern – weil nahe liegend – auch für Familiengeschichte interessierte, fragte mich eines Tages: „*Sag mal, warum gehst du nicht in die Münchner Gesellschaft?*“ Da mein Bruder für mich eine Art Vaterfigur darstellte, wollte ich gerade von ihm nicht so gern „Rat-Schläge“ bekommen. So reagierte ich auf diesen wohlwollend gemeinten Hinweis eher skeptisch. Mein Bruder ignorierte – Gott sei Dank! – meine etwas bornierte Ablehnung und erklärte mir, die Münchner Gesellschaft sei eine Studentenvereinigung, in der schon mein Vater und mein rührender Patenonkel Erwin von Kirchbach Mitglieder gewesen seien. Außerdem hätten sich dort bei einem Tischtennisturnier unsere Eltern kennen gelernt. Meinem Bruder Roger ist es damit gelungen, dass ich, der ich damals anti Adel, anti Establishment und anti alles „Festgefahrene“ (wie ich es nannte) war, dieser Gesellschaft zumindest einmal einen Besuch abstattete.

Ich wusste schon, warum ich anfänglich ablehnend reagiert hatte, denn die Münchner Gesellschaft – MG genannt – veränderte mein Leben nachhaltig: Ich lernte dort Constantin Alexander von Kleist kennen, durch ihn Wolfgang Müller und später Christoph von Kessel, dessen Schwester Constanze wiederum heute meine Frau ist. Der Besuch der MG sollte also sehr weit reichende Konsequenzen haben!

Ich ging also meinem Bruder Roger zuliebe zur MG, war aber sicher, dass dieser Club nichts für mich sei. Zu meiner großen Überraschung wurde ich jedoch von interessierten, netten Stundenten empfangen, mit denen ich schnell eine sehr gute Basis hatte. Sie nahmen mich sogar auf und ich konnte ein Semester lang die Vorträge organisieren. Im Rahmen dieser Vorträge lernte ich *Condrops* – einen Verein, der Drogenabhängigen hilft – kennen, für den ich mich engagierte und zu dessen damaligem Leiter ich einen guten Kontakt hatte. Dieses Engagement bedingte zusammen mit manchem anderem, dass ich später einen Studienplatz in Psychologie in München bekommen sollte. Wie man sieht, hatte der Eintritt in die MG weit reichende Folgen für mich!

Zudem lernte ich, wie gesagt, in der MG Constantin Alexander von Kleist, genannt Percy, kennen – einen Nachfahren meines geliebten Schriftstellers Heinrich von Kleist. Wieder half mir das Schicksal: Mein Zimmer in der Barerstraße war mir – wegen Unordnung!! – gekündigt worden. Ein Riesenschlag für mich, hatte ich mich doch sehr gut mit den Vermietern verstanden. Deshalb hatten sie auch so lange mein Chaos ertragen, bis es selbst ihnen zu viel geworden war. Nun saß ich auf der Straße. Wo sollte ich hin?
Percy hatte gerade die Wohnung seines Vermieters übernommen und suchte zwei neue Mitbewohner. Wunderbar, nun wohnte ich in einer Wohngemeinschaft mit Percy.

Percy war unendlich witzig. Es gibt wenig Menschen, über die und mit denen ich so viel gelacht habe wie mit Percy. Er war zum Beispiel nicht gerade der engagierteste Student der Betriebswirtschaft und hatte reichlich Mühe mit seiner Diplomarbeit. So kam er immer wieder in mein Zimmer, stellte sich vor das Bücherregal dorthin, wo die Bände von Heinrich von Kleist standen, und bat dann: „*Onkel Heini, kannst du mir nicht helfen? Du warst doch im Schreiben eine Leuchte. Kannst du mir nicht etwas davon abgeben? Du brauchst es doch jetzt nicht mehr, ich aber dringend!*“ Offensichtlich durch „Onkel Heinis“ Hilfe schaffte er sein Diplom und alles war gut.

Als ich einzog, war noch nichts gut. Percy war hoch alarmiert, denn er hatte einem Studenten den Schlüssel für die Wohnung gegeben, von dem er nichts wusste und der ihm im Nachhinein suspekt erschien. „*Was ist, wenn wir nicht da sind und er räumt die Bude aus?*“, fragte er besorgt. „*Aber Percy, was soll er denn schon mitnehmen? In deinem Zimmer ist fast nichts, in meinem auch nicht und die paar Küchenutensilien sind der Mühe nicht wert!*“ Meine Worte beruhigten Percy und ich wartete gespannt auf den neuen Mitbewohner, den Percy häufig scherzhaft den „Verbrecher“ nannte.

Dann erschien eines Tages dieser so gefährliche Mann! Er hieß Wolfgang Müller, war sehr nett und hilfsbereit und passte wunderbar in unsere WG. Den Spitznamen „Verbrecher“ bekam er dann aber doch – und wie Percy und ich fanden, zu Recht!
Wolfgang wollte frühmorgens Tennis spielen. Da er jedoch mit einem äußerst gesunden Schlaf gesegnet war, hatte er einen Riesenwecker – der so laut tickte, dass mich allein sein Ticken geweckt hätte – auf einem Teller voller Löffel platziert und auf 6 Uhr gestellt. Der Wecker und die Löffel fabrizierten einen derartigen Lärm, dass Percy und ich in den Nachbarzimmern senkrecht im Bett standen und lauthals auf Wolfgang schimpften. Percy und ich saßen noch beim Frühstück, als Wolfgang eine Weile später ohne sichtbare Spuren einer körperlichen Ertüchtigung auftauchte. „*Schon wieder da?*“, fragte ich. „*Stellt euch vor*“, antwortete Wolfgang, „*ich habe alles hergerichtet, damit ich aufwache, und vergesse doch glatt, den Wecker aufzuziehen!*“ Daraufhin bemerkte Percy trocken: „*Ich sag es doch: Ein Verbrecher. Der hat seinen Spektakel nicht mal gehört! Aber uns jagt er mit Karacho aus den Betten!*“ Tatsache, Wolfgang machte keinen Witz, er hatte seinen Wecker wirklich nicht gehört!

Ansonsten war Wolfgang, wie gesagt, sehr umgänglich und besaß vor allem einen guten Humor, mit dem er locker auf unsere Neckereien

antwortete. Er trug einen guten Teil dazu bei, dass wir drei sehr froh und ohne Probleme zusammenwohnten.
Nach zwei Jahren benötigte der Vermieter seine Wohnung, und da Percy von München wegging, suchten Wolfgang und ich nach einer gemeinsamen Bleibe. Das war wiederum Fügung, denn Wolfgang hatte sein Mathematikstudium aufgehört, weil es ihm überhaupt keinen Spaß machte. Er war es nun, der mir als Zweiter vorschlug, mich für Psychologie zu bewerben. Gemeinsam reichten wir unsere Unterlagen ein – und bekamen beide einen Studienplatz. Danke, guter Wolfgang. Ebenso habe ich Percy viel zu verdanken, denn wir hatten nicht nur viel Spaß zusammen, vielmehr hat er mich gelehrt, geschmeidig Lösungen zu finden und Dinge leicht zu machen.

Prof. Carl Friedrich Freiherr von Weizsäcker

Bei der Hochzeit meines Bruders Hans Onno lernte ich eine Göttinger Freundin meiner beiden Brüder kennen, Beate von Bodenhausen. Auch sie bestimmte mein Schicksal maßgeblich. Als wir uns einmal in München trafen, berichtete ich ihr, ich hätte ein Buch von Carl Friedrich von Weizsäcker gelesen, worin er einiges über Platon schreibe, was meiner Meinung nach nicht stimme. „*Warum sagst du ihm das nicht persönlich?*" Ich war von der Frage völlig überrascht. Nie wäre ich darauf gekommen.
Beate war die gute Fee für uns Geschwister, eng befreundet mit meiner Schwester und, wie gesagt, mit meinen Brüdern, half sie nun auch mir. Sie rief wiederholt an und löcherte mich so lange, bis ich im Sekretariat von Prof. von Weizsäcker anrief und um ein persönliches Gespräch mit ihm bat. Meinem Wunsch wurde stattgegeben. Ich fuhr nach Starnberg in sein Institut und er empfing mich sehr freundlich. Wir setzten uns hin und er fragte mich, was der Grund sei, warum ich ihn sprechen wolle. Sehr höflich, aber bestimmt teilte ich ihm mit, dass einiges, was er über Platon geschrieben habe, nicht stimme. Er sah mich sehr erstaunt und skeptisch an und forderte mich auf, ihm zu erklären, was ich genau meinte und warum ich es für falsch hielt. Wir diskutierten eine Weile und ich konnte ihn von meiner Ansicht überzeugen. Das gefiel ihm und er lud mich in sein Doktorandenseminar ein. Er war

sogar bereit, meine Doktorarbeit zu betreuen, was mich sehr freute (diese Gedanken habe ich später in meinem Buch *Die Platonische Erkenntnistheorie* zusammengefasst).

Der Liebe Gott hatte aber etwas anderes mit mir vor. Er wusste das. Ich dagegen nicht, so folgte die Ent-Täuschung. Und die gleich in zweifacher Form.
Denn erstens war das Psychologiestudium in München alles andere als so spannend, wie ich es mir vorgestellt hatte. Durch die intensive Lektüre der Schriften Freuds hatte ich eine klare psychoanalytische Ausrichtung bekommen. An der Ludwig-Maximilians-Universität wurde dagegen reine Verhaltenstherapie und eine Unmenge Statistik, Faktorenanalyse und sonstiges äußerst trockenes Zeug gelehrt, womit ich nichts anfangen konnte. Zudem fiel mir durch mein Philosophiestudium auf, wie wenig fundiert manch eine psychologische Theorie war. Da hatte ich durch Prof. Otto, Prof. Deku und Prof. von Weizsäcker anderes kennen gelernt.

Das Psychologiestudium in München war also die erste Enttäuschung. Die zweite kam durch Prof. von Weizsäcker. Ich fühlte mich sehr wohl in seinem Seminar und genoss es, dass er mich häufig zu sich nach Hause einlud, wir uns zu zweit nach dem Essen unterhielten und er mir aus seinem hochinteressanten Leben berichtete. Ich freute mich sehr, dass dieser Mann mein Doktorvater war. Dann kam der Anruf, der alles verändern sollte: Prof. von Weizsäcker sagte mir, er emeritiere (er gebe seine Lehrtätigkeit auf) und könne deshalb – leider, leider, leider! – mich und meine Doktorarbeit nicht weiter betreuen. Das war ein schwerer Schlag. Er schrieb mir zwar noch ein phantastisches Gutachten für meine Bewerbung um ein Graduiertenförderungsstipendium, wofür ich ihm sehr dankbar war; das konnte aber bei weitem nicht den Verlust dieses mir so wichtigen und hochgeschätzten Doktorvaters wettmachen.
Das war eines dieser Erlebnisse, die mein Leben herumrissen, die mir gar nicht gefielen. Ich litt vielmehr sehr darunter und fühlte mich besonders allein. Ich glaubte damals eben nicht an Gott, geschweige denn an eine Göttliche Fügung. So erlebte ich all dies als eine sehr unangenehme Entwicklung, die mir das Leben schwer machte. In

Wahrheit war es der reinste Segen, denn der Liebe Gott riss in letzter Minute das Ruder herum, damit ich zu meiner Aufgabe kommen konnte.

Gott sei Dank war ich noch in der ausgezeichneten psychoanalytischen Gruppe bei Dr. Wolfgang Schmidbauer, bevor ich wegzog. Auf ihn bin ich durch seine Bücher, besonders natürlich über den Bestseller *Die hilflosen Helfer* aufmerksam geworden. Hier lernte ich eine andere Seite von mir kennen und entdeckte, wie stark ich damals rein rational und eben nicht emotional reagierte. Kein Wunder bei all den philosophischen Theorien, die in meinem Kopf steckten. Die wichtige Lehre für mich war, dass mir dies bis dahin in keinster Weise bewusst gewesen war. So spürte ich in und durch die Gruppe den entscheidenden Unterschied zwischen bewusst und unbewusst, der mir bis dahin völlig unbekannt gewesen war. Zudem kam ich in Kontakt mit meinen Gefühlen. Das machte mein Leben erst einmal nicht leichter, aber auf Dauer eindeutig lebenswerter. Ich empfand Dr. Wolfgang Schmidbauer als sehr kompetent und habe viel von ihm bekommen, wofür ich ihm heute noch dankbar bin.

Studium in Berlin

Hätte ich meine Doktorarbeit bei Prof. von Weizsäcker geschrieben, wäre ich natürlich in München geblieben und hätte mich durch die für mich schreckliche verhaltenstherapeutische Psychologie quälen müssen. Nun erfuhr ich – welch ein „Zufall"! –, dass ich an der FU (Freien Universität) Berlin – im Gegensatz zu München – auch eine psychoanalytische Diplomarbeit schreiben könne. Voraussetzung für einen Wechsel sei lediglich mein Vordiplom in München. Nun musste ich doch Statistik, Faktorenanalyse und all dieses theoretische Zeug lernen, wofür ich nicht ein einziges Mal Verwendung in meiner Praxis als Therapeut fand. Ich bestand mein Vordiplom nach 1 ½ Jahren, da mir sehr viel von meinem Philosophiestudium angerechnet wurde. Und da kam die nächste Fügung: Es gab Unzählige, die an die FU wollten, aber nur zehn Studienplätze. Die Entscheidung fiel durch ein Losverfahren.

Mein Name wurde als zweiter gezogen. Damals dachte ich, ich hätte Glück gehabt. Heute dagegen sage ich: Danke, Lieber Gott. Denn Berlin öffnete mir völlig neue Perspektiven.

Die FU trug den Namen Freie Universität absolut zu Recht, denn hier herrschte eine Freiheit, an die in München nicht einmal zu denken war. Erstens duzten sich alle Schüler, Dozenten und Professoren, und zweitens konnte man das Thema der Diplomarbeit selber wählen. Ich beschäftigte mich damals mit der Thematik der paradoxen Intervention, die die Mailänder Therapeutin Mara Selvini Palazzoli lehrte und anwendete. Meine Italienischkenntnisse ermöglichten es mir, auch die Schriften dieser begnadeten Therapeutin zu lesen, die noch nicht ins Deutsche übersetzt waren.
Den Ansatz der paradoxen Intervention fand ich faszinierend, da die Therapeuten den Patienten Dinge sagen, die diese nicht durchschauen können, die aber deren Verhalten dennoch oder gerade deswegen zum Besseren wenden. Darüber wollte ich schreiben und fand in meinem Dozenten für Allgemeinpsychologie, Dr. Rainer Brockmann, den idealen Betreuer meiner Diplomarbeit. Auch ihm habe ich viel zu verdanken, denn seine Betreuung war sehr fürsorglich, kompetent und absolut hilfreich. Es war eine Freude, mit ihm zu arbeiten.

Der nächste entscheidende Schritt war meine Vorlesung bei Prof. Berzewski, dem Chefarzt der Psychiatrie im Klinikum Steglitz. In einer Vorlesung fragte er, wer eine Praktikumsstelle bei ihm wolle. Ich hob meinen Arm – beziehungsweise jemand hob meinen Arm –, bevor er seine Frage überhaupt formuliert hatte und sich das halbe Auditorium meldete. Er hat mich natürlich wahrgenommen, denn ich war – danke, Lieber Gott! – der absolut Erste gewesen. So bekam ich die Stelle. Diese war entscheidend für meine weitere Entwicklung, und ich bin Prof. Berzewski noch heute sehr, sehr dankbar.

4. Therapie und Bioenergetik

Eines Tages meldete sich wieder Beate von Bodenhausen, die kluge Freundin, die mich zu Prof. von Weizsäcker gebracht hatte. Sie hatte eine Bioenergetikgruppe in Stuttgart ins Leben gerufen und sogar eine Trainerin aus Amerika organisiert. Geplant war eine vierjährige Ausbildung in Bioenergetischer Analyse. Da ich mir darunter nichts vorstellen konnte, schenkte sie mir ein Buch des bekanntesten Vertreters der Bioenergetik, Alexander Lowen, mit der Anmerkung, ich solle es als Philosoph nicht sofort zur Seite legen, sondern zwecks Information wohlwollend betrachten.
So las ich nun Alexander Lowens *Depression*. Nach all dem, was ich bis dato gelesen hatte, fand ich die Lektüre seines Buches sehr angenehm und interessant. Es eröffnete mir völlig neue Perspektiven.

Lowen stellte die Diagnose nicht aufgrund langwieriger Tests, wie ich es in der Psychiatrie gelernt hatte, sondern indem er sich den Körper seiner Patienten ansah. Dazu musste man sich bis auf die Unterwäsche ausziehen. Als ich mich vor den 70 Teilnehmern in seiner New Yorker Gruppe das erste Mal auszog, lachten sich alle schlapp. Ich trug nämlich neue Boxershorts aus dem bekannten Kaufhaus Bloomingdales, die – zugegeben – etwas lang ausgefallen waren. Gott sei Dank konnte ich mit Lachen gut umgehen, außerdem hatten Alexander Lowen und ich einen guten Draht zueinander. Ich habe viel von ihm gelernt und habe seine Diagnoseform und viele seiner Techniken in meiner Arbeit verwenden können.
Allerdings habe ich Bioenergetische Übungen nie so angewandt, dass Patienten sich bei mir ausziehen mussten, denn mir war es erstens wichtig, dass sie das Gefühl hatten, ihre Würde zu bewahren. Zweitens wollte ich nicht, dass das Körperliche und Sexuelle im Vordergrund stand, sondern verwendete Bioenergetik, um an tiefe unbewusste Gefühle zu kommen.

Bis zu den lehrreichen Workshops bei Lowen in den USA war es jedoch noch ein Stückchen Weg. Beate hatte mir nämlich das Buch *Depression* geschenkt, weil sie wissen wollte, ob ich Interesse daran hatte, an der von ihr gegründeten Gruppe teilzunehmen, da jemand ausgestiegen war. Wieder einmal Fügung. Ich sprang ein, war ich doch damals atheistisch genug, um locker über Lowens Postulat *„Du bist dein Körper"* hinwegzugehen, das ich völlig unlogisch, um nicht zu sagen, abwegig fand. So kam ich in die Stuttgarter Gruppe für Bioenergetische Analyse, was mein Leben grundlegend veränderte. Ich habe den Trainern und Gruppenteilnehmern viel zu verdanken und denke heute noch gerne an diese interessante Zeit zurück.

Die Bioenergetik hat mir als Therapie sehr viel gegeben. Durch die Übungen in Gruppen oder Einzelstunden kam ich an tief sitzende Blockaden, die sich durch starke Gefühlsausbrüche lösten. Außerdem arbeitete ich zugleich an Körper und Seele, denn die Aufwärmübungen hielten beziehungsweise machten fit, was ich heute noch spüre. So war mein Taekwon-Do-Trainer überrascht, welche Übungen ich viele Jahre später noch ausführen konnte, und zwar als Anfänger!
Außerdem wurden durch diese Übungen viele vergessene frühkindliche Erfahrungen noch einmal fühlbar und damit in mein Bewusstsein zurückgeholt. Über viele davon sprach ich mit meiner Mutter, die mir einige Erlebnisse bestätigte, die ich natürlich vergessen hatte.

Über Jahre war meine Therapie Bioenergetisch ausgerichtet und hat vielen Menschen geholfen. Anfangs plante ich noch verschiedene Übungen **vor** dem Seminar, die die Teilnehmer an ganz bestimmte Gefühle führen sollten. Das ist stets gut gelungen. Dann, nach meiner Ausbildung in den USA in Soma – ich spreche weiter unten davon –, veränderte ich meinen Therapieansatz grundlegend: Ich bereitete nicht mehr Gruppenübung vor, sondern ging in die Gruppen mit dem Vorsatz, an dem zu arbeiten, was sich als Gruppenthema ergeben würde.

Zunehmend traten die individuellen Themen in den Vordergrund, an denen ich dann arbeitete. Ich fing an, mir die einzelnen Arbeiten aufzuschreiben, und konnte so beim nächsten Mal daran anknüpfen, wodurch sich eine klarere Kontinuität ergab. Darüber hinaus forderte ich die Teilnehmer zu Beginn einer Gruppe auf, klare Ziele für das jeweilige Seminar zu formulieren und aufzuschreiben. Ich entwickelte die Arbeit an Fürsorge und Nicht-Fürsorge (vgl. von Stepski 2006), an Loyalität und Verrat beziehungsweise Achtung und Verachtung, an Angst und innerer Ruhe. Diese und die Basis-Aufstellung, das heißt, das Arbeiten an Glück und Unglück, an Erfolg und Misserfolg, an Krankheit und Gesundheit (vgl. von Stepski 2000), nehmen heute in meiner Therapie eine zentrale Stellung ein.

In den Jahren rein Bioenergetischer Arbeit hatte ich all diese Techniken noch nicht entwickelt; dennoch waren die Teilnehmer meiner Seminare stets zufrieden und zuweilen sogar begeistert. Vielen habe ich trotz dieses eingeschränkten Rüstzeugs helfen können. Das freute mich natürlich; gleichzeitig stimmte es mich nachdenklich, denn ich hatte nicht erreicht, was ich angenommen hatte. Zudem war dies niemandem bewusst geworden.
Als mir dieser Umstand bewusst wurde, zog ich daraus den Schluss, dass eine bleibende Veränderung nur dann eintreten kann, wenn ich die tiefste Ursache eines Problems erkannt habe **und** der Seminarteilnehmer zu einer Lösung bereit ist.
Erkenne ich **nicht**, was jemand braucht, geht er womöglich begeistert nach Hause, ohne bekommen zu haben, was er wirklich benötigte. Ich erkannte deutlich, wie groß meine Verantwortung als Therapeut ist und dass ich zum Teil einen Dank für an der Oberfläche bleibende Arbeiten bekommen hatte. Nur wussten das damals weder ich noch meine Seminarteilnehmer.

Diese wichtigen Erfahrungen und Tausende unendlich spannender Gruppenstunden habe ich der Bioenergetik zu verdanken! Sie bedingen aber auch, dass ich heute stets nach der tiefsten Wurzel eines Problems suche und dem Offensichtlichen, dem Naheliegenden misstraue. Bedingt dadurch stehe ich den heute so „wohlfeilen“ Familienaufstellungen skeptisch gegenüber, wo Menschen kurz zusammenkommen und „schnell einmal“ ihre Familie aufstellen und „alles lösen“. Alles, was immer irgendein Ergebnis produziert, macht mir Angst, denn es macht mir deutlich, wie schnell das Falsche für das Richtige verkauft werden kann. Aus den genannten Gründen geht es mir heute nicht mehr um das Auslösen der „großen Gefühle“ oder das Herausfinden „großer Familiengeheimnisse“, sondern um den Anstoß zu einer wirklich bleibenden Veränderung.

Bedanken möchte ich mich an dieser Stelle bei den unzähligen Gruppenteilnehmern, die mein Leben begleiteten. Natürlich müsste es hier erst einmal anders herum heißen: **deren** Leben ich begleiten durfte. Ich habe den Sachverhalt aber bewusst umgedreht, denn all diese Menschen haben mich beeinflusst, geprägt, gelehrt und auf ganz neue Ideen gebracht. Wie häufig erlebe ich es – Gott und ihnen sei Dank! –, dass durch die Bemerkung eines Teilnehmers oder einer Teilnehmerin der Gruppenprozess eine völlig unerwartete Wendung nimmt. Genau diese engagierten und aufmerksamen Menschen sind es, die in den Gruppen – und auch sonst in der Welt – die Veränderungen und den Unterschied bedingen. Sie schaffen diese für die Therapie besondere Atmosphäre, wodurch neue Teilnehmer sich bald wohl und angenommen fühlen.

Aber: Mögen die Gruppenteilnehmer noch so aufmerksam sein, mögen sie noch so viel sehen, die entscheidende Verantwortung liegt immer bei mir als Therapeuten. Wie häufig habe ich es erlebt, dass in einer Arbeit durch die Anregungen aus der Gruppe wichtige Impulse kamen und damit eine wichtige Wendung eintrat. Wie häufig habe ich es aber auch erlebt, dass eine Gruppe den roten Faden nicht erkannte, das Entscheidende übersah oder sogar drauf und dran war, jemandem Unrecht zu tun, weil ihr etwas entfallen oder nicht aufgefallen war.

Dies bedingt, dass ich mir heute meiner großen Verantwortung bewusst bin. Bei jeder Arbeit überlege ich immer und immer wieder, ob dies wirklich der entscheidende Punkt ist, der den bleibenden Unterschied bewirkt – selbst dann, wenn der Seminarteilnehmer in diesem Moment einen ganz anderen Weg für wichtig hält. Dies bedingt auch, dass ich mir vor jedem Seminar eingehend die letzten Arbeiten durchsehe, damit mir kein entscheidender Entwicklungsschritt entgeht. Dies war ein wichtiger neuer Schritt, denn von keinem meiner Therapeuten beziehungsweise Trainer war ich angehalten worden, mir Notizen zu machen. Da ich zusätzlich ein recht gutes Gedächtnis habe, glaubte ich, mich an alles Wichtige erinnern zu können. Das ist eine gefährliche Falle: Je länger ich mir nichts aufschreibe, desto länger kann ich in diesem Glauben bleiben! Sobald ich aber Aufzeichnungen mache, stelle ich zwar immer noch fest, an wie viel ich mich erinnere, aber auch an wie vieles nicht! Durch meine Aufzeichnungen ergibt sich außerdem eine verlässliche Kontinuität der Therapie. Hinzu kommt, dass auch Seminarteilnehmer vergessen. Lese ich ihnen aber zum Beispiel ein Zitat vor, erinnern sie sich. Würde ich es ohne etwas Geschriebenes lediglich aus dem Gedächtnis zitieren, hätte es für viele keine große Beweiskraft.

Mögen die Gruppen aber noch so gut sein und die Mitschriften noch so ausführlich, mag ich noch so viel Erfahrung haben und auch häufig den wichtigen Punkt treffen, früher oder später komme ich immer an den Punkt, an dem ich mir die alles entscheidenden Fragen stelle: *Was nun? Was ist jetzt das Richtige?* In diesen Momenten ist mir meine innere Führung von größter Hilfe, denn sie weiß immer weiter.

Bevor wir dahin kommen, möchte ich mich noch bei Alexander Lowen und den vielen Bioenergetischen Therapeuten bedanken, denn sie haben mir viel gegeben. Ferner habe ich den unzähligen Bioenergetikstunden mein heute so klares Gespür dafür zu verdanken, ob ein Gefühl echt ist oder nicht, ob es übersteigert ist, ob es weiterführt oder einen Widerstand ausdrückt.

5. Die innere Stimme

Die Bioenergetik hat mir, wie gesagt, gezeigt, wie man über den Körper an Gefühle kommt. Deshalb interessierte es mich, wie man noch direkter am Körper arbeiten könne.
Beate von Bodenhausen lernte jemanden kennen, der Soma praktizierte, eine ähnliche Form der Massage wie Rolfing. Ida Rolf hatte, um ihrem Sohn zu helfen, zehn sehr intensive Massagen entwickelt, die nicht nur tief liegende Verspannungen lösen, sondern zum Teil den Körper völlig neu ausrichten.
Das hat mich so begeistert, dass ich für ein halbes Jahr nach Gainesville, Florida, ging, um dort diese Methode zu lernen.

Soma

Hier bekamen wir den Inhalt der zehn Sitzungen genau beigebracht und konnten tatsächlich erleben, wie Menschen immer wieder von starken, langjährigen Schmerzen befreit wurden. Das beeindruckte mich sehr. Ebenso, dass unsere Ausbilder auch mit Katzen, Hunden und Pferden arbeiteten und ihnen sichtlich helfen konnten.
Unsere Ausbildung bestand darin, dass wir viel Anatomie lernten und uns immer eine Sitzung beigebracht wurde. Anschließend mussten wir unser Wissen zusammen mit allen anderen Schülern vor den Augen der Ausbilder an Patienten anwenden. Eine recht belastende Situation für alle, weil die Beziehung zwischen Ausbildern und Schülern nicht gerade entspannt war.

Da plötzlich geschah das völlig Unerwartete: Es meldete sich in mir eine Stimme. Ich war zunächst erschrocken, denn ich dachte, jetzt sei es endgültig um meinen Verstand geschehen. Doch diese Stimme stellte sich als sehr wohlwollend, sehr liebevoll und sehr hilfreich heraus. Sie sagte mir nämlich genau, was ich zu tun hätte, welche Griffe wann und wie angesagt seien. Ich war völlig überrascht und überwältigt – besonders als sich auch noch herausstellte, dass die Anweisungen absolut richtig waren.

Das für mich Erstaunliche war, dass ich die Stimme auch andere Dinge fragen konnte, wann zum Beispiel mein Flugzeug käme. Damals saß ich auf dem Flughafen Tampa in Florida und wartete auf meinen Anschlussflug. Meine Stimme sagte mir, der Flieger würde nicht kommen. Ich wollte es nicht glauben. Er kam aber tatsächlich nicht, denn er war auf dem Weg von Washington nach Tampa abgestürzt. Das verschlug mir die Sprache: Die Stimme hatte mir nicht nur das Richtige gesagt, vielmehr war ich – wieder einmal – beschützt worden. Danke, Lieber Gott, danke. Diesen Dank muss ich an dieser Stelle betonen, denn ich glaube nicht, dass ich mich damals bedankt habe, da ich noch immer Atheist war, nun allerdings ein Atheist mit innerer Stimme!

Die Stimme begleitete mich von nun an auf Schritt und Tritt und veränderte mich und meine Arbeit völlig (siehe oben das Kapitel *Therapie und Bioenergetik*), denn in heiklen Momenten beziehungsweise dann, wenn ich nicht weiterwusste, fragte ich nach und bekam immer eine Antwort. Dies ist auch heute noch wunderbar, denn ich habe stets einen unglaublich klugen Berater an der Seite. Besonders bei heiklen Fragen in der Therapie, wie zum Beispiel, ob jemandem diese oder jene Arbeit hilft beziehungsweise, ob er oder sie diese aushalten kann. Ich frage nach und nie, nie hat sie mich im Stich gelassen. Ich kann gar nicht sagen, wie dankbar ich ihr bin.
Deswegen ist heute eines meiner liebsten Lieder: „*Alles, was ich bin, bin ich nur durch Dich, durch Deine Liebe, oh Herr!*"
Für mich stimmt das vollkommen, denn ich weiß nicht, wo ich ohne diese wunderbare Führung gelandet wäre. Ich will es auch deshalb nicht wissen, weil ich es mir lieber nicht vorstellen mag!

Mein Leben „fliegt“ mir um die Ohren

Ich war in meiner Kindheit sehr gläubig gewesen. Ich kann aber nicht sagen, dass die Pfarrer, die ich kennen lernte, und viele Erwachsene, die ich traf, mich in meinem Glauben bestärkt hätten. Ich erinnere noch genau die Situation, als ich mit 18 aus der Kirche austrat. Es war direkt nach dem Religionsunterricht, in dem der Pfarrer, der uns damals unterrichtete, behauptet hatte, die Wunder in der Bibel bräuchten wir nicht ernst zu nehmen, es seien reine „Allegorien“ oder erfundene Geschichten, die zeigen sollten, dass Gott etwas ganz Besonderes sei. Niemand habe je Wunder gesehen. Warum sollten sie damals stattgefunden haben? Ich widersprach aufs Heftigste, stand aber mit meiner Meinung völlig allein. So entschied ich, um meinen Glauben an Gott zu retten, aus der Kirche auszutreten. Anschließend nagte die Frage, wieso Gott solche Pfarrer und derartige Kirchen zulasse, ständig an mir.
Am Ende siegte der Zweifel und mein Glaube schwand. Ich wurde ein Mensch ohne Ausrichtung auf ein Höchstes, ohne klare Werte, ohne klare Ziele und mit einer guten Portion Wahnsinn.

Aufgrund meiner Ausbildung, meiner Praxis, die ich mir langsam in Berlin aufbaute, und meiner inneren Stimme wurde ich immer erfolgreicher. Erfolg kann sehr gefährlich sein. Wir können heute überall beobachten, wie Menschen ohne Glauben und tragfähige Ideale die Welt ruinieren.
Wieder hat mein Schicksal für mich gesorgt, nur habe ich es damals wieder einmal weder gemerkt noch verstanden.
Ich zog nach München zurück und konnte dort nur langsam Fuß fassen, weswegen ich meine Gruppen in Berlin weiterführte. Einmal im Monat flog ich mit der guten PAN AM – die im Übrigen von solchen Managern ruiniert wurde, wie ich damals auch einer gewesen wäre! – nach Berlin, arbeitete mit meinen beiden Gruppen und flog wieder nach München zurück. Aber die „Karma-Bombe“ tickte bereits. Das Schicksal korrigiert Menschen, die große Geschenke bekommen, diese aber nicht zu würdigen wissen.
So flog mir mein gesamtes damaliges Leben um die Ohren. Alles, was ich mir aufgebaut hatte, ging verloren und selbst München sollte ich

verlassen. Wie sagt Baba so treffend? „*Whom is given much, from whom will be demanded much*" – *Wem viel gegeben wird, von dem wird viel verlangt*. Und hält er sich nicht an diese Regel, dann gibt es „Ohropatschi", wie ich das scherzhaft nenne.

Damals lebte ich in einem kleinen Haus im Osten Münchens, in dem sich auch meine Praxis befand. Ich schlief in einem wohnlichen Raum unter dem Dach; darin standen ein Bett und ein schöner Stuhl, den mir meine Eltern geschenkt hatten. Eines Morgens, ich stehe immer sehr früh auf (jetzt sitze ich zum Beispiel seit fünf Uhr früh an diesem Buch), wachte ich mit einem Riesenschrecken auf, denn auf diesem Stuhl saß eine pechschwarz gekleidete Gestalt mit schwarzer Kapuze und kreidebleichem Gesicht und sah mich ruhig an. Mit einem Schrei richtete ich mich im Bett auf. Da verschwand die Gestalt.

In der folgenden Nacht wachte ich wieder auf, und dieses Mal stand die Gestalt neben meinem Bett. Wieder schrie ich, und wieder verschwand sie. Daraufhin entschied ich, aus diesem Haus auszuziehen und nach Italien zu gehen. Kaum war der Entschluss gefasst, erschien die Gestalt nicht mehr. Obwohl ich damals weder an Geister noch an Übersinnliches glaubte, informierte ich mich bei den Nachbarn, wer denn früher in diesem Haus gewohnt habe. Sie erzählten, das sei ein Zahnarzt gewesen, der sich auf dem Speicher erhängt habe. Erst die neuen Eigentümer hätten diesen zum Schlafzimmer ausgebaut!

Glücklich, dieses „besondere" Haus hinter mir zu lassen, fuhr ich nach Italien, um herauszufinden, wo ich wohnen könne. Meine Möbel nahmen netterweise mein Bruder Hans Onno und seine Frau Hemma auf. Eine wirklich große Hilfe für mich.

Bei einem Bioenergetiksupervisionsseminar in Brüssel hatte ich eine römische Therapeutin kennen gelernt. Ihrer herzlichen Einladung folgte ich nun und wohnte bei ihr, ihrem netten Mann und den schon erwachsenen Kindern. Sie hielt meine Idee, zwei Wochen in Rom zu wohnen und die restliche Zeit in Berlin zu arbeiten, für nicht praktikabel, weil mit Sicherheit früher oder später meine Wohnung ausgeraubt werde. Als ich dann mit ihren Kindern zu einem Konzert am Tiber ging und alle paar Minuten jemand zu mir kam und eine meiner selbst gedrehten Zigaretten haben wollte, weil er dachte, es seien Joints, kamen auch mir langsam Zweifel, ob Rom die richtige Stadt für mich sei. Eines Morgens ging ich früh aus dem Haus und schlenderte etwas wahllos durch die umliegenden Straßen, als ich mehrere Spritzen am Boden liegen sah und bemerkte, dass man selbst in die Stämme der stattlichen alten Bäume einige gestochen hatte. Damit war endgültig klar, dass ich hier nicht wohnen wollte. So fuhr ich zurück zu meinem Bruder nach Piavon, und die Frage, wohin ich ziehen solle, stand wieder an.

Leben in Siena und Berlin

Vor längerer Zeit auf einer Reise mit meiner Mutter durch die Toskana hatte ich mich in die Stadt Siena verliebt. Dort wollte ich mich nun umsehen. Mein Wagen stand gerade in der Werkstatt, aber meine Schwägerin Hemma lieh mir bereitwillig ihren roten VW Golf, mit dem ich nun nach Siena fuhr. Sehr früh morgens ging es los, denn sie hatte mich gebeten, so rechtzeitig zurückzukommen, dass sie am nächsten Morgen die Kinder in die Schule bringen könne.

Ich kam in Siena an, ging zu Menschen, die ich kennen gelernt hatte, und erzählte ihnen von meinem Plan, in diese wunderbare Stadt zu ziehen. Sie brachten mich zu einem befreundeten Makler, der mir eine Wohnung etwas außerhalb in einem bezaubernden kleinen Dorf zeigte. Ich unterschrieb den Mietvertrag, trank noch einen Cappuccino, fuhr glücklich zurück und lieferte meiner Schwägerin den Wagen wie vereinbart ab.
Hans Onno half mir beim Umzug und schon wohnte ich in der Nähe von Siena in einer wunderschönen Wohnung mit herrlichem Blick, kannte hier aber niemanden.

Das störte mich zunächst nicht besonders, denn ich war mit der speziellen Thematik beschäftigt, dass die Analytiker und die Bioenergetiker sich gegenseitig nicht achteten. Neben meiner Bioenergetisch-Analytischen Tätigkeit unterzog ich mich gerade einer Psychoanalyse und las psychoanalytische Literatur.
So hatte ich den Entschluss gefasst, ein Buch zu schreiben, welches die scheinbaren Widersprüche zwischen Psychoanalyse und Bioenergetik aufheben sollte. Hierzu wollte ich die Zeit in Siena beziehungsweise meinem Wohnort in dem kleinen Dorf Santa Maria a Dofana nutzen.
Jedes Mal, wenn ich von Berlin zurückkam, fühlte ich mich besonders einsam. In Berlin hatte ich meine Freunde, eine interessante Tätigkeit in den Gruppen und musste meine Zeit gut einteilen – um dann plötzlich in Siena völlig allein zu sein. Zudem musste ich feststellen, dass mir nur die Umstellung vom Schreiben zum Tätigsein in einer Gruppe leicht gelang, der umgekehrte Weg dagegen sehr schwer fiel. So fühlte ich mich in Italien immer wieder schrecklich allein. Und genau das wollte mein Schicksal.

AUTOBIOGRAPHIE EINES YOGI

Mir war, welch ein Zu-Fall!, das wunderbare Buch von Yogananda *Autobiographie eines Yogi* in die Hand gefallen. Gerade aus Berlin in meine seit 14 Tagen nicht geheizte, sehr kalte Wohnung zurückgekommen, setzte ich mich mit diesem Buch ins Bett und las, las und las. Endlich beschrieb jemand all das, was ich immer gesucht hatte. Endlich erzählte jemand von all den Wundern, die ich von der Bibel kannte und die als reine Allegorien abgetan worden waren. Yogananda hatte all das erlebt, **bewusst** erlebt, was ein Teil von mir sich sehnlichst wünschte, aber bis dahin nie gefunden hatte. Kein Wunder (!), dass ich nicht ins laute Rom, sondern in das verträumte Siena sollte.

Yogananda berührte mich zutiefst. Es öffnete sich mir durch ihn eine neue Welt, die ich nicht für möglich gehalten hatte. Mit diesem Gefühl fuhr ich nach Florenz, ging in den Dom und landete vor der wunderschönen Pietà von Michelangelo. Hier erlebte ich tiefe Erfahrungen in einer völlig neuen Welt. Plötzlich wurden mir Dinge klar, die ich zum Teil nicht gedacht, mit Sicherheit aber nicht verstanden hatte. Mit dem Verstehen entstand allerdings eine riesige Sehnsucht. Irgendetwas in mir sehnte sich unglaublich nach Irgend Etwas, das ich weder bewusst kannte noch hätte formulieren können. Yogananda hatte den unstillbaren Wunsch in mir erzeugt: So einen wunderbaren Lehrer wie er ihn hatte, wollte ich auch. Darum bat ich Gott. Ja, ich bat Gott, das war bereits eine unglaubliche Veränderung.

Die Antwort der Engel

Zu der Zeit wohnte ich in Berlin mit einem Freund bei dessen Tante, Heidi Broker. Sie war mit einem PAN-AM-Piloten verheiratet, und da ihre Kinder schon aus dem Haus waren, freute sie sich, dass wir bei ihr wohnten. Da ich selten da war, hatte ich das Zimmer direkt neben dem ihrigen.

Eines Tages schenkte mir ein sehr spiritueller Seminarteilnehmer das berührende Buch von Gitta Mallasz *Die Antwort der Engel*. Ich hatte viel zu tun und kam so nicht dazu, es zu lesen. Erstaunlicherweise wachte ich fortan jede Nacht zwischen drei und vier Uhr früh auf und konnte erst wieder einschlafen, nachdem ich einige Zeit in diesem berührenden Buch gelesen hatte. Es beschreibt, wie vier Ungarn während des Zweiten Weltkriegs in Kontakt mit Engeln kamen. Dieser war so intensiv, dass drei von ihnen lieber sterben wollten, als zu lügen.

Immer wieder saß ich im Bett mit dem Buch in den Händen und weinte tief bewegt. Da erschien eines Nachts ein Engel, eine riesige Lichtgestalt, die mir sagte, ich sei auserwählt, ich werde beschützt, sie seien immer für mich da. Diese große, wunderschöne Gestalt segnete mich, lächelte mich mit großer Liebe an und verschwand. Bis vor kurzem war ich noch überzeugter Atheist, und nun das!

Ich konnte es nicht glauben und auch nicht fassen. So meinte ich, alles wäre, angeregt durch meine Lektüre, nur geträumt. Doch zu meiner großen Überraschung fragte mich Heidi am nächsten Morgen, wer in der Nacht bei mir gewesen sei, sie hätte eine ihr unbekannte Stimme gehört. Na, ganz leicht fiel es mir nicht, ihr zu gestehen, mir sei ein Engel erschienen!

Gott sei Dank war Heidi eine sehr offene, interessierte und absolut bodenständige Frau mit einem Riesenherz. Sie glaubte meiner Erzählung nicht nur auf der Stelle, sondern beglückwünschte mich sogar zu meiner Erfahrung. Sie gab mir dadurch viel, denn trotz der Erscheinung des Engels fühlte ich mich sehr einsam. Wie dankbar war ich dafür, dass diese herzliche Frau mich verstand und rührend für mich sorgte. Glücklicherweise besuchte uns an diesem Wochenende ihr Sohn Till, Student „in Westdeutschland", wie das in Berlin bezeichnenderweise hieß. Er brachte mich auf andere Gedanken, und so spürte ich die Angst vor den auf mich zukommenden Veränderungen zumindest nicht mehr so stark.

Leider konnte ich nicht länger bei Heidi wohnen. Die Arme hatte Brustkrebs, an dem sie bald darauf verstarb. Dies berührt mich heute noch. Sie bleibt aber in meinem Herzen als einer jener Menschen, die mich mit ihrer feinen Liebe begleiteten.

Mit dem praktischen Arzt Manfred von Lühmann arbeitete ich als Therapeut sehr gut zusammen, denn er war offen für Therapie und ich konnte ihm alle Patienten schicken, von denen ich den Eindruck hatte, dass etwas Medizinisches abgeklärt werden müsse. So war eine Freundschaft entstanden, die mir viel gab, denn Manfred war ein differenzierter Mensch, der unendlich viele Interessen hatte.
Er war weggezogen und ich wusste, dass seine Berliner Wohnung leer stand. So fragte ich bei ihm an, ob ich nicht dort wohnen könne. „*Gerne*", war seine prompte Antwort. Allerdings habe er ein Zimmer bereits vermietet, weshalb er vorschlug, wir zwei sollten uns mit seiner neuen Mieterin in einem vegetarischen Restaurant treffen. Wir Mieter könnten uns kennen lernen und bei dieser Gelegenheit gleich alles Nötige besprechen. Das Treffen war für mich eher gruselig, denn seine neue Mieterin verhielt sich zumindest „erstaunlich". Sie war mit Sicherheit mindestens zehn Jahre älter als ich, begrüßte mich aber mit

den Worten: „*Du bist mein Vater!*“, womit ich nun gar nichts anfangen konnte. „*Dein Vater?*“, fragte ich verunsichert zurück. „*Ja, mein Vater!*“, sagte sie noch bestimmter. ‚Soll ich wirklich mit dieser Frau eine Wohnung teilen?’, fragte ich mich. Manfred spürte natürlich, dass die Stimmung zwischen mir und seiner neuen Mieterin nicht die beste war, er schlichtete sie aber so weit, dass ich bereit war, sein Zimmer zu nehmen. Auch alles andere hat er sehr fürsorglich für mich gerichtet. So zog ich bei ihm ein.

Aber auch das war kein Spaß, denn ich konnte die Heizung in seinem Zimmer nicht abdrehen. Sie heizte die ganze Nacht durch, so dass ich das Fenster sperrangelweit öffnen musste. Ich wachte nachts um drei schlotternd auf und lehnte das Fenster an, um anschließend mit dickem Kopf am Morgen aufzustehen. Und das, wo ich anschließend doch den ganzen Tag Therapie geben musste. Es war wirklich anstrengend – zumal ich für die Mitbewohnerin immer noch „ihr Vater“ war! Sogar meine Schrift, die selbst ich zuweilen nicht lesen kann, erinnerte sie an ihn! Die Situation gestaltete sich rundum chaotisch.

So setzte ich mich eines Morgens wieder einmal vor Manfreds Altar, den er mit einem wunderschönen Krishna darauf zurückgelassen hatte. Verzweifelt bat ich Gott, er möge mir doch sagen, wie es mit meinem Leben weiterginge. Es könne doch nicht so eine Wüste bleiben. Ich war am Ende angelangt! Als ich aufstand, bemerkte ich zum ersten Mal (!!!) ein kleines Bild von Sai Baba, das Manfred in die Tapete geschoben hatte. Ich wusste, dass er Baba besucht und der Aufenthalt ihn nicht besonders berührt hatte. Immerhin war dieses kleine Bildchen in der Tapete übrig geblieben.

Noch am selben Tag gab ich Einzelstunden, und was geschah? Unglaubliches! Die Frau des Patienten, der mir die *Antwort der Engel* geschenkt hatte, brachte mir das Buch von Samuel Sandweiss *Sai Baba, der Heilige... und der Psychotherapeut*. Welch ein Zufall! Nach einem Gebet frühmorgens kam bereits am Vormittag um 11 Uhr diese Antwort! Und was tat ich? Ich bedankte mich höflich..., legte das Buch zur Seite und veränderte n i c h t s! Ja, ja, die Götter hatten es wahrlich nicht leicht mit mir! Aber offensichtlich war höheren Ortes entschieden worden, mich von meinem engen und etwas tumben Weg wegzuführen. So musste ich wieder umziehen.

Ich wohnte nun bei Freunden im Norden von Berlin und musste mit U-Bahn und Bus eine Dreiviertelstunde zu meiner Praxis fahren. Während der langweiligen Fahrt las ich endlich *Sai Baba, der Heilige... und der Psychotherapeut*! Obwohl diese Lektüre zunächst lediglich als Zeitvertreib gedacht war, faszinierte sie mich von Anfang an. Ich las und las und las und es entstand in mir der Wunsch, zu Baba zu fahren. So fuhr ich im Juli 1986 zu Sathya Sai Baba, mit, wie ich später feststellte, völlig falschen Vorstellungen!

6. Sathya Sai Baba

Nun, wer ist Sathya Sai Baba? Er ist ein *Purna-Avatar*, die höchste Avatar-Form, die es gibt. Was ist ein *Avatar*? Eine Gottesinkarnation. In der indischen Kultur gibt es diesen Begriff, und die Erklärung dazu liefert Krishna, einer der großen *Avatare*, wenn er in der Gita sagt: *Wenn die Wahrheit, die Rechtschaffenheit und die Ethik drohen unterzugehen, inkarniert sich der Herr und rettet die Welt. Er kommt in der Gestalt auf die Erde, die in dem Augenblick die beste für seine Mission ist.*

Der Begriff des Avatars ist fest in der indischen Kultur verankert. So sind die 16 Eigenschaften, die ein *Purna-Avatar* von Geburt an besitzen muss, auch klar definiert: *Allmacht, Allwissen, Allliebe, Karma verändern können, Herrschaft über Leben und Tod, lehrt ewige Wahrheiten (sarwa Dharma), kennt von jedem Lebewesen Vergangenheit, Gegenwart und Zukunft, gewährt umfassenden Schutz, steht selber über dem Karma, kann zur gleichen Zeit an verschiedenen Orten sein, vermag die unterschiedlichsten Formen anzunehmen, ist jenseits der Zeit, herrscht über die Elemente, kann jede Krankheit heilen, schafft eine bleibende Veränderung der Welt, entwickelt keine neuen Eigenschaften.*

Als Sai Baba in seiner Rede vom 23. November 1968 (s. u.) verkündete, er sei der *Avatar* dieses Zeitalters, kam sogleich eine Delegation von *Pandits*, die ihn prüfen wollte. *Pandits* sind Schriftgelehrte beziehungsweise Eingeweihte, die die heiligen Schriften Indiens eingehend studiert haben, sie umfassend kennen und danach leben.
Baba hat immer wieder bewiesen, dass er zu jedem Thema genauestens Bescheid weiß, obwohl er weder Bücher noch Zeitungen liest – ein Zeichen seiner Allwissenheit.

Diese Delegation von *Pandits* erschien nun bei Sai Baba und stellte ihm Fragen zu den Veden, den heiligen Schriften der Hindus. Baba hatte, wie gesagt, diese nie gelesen. Trotzdem kannte er sie und interpretierte die fraglichen Textstellen. Die *Pandits* hörten aufmerksam zu und teilten ihm anschließend mit, seine Auslegungen seien falsch, er sei kein *Avatar*. Darauf antwortete Baba ganz ruhig, die ihren seien nicht richtig, denn sie gingen von falschen Texten aus. Die Urtexte befänden sich in einer Höhle im Himalaja in Amphoren. Baba beschrieb ihnen genau, wohin sie gehen müssten. Die Schriftgelehrten zogen von dannen mit der Gewissheit, Baba habe sie nur ablenken wollen. Besonders der Anführer war äußerst skeptisch.

Zu ihrer großen Verwunderung fanden sie die Höhle und die Amphoren mit den Schriftrollen genau dort, wo Baba es ihnen beschrieben hatte. Wie groß war aber erst ihr Staunen, als sie die uralten Schriftrollen lasen und herausfanden, dass der Text genau so zu verstehen war, wie Baba ihn ausgelegt hatte.
Also kehrten sie zurück zu Baba und erkannten ihn als *Avatar* an. Der Anführer blieb in Demut bis zu seinem Tode bei ihm.

Woher habe ich diese Geschichte? Von dem Sohn dieses Anführers, Mr. Rao, der ebenfalls wie sein Vater bis zu seinem Lebensende bei Baba blieb.

An dieser Stelle ist noch anzumerken, dass Sai Baba nicht zu den unumstrittenen Führern dieser Welt gehört – wie zum Beispiel der Dalai Lama, den nur die Chinesen aus äußerst fragwürdigen Gründen ablehnen. Sai Baba ist dagegen sehr umstritten. Die einen halten ihn für Gott, die anderen für einen Betrüger. Auf diese Kritik gehe ich später ein (vgl. Kap. *Gerüchte*).

Viele Wunder von Geburt an

Was ich von Baba erfuhr, war, dass er unendlich viele Wunder vollbrachte, sich um die Armen kümmerte, Kranke heilte – sogar Tote soll er, so einige Zeugenberichte, auferweckt haben.

Diese Wunder begleiten ihn seit seiner Geburt. Babas Biograph Prof. Kasturi hat sie akribisch in seinem großen Werk *Sathyam, Shiwam, Sundaram* beschrieben. Baba hat schon in der Schule Wunder gewirkt. Besonders das Herz manch eines Schülers wird es erfreuen, dass er einen ungerechten Lehrer so an dessen Stuhl heftete, dass er nicht mehr aufstehen konnte. Erst, nachdem der Lehrer sich bei Raju entschuldigt hatte, so hieß Baba als Schüler, befreite er ihn durch seine Willenskraft wieder. Diese Szene kann im Museum mit bewegten Figuren besichtigt werden.

Wunder gehören zu einem *Avatar*, sie sind seine ureigene Eigenschaft, etwa seiner Handschrift vergleichbar. Daher ist das Leben von Sai Baba von Geburt an von Wundern begleitet. Es wird immer wieder diskutiert, ob er **überhaupt** welche vollbringe. Ich kann diese Frage nur so verstehen, dass manche an der Prämisse festhalten wollen, die Welt sei rein materiell erklärbar. Folglich könne es keine Wunder geben, bestenfalls noch nicht ausreichend erforschte Phänomene. Zudem wird häufig nicht erkannt, dass die Wunder selbst keinen großen Stellenwert besitzen. Was Baba auszeichnet, ist die klar definierte und allumfassende Aufgabe, die er sich gestellt hat und erfüllen wird.
Uns bleibt die Wahl, das zu verstehen und freiwillig daran teilzuhaben oder uns zu verweigern. Am Erreichen seines Zieles ändert das nichts.

In den 22 Jahren, die ich nun zu Baba fahre, habe ich Tausende von kleinen und auch großen Wundern erlebt. Ich habe seine Allgegenwart, seine Allmacht, seine Allliebe und seine Fähigkeit erlebt, Karma zu verändern. Deshalb habe ich keine Probleme damit, all die Wunder, die Prof. Kasturi in der Baba-Biographie beschreibt, als solche zu akzeptieren.

Besonders erstaunlich sind in diesem Zusammenhang sein allumfassendes Wissen und seine Fähigkeiten zu heilen, die ich mehrfach beobachten konnte.

So kam in einer unserer Gruppen ein Mann mit, der unter einer chronischen Prostataentzündung litt. Er hatte unzählige Ärzte und

Homöopathen aufgesucht, aber keiner hatte ihm geholfen. Dann begleitete er uns zu Baba und war sehr ergriffen von alledem, was er erlebte. Eines Tages berichtete er mir, Baba habe ihn während des Darshans lange angesehen, was ihn tief bewegte. Danach sei sein Prostataleiden verschwunden. Ich sprach ihn vor kurzem und er berichtete mir, es ginge ihm immer noch gut und er sei Baba unendlich dankbar, dass er ihn von diesem so belastenden Leiden, das auch bösartig hätte werden können, erlöst habe.

Ein weiteres Beispiel betrifft eine Frau, die zu mir in die Therapie kam und sehr krank war. Ihre völlig unverantwortliche Behandlerin hatte ihr über Jahre eingeredet, sie habe keinen Krebs. Sie hatte ihn aber sehr wohl – zudem im Endstadium. Sie informierte sich bei uns, wie sie zu Baba kommen könne, und fuhr dann auf eigene Faust dahin. Kaum war sie dort angekommen, gewährte Baba ihr ein Interview, bei dem er sie ermunterte und ihr sagte, er sei immer für sie da. Als sie nach Hause kam, brachte sie zum Dank noch eine Blume bei uns vorbei, die nach zwei Wochen verwelkte – genau zu dem Zeitpunkt, als sie gestorben ist.

Dieses Beispiel steht für eine völlig andere Form der Erlösung. Offensichtlich lebte diese Frau in einer Situation, der sie entkommen sollte. Deshalb half ihr Baba zu gehen, sobald sie das Karma dieser Inkarnation – vielleicht auch mit seiner Hilfe – abgeschlossen hatte.

Baba betrachtet den Tod unter einem völlig anderen Blickwinkel als wir. So besuchte ihn ein Paar mit einem behinderten Sohn. Sie bekamen ein Interview und Baba sagte ihnen, alles würde gut. Zum Entsetzen dieser Eltern wurde das Kind bald nach dem Interview schwer krank und starb. Die Eltern konnten Babas Worte nicht verstehen und fühlten sich betrogen. Kurze Zeit später wurde die Frau aber schwanger und gebar einen gesunden Sohn – genau ein Jahr, nachdem sie das Interview gehabt hatten. Baba bestätigte ihnen, dieser Junge sei die gleiche Seele, die nur ihr Kleid gewechselt hätte.

Wir verstehen ja herzlich wenig von dem, was Baba tut, und besonders, **warum** er **was** tut. Offensichtlich ist er aber auch an die Gesetze des

Karmas gebunden und kann es nur in einem bestimmten Rahmen verändern – das ist dann göttliche Gnade. Manchmal ist möglicherweise von dem negativen Karma noch zu wenig abgetragen worden, als dass Baba im Rahmen der Göttlichen Gesetze eingreifen könnte. So muss er einen Menschen erst einmal eine Weile in seiner schwierigen Lage lassen, bis er dann im Rahmen von dessen Karma lösend eingreifen kann, ohne ihm wesentliche Lernerfahrungen vorzuenthalten. Baba vergleicht sein Handeln immer wieder mit dem eines Polizeipräsidenten. Natürlich könnte er sich zum Beispiel über die Verkehrsregeln hinwegsetzen. Er würde damit aber deren Allgemeingültigkeit einschränken. Sich über die von ihm geschaffenen Gesetze ohne zwingenden Grund hinwegzusetzen ist niemals in Babas Sinne, der ja gekommen ist, die Rechtschaffenheit, die Ethik und die Gültigkeit der Gottgewollten Ordnung wieder herzustellen. Hielte Gott sich selber nicht daran, wer würde dann als Vorbild gelten?

Für uns „westliche, aufgeklärte und rationale Menschen“ sind diese Geschichten und noch mehr die unzähligen Berichte über Sai Babas Wunder vielleicht schwer zu glauben. Was ich gut verstehen kann, aber viele machen es sich zu einfach: Anstatt ihre Vorurteile in Frage zu stellen, lehnen sie alles Unbekannte ab. Man kann natürlich die beschriebenen Erlebnisse als reinen Zufall, als Einbildungen, vielleicht sogar als Wahnvorstellungen abtun. Oder, wie die Schulmedizin sagt, als „Spontanheilungen“. Ich habe aber derart viele Heilungen gesehen und habe zum Beispiel während eines einzigen vierzehntägigen Besuchs erlebt, wie er sieben Menschen aus dem Rollstuhl holte, dass ich selber naiv wäre, würde ich dies noch unter die Kategorie „Zufall“ einordnen. Ich halte es hier vielmehr mit David Ben Gurion, der sagte: „*Wer nicht an Wunder glaubt, ist kein Realist!*“

Ich gebe zu, dass Baba es manchem nicht leicht macht. So kam ich zum Beispiel mit einem jungen Mann zu Baba, der im Grunde nur an Wundern interessiert war. Doch erstaunlich, immer, wenn Baba ein deutliches Wunder vollbrachte, war dieser Mann abgelenkt. Ich werde nie vergessen, wie Baba in Whitefield (einem seiner Sitze in der Nähe von Bangalore), als der riesige Baum noch stand, zu einer Mutter mit Kind ging. Da ich genau gegenüber saß, konnte ich beobachten, wie

Baba bei den beiden stehen blieb, seine Hand über dem kleinen Kind kreisen ließ und plötzlich ein Strom *Vibhuti* (heilige Asche) aus seiner Hand strömte, bis das Kind total weiß gepudert war. Ein beeindruckendes Erlebnis, einmal wegen des Wunders und zum anderen, weil hier offensichtlich eine hohe Seele von Baba gesegnet wurde. Ich habe so etwas nie wieder gesehen. Der junge Mann an meiner Seite war aber wieder abgelenkt gewesen und hatte folglich von alledem nichts mitbekommen.

Außerdem würde ich es in der Situation, wo so viele meinen, klare Beweise für Babas Unredlichkeit zu haben, nicht wagen, ein Buch über ihn zu schreiben und ihm damit öffentlich zu danken, wenn ich nicht persönlich so viele Wunder erlebt hätte. So viele Wunder, dass sich selbst meine anfangs nicht unerheblichen Zweifel verflüchtigten.

Keine Schulbildung

Wir können aber auch einfach nur von den bekannten Fakten ausgehen. Mich zumindest bringen diese bereits zum Staunen. Baba besitzt eine minimale Schulbildung. Mit 14 deklarierte er, er sei der *Avatar*, die Gottesinkarnation Sathya Sai Baba. Als jemand dies anzweifelte und um ein Zeichen bat, warf Baba eine Handvoll Blumen auf den Boden, die den Schriftzug Sai formten. Danach hat er seine Schulsachen nie wieder angerührt.

Auch beim Lesen hat ihn nie wieder jemand gesehen. Er besitzt gar keine Bücher, die er heimlich lesen könnte. Woher stammt sein Wissen? Wie kann er aus der gesamten Weltliteratur und natürlich aus den sehr umfangreichen Veden **wörtlich** zitieren? Woher kennt er all die Namen, die historischen Zusammenhänge und die politischen Ereignisse? Wie ist es möglich, dass er sich mit Schriftgelehrten unterhalten und diese sogar lehren kann, obwohl er nicht Tag für Tag Texte studiert, ja nicht einmal welche besitzt?

Versteht alle Sprachen

Das Ungeheuerlichste für mich ist seine Fähigkeit, alle Sprachen zu verstehen. Auch dies glauben viele nicht. Ich weiß es aber von verschiedenen Indern, die ein Interview bei Baba hatten. Er hat sich mit ihnen ganz selbstverständlich in ihrer Sprache unterhalten. Man bedenke: Indien hat über 100 total unterschiedliche Sprachen!
Bei einem unserer ersten Besuche erlebten Constanze und ich, wie Baba fragen ließ, ob jemand Mandarin spräche, denn er wollte einem chinesischen Ehepaar ein Interview geben. Es fand sich niemand, und so sprach Baba eben Mandarin mit den beiden.

Die Geschichte von Tonino, einem Neapolitanischen Baba-Devotee, habe ich hautnah miterlebt. Baba sprach mit ihm unter vier Augen und Tonino fühlte sich absolut verstanden. Dann verabschiedete Baba ihn und Tonino ging wieder zu seinen Freunden. Die waren natürlich neugierig und wollten wissen, wie es war, was Baba gesagt habe und so weiter. Bis jemand die entscheidende Frage stellte: *„Aber Tonino, in welcher Sprache habt ihr euch unterhalten, du sprichst doch nur Neapolitanisch?“* Da erst fiel Tonino auf, dass Baba die ganze Zeit mit ihm Neapolitanisch gesprochen hatte!

Ist das zu glauben? Ich weiß, dass ich hier keinen einzigen Skeptiker überzeugen werde. Alles, was unseren Verstand übersteigt, muss man erleben, weil ein Verstehen eben gerade nicht möglich ist. Deswegen beschreibe ich auf den folgenden Seiten einige Erlebnisse.

Baba kennt genau den Inhalt eines jeden Briefes, den ihm Devotees mit der Bitte reichen, er möge darauf antworten Man kann natürlich behaupten, er nehme jeden Brief – was er nachweislich nicht tut –, oder er nehme sie wahllos. Täte er das, wäre er bald seine Anhänger los, denn diese schreiben ihm in allen Sprachen der Welt häufig Folgendes: *„Liebster Baba, wenn Du diesen Brief nimmst, bedeutet das, dass ich mich operieren lasse, die Scheidung einreiche, den Job nehme oder meinen Mietvertrag kündige. Nimmst Du ihn nicht, tue ich es nicht!“* Unzählige Baba-Devotees kommunizieren so mit ihm und er hat immer auf diese Art geholfen.

Ich kenne aber auch noch ganz andere Geschichten: Als ich 1986 von meinem ersten Besuch zurück nach Deutschland flog, saß neben mir eine junge Frau, die von ihrem Besuch bei Baba noch völlig ergriffen war. Was war passiert? Sie hatte Baba einen Brief mit vielen ihr wichtigen Fragen gereicht, er hatte ihn genommen und ihr dann zurückgeworfen. Sie erlebte dies als totale Ablehnung und war völlig geknickt. Ihr Selbstwert sauste in den Keller, bis eine Freundin ihr den Rat gab: „*Öffne ihn doch mal.*" Das tat sie und berichtete mir nun, wie fassungslos sie war, als sie sah, dass unter jeder Frage eine Antwort geschrieben stand.

Baba weiß genau, was in den Briefen steht. Und es ist ein besonderes Geschenk, wenn er überhaupt einen nimmt, denn er nimmt wirklich nur wenige. So reichte ihm ein neunjähriger Junge einen Brief mit dem erstaunlichen und berührenden Inhalt, er lade ihn, Sai Baba, zu seinem Geburtstag ein. Baba kam, nahm den Brief und ging. Und was geschah? Am nächsten Tag ging Baba zu dem Jungen, es war dessen Geburtstag, und lud ihn und seine Familie zu einem Interview ein. Wie sollte dies möglich sein, wenn Baba die Briefe wahllos nimmt? Wie groß wäre die Wahrscheinlichkeit, dass der Junge genau zu seinem Geburtstag rein aus Zufall ein Interview bekommt?

Unglaublich? Das hängt wahrscheinlich vom jeweiligen Standpunkt ab. Ich habe solche Wunder erlebt und erlebe sie immer noch. So fügen sich Dinge wie von selbst, wenn ich ihn auch nur innerlich bitte.

Er reagiert auf Gebete

Damit kommen wir zum entscheidenden Punkt: Baba reagiert häufig unmittelbar auf Gebete. Wie geht das, wenn er nicht allwissend und allmächtig ist und nicht jede Sprache versteht? Wieder reiner Zufall? Reiner Zufall, der immer klappt? Wie passt dies mit der Definition von Zufall zusammen?

Ich hatte viele, viele Erlebnisse mit prompter Reaktion auf eine meiner Bitten. Zum Beispiel druckte ich 1995 *Sai Baba spricht über Beziehungen* aus, als plötzlich der Drucker nicht mehr ging. Damals lief das alles noch per Papier und Disketten, denn es gab noch kein Internet oder USB-Sticks. Das Manuskript musste unbedingt zu meiner Lektorin Charlotte Kügler, der ich so viel zu verdanken habe. Als sehr engagierte Lehrerin hatte sie ein großes Pensum zu bewältigen und deshalb konnte sie nur in ihren Ferien den Text lektorieren. So war jeder Tag kostbar. Und ausgerechnet jetzt musste der Drucker streiken. Ich versuchte dies und das. Nichts ging. Dann bat ich Baba. Ich erinnere noch genau mein Gefühl, denn ich fand es etwas abwegig, Baba wegen eines Druckers zu bitten. In meiner immer größer werdenden Not habe ich es dann doch getan. Und sogleich funktionierte er wieder. Und nun kommt es: Er druckte genau das Manuskript fertig und war dann wieder kaputt. Ich war voller Dank, denn für mich war es ein großes Wunder und ein noch größeres Geschenk, danke, Sai Baba.

Wären Babas Reaktionen reiner Zufall, dann hätte er nicht 180 Millionen Anhänger und es wäre nicht zu erklären, wie aus dem kleinen Bauerndorf Puttaparthi eine immer größer werdende Stadt entstand, die er mit frischem Wasser und mit einem Krankenhaus von Weltruf versah.

Krankenhaus und Wasserprojekt

Bei meinem Besuch 1999-2000, wo ich vier Monate bei Baba blieb und mit dem fertigen Buch *Sai Baba spricht über Psychotherapie* zurückkam, traf ich auch Prof. Critchlow, Direktor und Dozent des *Prince of Wales Institute of Architecture London*, der für Baba das Krankenhaus baute.
Baba verkündete zu seinem Geburtstag am 23. November 1997, im nächsten Jahr entstünde in Puttaparthi ein Krankenhaus mit dem erstaunlichen Namen *Super Speciality Hospital*, in dem alle Patienten kostenlos behandelt werden. Baba ließ keinen Zweifel daran, dass das Krankenhaus zu seinem nächsten Geburtstag fertig sei, obwohl es noch nicht einmal geplant, geschweige denn gezeichnet war. Nichts war bisher passiert und trotzdem sollte es in einem Jahr funktionsfertig sein. Dr. Critchlow, der international erfahrener Architekt, bezweifelte jedenfalls, wie das real durchführbar sein solle.

Als Erstes wurde von Baba bestimmt, an welchem Ort das riesige Gebäude stehen sollte. Dr. Critchlow berichtete uns, dass die Heiligkeit eines solchen Unternehmens dadurch deutlich werde, dass ein großer Kreis gemalt werde, über dem am folgenden Tag drei Adler fliegen müssten. Architekt Critchlow zeichnete den Kreis in einer Ödnis weit außerhalb von Puttaparthi und erzählte uns mit immer noch sichtbarem Staunen, dass am nächsten Tag tatsächlich die Adler erschienen! Welch ein Zeichen!

Dieses Riesenprojekt wurde dann in Windeseile, in neun Monaten Bauzeit, fertig gestellt und die ersten Behandlungen konnten tatsächlich zu Babas Geburtstag durchgeführt werden. Wer die Anlage sieht und weiß, wie langsam so manches in Indien geht, der glaubt gerne das, was viele berichten: Die Mauern seien nachts weitergewachsen! Wenn man dann auch noch erfährt, dass dieses Krankenhaus keinen Cent beziehungsweise keine Rupie für eine Behandlung verlangt und Ärzte, das heißt Koryphäen aus aller Welt, die zum Beispiel OPs am offenen Herzen durchführen, Schlange stehen, um dort arbeiten zu können, dann weiß man, dass es hier „nicht mit rechten Dingen zugeht"!

Die andere gewaltige Veränderung für die Bevölkerung stellt das Wasserprojekt dar. Das Grundwasser in Puttaparthi und vielen angrenzenden Dörfern hat katastrophale Qualität (u. a. einen massiven Fluorgehalt) und fügt den Menschen, die darauf angewiesen sind, bleibende körperliche Schäden zu. Im weiteren Umkreis gab es während der Trockenzeit gar kein Wasser und die Menschen mussten es aus Tankwagen kaufen. Für alle Einwohner war dies ein unerträglicher Zustand. Baba beschloss deshalb, die gesamte Gegend mit sauberem Wasser aus über hundert Kilometer Entfernung zu versorgen. Kaum hatte er sein Vorhaben angekündigt, da flossen schon die Spendengelder. Für einige Millionen Euro wurden ein Staubecken, etliche Kanäle und diverse Kilometer Pipelines gebaut, wodurch die Menschen der ganzen Gegend mit reinstem Quellwasser versorgt werden.

Rede vom 23. November 1968

Mit der Rede anlässlich seines 43. Geburtstags erklärte Sai Baba, er sei der *Avatar* dieser Zeit, der gekommen ist, die Menschheit vor dem drohenden Untergang zu retten. Da diese Rede von so großer Bedeutung ist, zitiere ich sie in ganzer Länge (Zitiert ist sie aus Sandweiss, 1988, S. 102-107).

„Zur Rettung der Guten, zur Vernichtung der Bösen und zur Wiederherstellung der Gott gewollten Ordnung werde ich von Zeitalter zu Zeitalter geboren. Immer, wenn Unfrieden sich der Welt bemächtigt, verkörpert sich der Herr in menschlicher Form, um erneut (den Weg) festzulegen, wie man göttlichen Frieden erlangt, und um die menschliche Gemeinschaft wieder zum Frieden zu erziehen. In unserer heutigen Welt haben Kampf und Streit so überhand genommen, dass es in den Familien, den Schulen, der Gesellschaft, den Religionen, den Städten und Staaten keinen Frieden und keine Einigkeit mehr gibt.

Die Herabkunft des Herrn wird von Heiligen und Weisen sehnsüchtig erwartet. Sadhus (Heilige) haben gebetet, und so bin ich gekommen. Meine wichtigsten Aufgaben sind es, die Veden zu stärken und meinen Devotees zu helfen. Eure Tugend, eure Selbstbeherrschung, eure Freiheit, euer Glaube, eure Beständigkeit: Das sind Zeichen, an denen die Menschen meine Herrlichkeit erkennen. Du kannst dich erst dann als Devotee bezeichnen, wenn du dich ganz und gar, ohne eine Spur von Eigenwillen, meinen Händen überantwortet hast. Die Erfahrung, die du durch den Kontakt mit dem Avatar machst, kann dich zur Glückseligkeit bringen.

Der Avatar verhält sich wie ein Mensch, damit die Menschen sich ihm verwandt fühlen können, aber er zeigt sich auch in seiner übermenschlichen Größe, damit die Menschen nach dieser Größe streben und durch dieses Streben zu ihm kommen können. Er kommt in menschlicher Gestalt, damit ihr erkennt, dass es Gott ist, der alles bewirkt und durch den alles geschieht, und dass dieser Gott in eurem Herzen wohnt.

Avatare wie Rama und Krishna mussten ein oder mehrere Wesen töten, die der gottgewollten Ordnung feindlich gesinnt waren, um auf diese Weise die Tugend zu retten. Aber heute gibt es keinen, der vollkommen gut wäre; wer sollte also Gottes Schutz verdient haben? Alle sind vom Bösen befleckt – wer würde also überleben, wenn der Avatar beschlösse, das Böse auszurotten? Darum bin ich gekommen, um die Intelligenz auf verschiedene Arten zu korrigieren. Dieser Avatar muss Rat geben, helfen, befehlen, verurteilen, er muss allen als Freund und Wohltäter zur Seite stehen, damit sie ihre schlechten Neigungen aufgeben, den richtigen Weg erkennen, ihn beschreiten und das Ziel erreichen können. Ich muss den Menschen die Augen öffnen für die Gültigkeit und den Wert der Veden (...) und der heiligen Schriften, die die Verhaltensnormen festlegen.

Wenn ihr mich annehmt und ‚ja' zu mir sagt, antworte ich darauf und sage: ‚ja, ja, ja' zu euch. Wenn ihr mich aber nicht wollt und ‚nein' sagt, kommt von mir auch ‚nein' zurück. Kommt, prüft, erfahrt, habt Vertrauen. Dafür ist der Avatar da. So sollt ihr ihn für euch nutzen.

In meinen Ansprachen erwähne ich (den Namen) Sai Baba nicht, aber ich trage den Namen des Avatars Sai Baba. Ich lege überhaupt keinen Wert auf die Unterscheidung zwischen den verschiedenen Erscheinungsformen Gottes: Sai, Rama, Krishna usw. Ich rede euch nicht ein, die eine sei wichtiger als die andere. Betet weiterhin die von euch erwählte Gottheit an und verehrt sie in der euch vertrauten Art und Weise – und ihr werdet merken, dass ihr mir näher kommt. Denn alle Namen sind mein und alle Formen sind mein. Ihr braucht eure einmal erwählte Gottheit nicht aufzugeben, um eine neue anzunehmen, nachdem ihr mich gesehen und gehört habt.

Jeder Schritt dieses Avatars während seines Verweilens auf der Erde ist vorherbestimmt. Rama erschien, um die Wurzeln von Sathya und Dharma, Wahrheit und Rechtschaffenheit, zu stärken. Krishna kam, um Shanti und Prema, Frieden und Liebe zu bewahren. In unserer Zeit sind alle vier in Gefahr auszusterben. Aus diesem Grund ist der gegenwärtige Avatar gekommen. Dharma, die gottgewollte Ordnung, ist in die Einsamkeit geflüchtet und muss in die Dörfer und Städte zurückgebracht werden. Anti-Dharma, das Chaos, das die Dörfer und Städte zugrunde richtet, muss in die Wildnis zurückgetrieben werden.

Ich bin gekommen, um euch die Schlüssel zum Schatzkästchen der Glückseligkeit zu geben und euch zu lehren, wie man sich diese Quelle erschließt, denn ihr habt den Weg zu einem gesegneten Leben aus den Augen verloren. Wenn ihr diese Zeit, die euch zu euerer eigenen Rettung geboten wird, vergeudet, seid ihr selbst daran schuld. Ihr kommt her, um wertlose Kleinigkeiten von mir zu bekommen, belanglose Heilungen, bessere Positionen, weltliche Freuden und Annehmlichkeiten. Nur sehr wenige von euch wollen das haben, das zu geben ich gekommen bin – nämlich die Befreiung selbst. Selbst unter diesen wenigen gibt es nur eine Handvoll, die auf dem Weg der Sadhana, der spirituellen Disziplin, bleiben und das Ziel erreichen.
Euer irdischer Verstand kann das Wirken Gottes nicht begreifen. Allein durch die geschickte Anwendung euerer Intelligenz könnt ihr ihn nicht erkennen. Ihr mögt vielleicht seinen günstigen Einfluss spüren, aber erklären könnt ihr ihn nicht. Eure Erklärungen sind nichts als Vermutungen, nichts als Versuche, eure Unwissenheit in hochtrabende Worte zu kleiden. Bringt doch etwas in euren Alltag hinein als Beweis dafür, dass ihr durch mich das Geheimnis des höheren Lebens erfahren habt: Zeigt mehr Brüderlichkeit. Sprecht sanfter und mit mehr Selbstbeherrschung. Nehmt beides, Niederlage und Sieg, mit der gleichen Gelassenheit hin.

Ich bin mir immer der Zukunft, der Vergangenheit und der Gegenwart eines jeden von euch bewusst. Darum werde ich nicht so sehr von Mitleid bewegt. Weil ich eure Vergangenheit, eueren Hintergrund kenne, ist meine Reaktion anders. Ich lasse es oft zu, dass euer Leiden andauert – durch kleine Erleichterungen gemildert – weil es die Folge des Bösen ist, das ihr in früheren Inkarnationen bewusst begangen habt.
Ich bin nicht der Urheber von Freude oder Leid – ihr selbst seid die Schmiede dieser beiden Ketten, die euch binden. Ich bin Ananda Svarupa, die verkörperte Glückseligkeit. Kommt, lasst euch Ananda von mir geben, lebt in Ananda und seid voller Frieden.

Meine Taten sind die Grundmauern, auf denen ich mein Werk errichte, die Aufgabe, um deretwillen ich gekommen bin. All die Wunder, die ihr beobachtet, sollten in diesem Licht gesehen werden. Das Fundament eines Dammes erfordert viele verschiedene Baustoffe. So müssen auch die Menschen eine Inkarnation Gottes auf vielen verschiedenen Weisen für ihre Höherentwicklung benutzen.

Der Herr hat nicht die Absicht, für sich zu werben. Ich brauche keine Werbung – weder ich noch irgendein anderer Avatar des Herrn. Für wen wagst du es eigentlich zu werben? Für mich? Was weißt du über mich? Heute sagst du über mich dies und morgen das. Dein Glaube wird immer noch erschüttert. Du lobst mich, wenn alles gut geht und klagst mich an, wenn etwas misslingt. Wenn du anfängst, mich hochzuloben, steigst du auf die Ebene derjenigen herab, die darin wetteifern, Reichtümer anzuhäufen, indem sie andere schlechtmachen und sich selbst anpreisen.

Wo Geld eingesammelt, angehäuft oder zur Schau gestellt wird, da bin ich nicht gegenwärtig. Ich komme nur dorthin, wo Aufrichtigkeit, Glaube und Hingabe geschätzt werden. Nur geistig minderwertige Menschen finden Gefallen daran, für sich zu werben und sich selbst zu erhöhen. Für einen Avatar sind diese Dinge völlig belanglos. Avatare brauchen keine Werbung.

Die Wiederherstellung von Dharma, der gottgewollten Ordnung, ist mein Ziel. Dharma zu lehren und zu verbreiten ist mein Anliegen. Was ihr Wunder nennt, ist nur ein Mittel zu diesem Ziel. Einige von euch wenden ein, Ramakrishna Paramahamsa habe gesagt, dass Siddhis, übernatürliche Kräfte, ein Hindernis auf dem Weg des spirituellen Aspiranten seien. Ja, Siddhis können einen Sadhaka in die Irre führen. Er muss seinen Weg geradeaus weitergehen, ohne sich auf sie einzulassen. Sein Ego wird ihn zu Fall bringen, wenn er der Versuchung erliegt, seine yogischen Fähigkeiten öffentlich auszuüben. Das ist der richtige Rat, den jeder spirituelle Aspirant beherzigen sollte.
Der Fehler liegt nur darin, dass man mich mit einem Sadhaka gleichstellt, wie der, dem Ramakrishna helfen wollte, den er führte und warnte. Diese Siddhis oder yogischen Fähigkeiten gehören zum Wesen

des Avatars. Die Erschaffung von Gegenständen, die beschützen und Freude bereiten sollen, ist spontan und dauerhaft. Erschaffen, erhalten und auflösen kann nur der Allmächtige, sonst niemand.

Zyniker werten Dinge ab, ohne sie zu kennen. Wenn sie die Shastras (heiligen Bücher, Anm. von mir) lernen oder sich um direkte Erfahrung bemühen würden, könnten sie mich verstehen. Da ihr von Natur träge seid, bringt ihr es nicht fertig, die spirituellen Übungen zu machen, die nötig sind, um das Wesen Gottes zu entdecken. Diese Trägheit muss verschwinden. Sie muss dem Menschen ausgetrieben werden, in welcher Form sie auch immer auftreten mag. Das ist meine Mission. Meine Aufgabe besteht nicht lediglich darin zu heilen, zu trösten und individuelles Leid zu beseitigen – ist viel wichtiger. Die Beseitigung von Not und Elend ist nur eine Begleiterscheinung meiner Mission. Meine Hauptaufgabe ist die Wiedereinsetzung der Veden und der Shastras und ihre Verbreitung auf der ganzen Welt. Diese Arbeit werde ich tun. Nichts kann sie einschränken, nichts kann sie aufhalten. Wenn der Herr etwas beschließt und will, dann kann sich nichts seinem göttlichen Willen entgegenstellen.

Sicher habt ihr Leute sagen hören, ich sei ein Magier. Man darf aber die Offenbarung göttlicher Allmacht nicht mit Magie verwechseln. Magier führen ihre Tricks vor, um damit ihren Lebensunterhalt zu verdienen, um berühmt und reich zu werden. Ihre Grundlage ist die Unwahrheit, sie leben von der Täuschung. Diese Inkarnation aber könnte niemals so tief sinken. Diese Inkarnation ist gekommen, weil es Gottes Ratschluss war, zu kommen. Dieser Ratschluss wurde gefasst, um Sathya – die Wahrheit – am Leben zu erhalten.

Göttlicher Ratschluss wird immer wahrgemacht. Denkt daran: es gibt nichts, was göttliche Allmacht nicht vollbringen könnte. Sie kann Erde in Himmel umwandeln und Himmel in Erde. Wer daran zweifelt, beweist damit nur, dass sein Geist zu schwach ist, große Dinge zu erfassen, wie die unbeschreibliche Großartigkeit des Universums.

Ich bin gekommen, um alle Menschen die Essenz der Veden zu lehren, alle mit dieser kostbaren Gabe zu beglücken, und die uralte Weisheit, Sanatana Dharma, zu beschützen und zu erhalten.

Es ist meine Aufgabe, Glück zu verbreiten, und deshalb bin ich immer bereit, zu euch zu kommen, nicht nur einmal, sondern zwei- und dreimal, so oft ihr mich wollt.

Viele von euch denken wahrscheinlich, dass all die Menschen, die aus allen Teilen Indiens und aus dem Ausland nach Puttaparthi kommen, Beiträge in die Kassen des Nilayam (Ashrams, Anm. von mir) fließen lassen. Aber lasst mich die Wahrheit sagen. Ich nehme von niemandem irgendetwas anderes als seine Liebe und Hingabe. Das ist seit vielen Jahren meine feste Gewohnheit. Menschen, die hierher kommen, geben mir nur den Reichtum ihres Glaubens, ihrer Hingabe und ihrer Liebe. Das ist alles.

Viele von euch kommen mit gesundheitlichen Problemen oder mit seelischem Kummer zu mir. Das alles sind nur Köder, um euch hierher zu bringen. Der Hauptzweck besteht darin, dass ihr die Gnade erfahrt und euer Glaube an Gott gestärkt wird. Kummer und Sorgen müsst ihr eigentlich willkommen heißen, denn sie lehren euch Demut und Ehrfurcht.

Die Jagd nach äußerlichen Dingen ist die Ursache all eurer Unzufriedenheit. Diese Art des Verlangens ist unstillbar. Bist du erst einmal Sklave deiner Sinne geworden, lassen sie dich bis zum Tode nicht mehr los. Es ist ein unlöschbarer Durst. Ich aber rufe euch zu mir und erfülle euch auch weltliche Wünsche, damit ihr euch Gott zuwendet. Kein Avatar hat das jemals zuvor getan: Unter die Menge gehen, sie beraten, führen, trösten, aufrichten und ihr den Weg von Sathya, Dharma, Shanti und Prema zeigen.

In allem, was ich tue, werde ich mich niemals nach dem richten, was andere darüber sagen oder denken. Ich werde meine Pläne zur Wiederherstellung der Rechtschaffenheit, meine Ansprachen und meine Handlungsweise nicht ändern. Ich stehe seit vielen Jahren fest zu diesem Entschluss und arbeite an der Aufgabe, um deretwillen ich gekommen bin, nämlich die Menschen zum Glauben an den Weg des höchsten spirituellen Friedens zu bringen. Ich werde nicht haltmachen und auch keinen Schritt zurückgehen.

Nicht einmal der größte Wissenschaftler kann mich mit Hilfe seines Laborwissens verstehen. Ich bin immer voller Glückseligkeit. Ich lächle immer, egal, was passiert. Darum kann ich die Freude auf euch übertragen und euch eure Last erleichtern. Ich triumphiere nicht, wenn man mich lobt; es schreckt mich nicht, wenn man mich schmäht. Nur wenige haben meine Absicht und meine Bedeutung erfasst, aber ich sorge mich nicht. Wenn Dinge über mich gesagt werden, die nicht in mir sind – warum sollte ich mich sorgen? Wenn Dinge erwähnt werden, die in mir sind – warum sollte ich triumphieren? Für mich heißt es immer: ‚Ja, Ja.'

Wenn ihr euch ganz hingebt und euch dem Herrn überantwortet, dann wird er euch führen und beschützen. Dafür ist er ja gekommen. Er sagt ausdrücklich, dass er es tun wird und dass es eben diese Aufgabe ist, die ihn hierher gebracht hat.

Ich kenne die Ungeduld eures Herzens und eure Sehnsüchte. Aber ihr kennt nicht mein Herz. Ich fühle die Schmerzen, die ihr leidet und die Freude, die ihr empfindet, denn ich bin in eurem Herzen. Ich wohne in dem Tempel jedes Herzens. Verliert nicht den Kontakt zu Gott, gebt die Gemeinschaft mit ihm nicht auf, denn nur wenn die Kohle mit der lebendigen Glut in Berührung ist, kann auch sie zu glühen beginnen.

Pflegt die Nähe zu mir in eurem Herzen, das wird euer Leben bereichern. Dann werdet auch ihr einen Teil dieser höchsten Liebe besitzen. Euch ist eine großartige Gelegenheit gegeben. Vertraut darauf, dass ihr alle befreit werdet. Seid euch bewusst, dass ihr erlöst seid. Viele zögern noch zu glauben, dass alles besser wird, dass das Leben für alle glücklich und voll Freude sein wird, und dass das Goldene Zeitalter wiederkommt. Lasst mich euch versichern, dass diese göttliche Inkarnation nicht vergebens gekommen ist. Sie wird die Krise, in der sich die Menschheit befindet, abwenden."

7. Besuche

Die vielen Informationen, die ich über Sandweiss' Buch *Sai Baba, der Heilige... und der Psychotherapeut* bekam, bedingten zweierlei: Einerseits erzeugten sie eine große Sehnsucht, Baba persönlich kennen zu lernen, und auf der anderen Seite machte ich mir dadurch völlig falsche Vorstellungen, da Babas Welt so anders ist, dass man sie nur erleben, nicht aber anhand eines Buches sich vorstellen kann.

Die erste Reise

So fuhr ich zu Baba mit so absolut falschen Erwartungen, wie man sich nur denken kann. Wie ich heute weiß, bestand das Hauptproblem nicht in Baba, sondern in mir. Das wusste ich damals aber noch nicht. Ich meinte deshalb, Baba würde mich so empfangen, wie ich es von einigen gelesen hatte. Vielleicht dachte ich damals an den Inder, der von einem Tiger angefallen wurde. In seiner hoffnungslosen Lage betete er: „*Oh allmächtiger Gott, du bist doch auch in diesem Tiger. Sag mir, was ich noch zu lernen habe.*" Kaum hatte er dies gesagt, ließ der Tiger von ihm ab. Bald darauf kam er zu Baba, der ihm sogleich ein Interview gewährte und dieses mit der Frage begann: „*Woher wusstest du, dass ich auch in dem Tiger bin?*" Natürlich war dieser Mann völlig sprachlos, als Baba ihn mit dieser Frage beziehungsweise mit dieser Wahrheit und seinem Allwissen konfrontierte.

Damals war ich weit von diesem Denken entfernt. Einerseits zweifelte ich an Baba, denn ich glaubte, dass ein „Mensch" unmöglich zu all dem fähig sei, was über ihn geschrieben wurde, und andererseits hoffte ich, er sei froh, mich zu sehen und deshalb besonders nett zu mir. Dem war aber überhaupt nicht so.

Es war für mich ein großer Schritt, überhaupt schon einmal nach Indien zu fahren. Ich musste mich impfen lassen, Luftmatratze, Moskitonetz, Desinfektionsmittel, Haferflocken und vieles mehr mitnehmen. Zudem reagierte meine Familie sehr alarmiert. Als ich ihnen erzählte, ich führe nach Indien zu einem Meister in dessen *Ashram* (Kloster), machten sie sich ernsthaft Sorgen. Meine Mutter, die sonst nie Angst hatte, befürchtete sogar, ich käme nicht wieder.
Sie rief sogar bei meiner Patentante Ditta Scharnowski an, um deren Mann Günther zu sprechen, mit dem ich mich damals viel traf und mich über meine spirituellen Gedanken und Fragen austauschte. Günther war ein sehr kluger Mann. Obwohl ich sein Sohn hätte sein können, behandelte er mich als völlig gleichberechtigt und sprach viele Abende und halbe Nächte mit mir. Er war ein Anhänger des großen Indischen Heiligen Aurobindo. So fuhr mich Günther auch zu dem kleinen Verlag, der Aurobindos Gesamtwerk herausgibt. Hier kaufte ich seine Gesamtausgabe (30 Bände). Das war für mich damals ein Riesenschritt in eine völlig neue Richtung und ich war aufgeregt, als sei ich ein Kind vor der Bescherung zu Weihnachten. Ich bin Günther Scharnowski heute noch sehr dankbar für das Viele, das er mir gab.

Meine Mutter rief also Günther an und fragte ihn, ob er glaube, dass ich zurückkäme. Als er dies uneingeschränkt bejahte, waren meine Mutter und der Rest der Familie beruhigt und ich konnte mit deren Segen nach Indien fliegen.

Dies gestaltete sich schon einmal nicht so einfach, denn ich war zunächst mit der Lufthansa nach Frankfurt geflogen und wollte mit Air India nach Bombay, von dort nach Bangalore (Südindien) und dann weiter mit dem Taxi zu Baba. Ich fragte die Flughafenauskunft, von welchem Gate Air India fliegen würde. Mir wurde zwar die Nummer des Gates mitgeteilt, aber sogleich hinzugefügt: „*Air India fliegt heute wahrscheinlich nicht. Die haben ein Problem mit ihrer Maschine!*“ ‚*Aha*‘, dachte ich, ‚*das fängt ja gut an!*‘

Und so war es auch. Die Maschine war reparaturbedürftig aus Bombay wiedergekommen und flog nicht. Wir bekamen Gutscheine für Essen, Getränke und eine Übernachtung im Hotel und wurden auf den nächs-

ten Tag vertröstet. Am nächsten Tag ging es dann tatsächlich nach Bombay. Da wir aber einen Tag später und zudem zu einer anderen Zeit ankamen, ging der Flug nach Bangalore erst Stunden später. Was sollte ich mit den vielen Stunden anfangen? Einfach in dem schmutzigen und stinkigen Flughafen warten? Nein, ich entschloss mich, ein Taxi zu nehmen und mir Bombay zeigen zu lassen. Es war atemberaubend: Der Verkehr quoll mit einer unvorstellbaren Geschwindigkeit in alle Richtungen, ohne dass es für mich im ersten Moment erkennbare Verkehrsregeln gab. Autos, Autorikshas, Motor- und Fahrräder, Ochsen- und Eselskarren und auch noch frei herumlaufende Kühe teilten sich die Fahrbahnen – oder machten sich diese mit lautem Gehupe streitig!
Ich war außerdem sprachlos über die Diskrepanz zwischen riesigem Reichtum und unendlicher Armut. Diese Armut drückt sich darin aus, dass Menschen ihr gesamtes Leben auf der Straße verbringen: Dort gezeugt und geboren, hier aufwachsen, spielen, essen, schlafen und auf der Straße eines Tages auch sterben. Manche Menschen hatten nur ein Stück Karton, auf dem sie schliefen und eine sehr, sehr löchrige Decke zum Zudecken. Das war es schon. Das Ganze war für mich schwer zu ertragen.
Als Nächstes fuhr mich mein kommunikativer Fahrer in einen Slum, in dem Leprakranke lebten. Ich war einerseits sprachlos über das Elend, gleichzeitig aber auch berührt, wie froh diese Menschen trotzdem waren, wie sauber ihre ärmlichen Kleider und wie freundlich sie miteinander und mit mir umgingen. So kam ein Mann auf unser Taxi zu und hielt eine leere Konservendose zwischen den fingerlosen Händen. Er bat mich um ein Almosen. Als ich ihm dieses gab, strahlte er mich mit einer Freude und Dankbarkeit an, die mich heute noch nach 22 Jahren berührt. Welch tiefe, frohe, lebenskluge Menschen! Ich spürte sogleich, dass dieses Land mich sehr verändern würde.
Wir fuhren zum Flughafen zurück, ich bekam meinen Flieger nach Bangalore und nahm von dort das Taxi nach Puttaparthi.

Diese Fahrt war ebenfalls eine Reise in eine völlig neue Welt. Bangalore, heute das Mekka der indischen Computerbranche, war damals noch ein sehr schönes grünes Städtchen, das man mit dem Taxi in einer Viertelstunde durchqueren konnte. Heute dauert das in der Stoßzeit bis zu eineinhalb Stunden, denn die Stadt ist auf offiziell drei Millionen Einwohner angewachsen, inoffiziell sind es über sechs Millionen! Zunächst folgte die Fernstraße Richtung Hyderabad und dann kam, rechts ab, die Straße nach Puttaparthi! Es ging durch eine beeindruckend schöne Landschaft immer mehr in die Einsamkeit – entsprechend wurde die Straße immer holpriger, war von Schlaglöchern übersät und teilweise so schmal, dass zwei Autos oder gar Lastwagen nicht aneinander vorbeikamen. Einer musste also auf den Seitenstreifen ausweichen (dies ist übrigens heute noch so!!). Die Frage, die bis knapp vor einem Zusammenstoß offen blieb, war: Wer? Wer macht Platz und weicht über den Fahrbahnabsatz hinweg aus? Das wird mit der Lichthupe ausgetragen. Obwohl dies für meine bisherigen Fahrer alles völlig normal zu sein schien, ist diese Art der Fortbewegung für mich bis heute der fahrende Wahnsinn. Es gibt keine längere Autofahrt in Indien, bei der ich mich nicht mehrfach massiv bedroht fühle – besonders, wenn ich in einem klapprigen Taxi ohne Sicherheitsgurt vorne sitze und ein riesiger, voll beladener LKW auf mich zurast. Und das, obwohl ich den Fahrern immer wieder einschärfe, defensiv zu fahren!

Die Ankunft

Es ging aber bisher durch Gottes Gnade immer gut. So auch damals. Das Taxi erreichte nach einer dreieinhalbstündigen, schier endlosen „Schüttelfahrt“ das Ende der Straße. Tatsächlich endete damals die Straße direkt vor dem Tor des *Ashrams*. Hier muss man sich auch heute noch bei *Public Relations* anmelden und bekommt dann ein Zimmer bei der *Accomodation* zugewiesen. Ich bekam eines im Rundbau, dem soeben fertig gestellten *Roundbuilding* Nr. 3. Üblicherweise teilen sich bis zu vier Personen ein Zimmer. Zum Glück waren wir nur zu zweit: Ein netter Lehrer und Therapeut, der ständig redete, und ich.

Gott sei Dank hatte ich mir eine Therm-A-Rest-Matratze, Laken und Decke mitgebracht, denn der Raum war komplett leer – abgesehen von den wenigen Habseligkeiten meines Mitbewohners. Im Bad befanden sich ein einfaches Waschbecken, ein Schlauch zum Duschen und ein Hockklo, welches mit Wasser aus einem Eimer gespült wurde. Es gab natürlich nur kaltes Wasser, öfter auch keines.

Erwünscht waren für die Männer weiße Anzüge, die ich natürlich nicht hatte, aber im Dorf innerhalb von Stunden für einen Spottpreis genäht bekam.
Dann wurde es Zeit, zum *Darshan* zu gehen, dem Erscheinen eines Heiligen. Der Tempel war bunt bemalt, reich verziert und von einer weiß getünchten Mauer umgeben. Davor und dahinter standen wunderschöne Palmen, die etwas Schatten gaben. In Wahrheit habe ich niemals in meinen Leben an irgendeinem Ort so viel geschwitzt wie auf dem Sand in Babas Tempelbereich.
Wir Männer (Männer und Frauen sind bei Baba strikt getrennt) mussten uns in klar getrennten Reihen einer hinter dem anderen auf den Boden setzen und warten, bis die eigene Reihe aufgerufen wurde und wir durch ein Tor in den Tempelbereich gehen durften. Die Reihenfolge bestimmte das Los, indem jeweils den Ersten einer Reihe ein kleiner gelber Beutel mit so genannten Tokens, Plättchen mit Zahlen darauf, kurz hingehalten wurde. Sie griffen hinein und zogen eine Nummer. Anschließend wurden die Reihen, beginnend mit Nr. 1, aufgerufen.

Es gab damals so wenige Reihen, dass ich stets in der ersten, zweiten oder maximal dritten Reihe saß. Nachdem alle im Tempelbereich innerhalb der Mauer saßen und eine Zeit lang gewartet oder meditiert hatten, kam Baba. Eine beeindruckende Erscheinung! Er strahlte eine unglaubliche Präsenz und Eleganz aus in seinem schlichten orangenen Gewand, das um seine Füße wehte, die nicht den Boden zu berühren schienen. Und wären nicht die Abdrücke im säuberlichst gefegten Sand zu sehen gewesen, ich hätte glatt angenommen, er hätte den Boden nicht berührt. Das Erstaunliche für mich war aber, dass Baba alles andere als abgehoben wirkte. Er strahlte eine solche Kraft (und Macht), eine solche Aufmerksamkeit, Liebe und ein solches Wissen aus, dass es mir den Atem verschlug.
Dies verstärkte sich noch einmal, als er an mir vorbeiging und nicht die leiseste Notiz von mir nahm. Nichts, kein einziges Anzeichen! Da hatte ich mich so auf diese Begegnung gefreut, war eine Ewigkeit

unterwegs gewesen, hatte all die nicht gerade kleinen Strapazen auf mich genommen, um hierher zu kommen, und dann einfach nichts! Das hatte ich mir, gelinde gesagt, etwas anders vorgestellt!

Ich komme an Grenzen

Zu dem Zeitpunkt wusste ich nicht, dass dies noch die nette Form der Begrüßung war. In den folgenden Tagen wurde es noch schlimmer. Wie gesagt, saß ich immer in einer der ersten drei Reihen. Baba kam und lächelte, wurde dann bei mir ernst, sah über mich hinweg und lächelte wieder, sobald sein Blick mich „überwunden" hatte. Das ging bis ins Mark. Ich durfte zwar unendlich häufig seine Füße berühren (dies ist ein Gnadenakt und heute so gut wie nicht mehr möglich), das kompensierte aber in keiner Weise diese totale Ablehnung. Ich fühlte mich wie der kleine Eisbär, der seine Mutter fragte: „*Mammi, war mein Vater ein echter Eisbär?*" „*Ja*", antwortete die Mutter. „*Und meine Großeltern und Urgroßeltern?*" „*Alles Eisbären*", antwortete die Mutter. Da fragte der kleine Eisbär: „*Wenn alle meine Vorfahren Eisbären waren, warum ist mir dann so kalt?*"
Genauso wie der kleine Eisbär verstand ich überhaupt nicht, wie mir geschah, warum Baba mich so behandelte, denn ich konnte zu dem Zeitpunkt den Grund dafür nicht erkennen.
Die ganze Absurdität der Situation, meine fast stündlichen Fragen: „*Warum mache ich das mit, wieso lasse ich mich so behandeln?*", konnte ich nur mit einem weiteren Witz wiedergeben.
Geht ein Mann (ich) zum Psychiater (Baba – man bedenke, im Englischen spricht man es als Sai-kaetrist aus!). Dieser fragt ihn (noch nicht einmal so weit kam es bei meinem Sai-kaetrist und mir!), was er brauche. Antwortet der Mann: „*Herr Doktor, ich fühle mich immer so übergangen!*" Darauf der Psychiater: „*Wie interessant! Der Nächste bitte!*"
Diese Absurdität, da zu sein, zu bleiben, nicht zu wissen, wofür, nicht zu wissen, was mit mir geschah und trotzdem nicht abzureisen, versuchte ich mit diesen Witzen auszudrücken, denn ich wusste nichts Besseres, als die Situation leicht zu nehmen oder zu ironisieren. Es gelang mir aber nicht, denn Baba ließ nicht locker. Er wollte mich in eine Kindheitssituation bringen und das gelang ihm auch.

Ich habe viele Therapeuten kennen gelernt und muss anerkennend feststellen: Der Aller-, Allerbeste war er, denn er kannte und kennt offensichtlich die verstecktesten Winkel meiner Psyche und brachte beziehungsweise bringt diese ans Tageslicht. Und das nun schon seit 22 Jahren. Wer macht schon 22 Jahre lang Therapie, und dies zum Teil täglich? Häufig wäre mir eine ganz normale Therapie, in der man zumindest einiges verschweigen beziehungsweise verheimlichen kann, sehr viel lieber gewesen. Aber Baba bestimmt hier das Geschehen – und am Ende war es immer sehr gut für mich. Nur mittendrin fand ich es gar nicht lustig.
Besonders anfangs nicht in Puttaparthi, denn ich verstand zu dem Zeitpunkt rein gar nichts. Genau das ist eine seiner Therapiemethoden: Er bringt einen in Situationen, in denen man gemäß seiner altgewohnten Verhaltensweisen reagiert – und nicht weiterkommt.
Da ich überhaupt nicht verstand, was geschah, lautete damals meine brennende Frage: „*Warum tut er das? Warum mit mir?*" Irgendwie hatte Baba mich in einen seelischen Ausnahmezustand gebracht, den ich am besten wie Scheherazade in den Geschichten von 1001 Nacht mit ebenso vielen Geschichten, Witzen, Anekdoten beschreiben könnte. Es ging bei mir ebenso wie bei ihr um Leben und Tod. Um das seelische Überleben. Das spürte ich dumpf, deswegen blieb ich. Es war mir aber nicht bewusst, deshalb litt ich so.

Zu alledem kam das unendlich lange Sitzen auf dem Boden mit angezogenen Beinen und, nicht zu vergessen, das Essen. Es gab damals nur südindisches Essen. Bis dato wusste ich nicht, dass Essen die reinste Qual sein konnte, denn dieses Essen brannte wie das Höllenfeuer. Offensichtlich wollte Baba mir damit deutlich machen, dass ich, so wie ich damals drauf war, schnurstracks in die Hölle gekommen wäre! Auf alle Fälle waren für mich dieser Reis mit der scharfen Chilisauce und den noch schärferen Pasten, die dazu gereicht wurden, eine solche Erfahrung, als sollten mir alle Geschmacksnerven auf einmal ausgebrannt werden. Bemerkenswert ist die Antwort meines Banknachbarn (man aß damals auf Steintischen und saß auf Steinbänken), den ich fragte, ob die Sauce scharf sei. „*No, no spicy*" – *gar nicht scharf,* meinte dieser und schaufelte das Essen mit seinen Händen in den Mund, wobei der Reis samt Sauce vor lauter Genuss zwischen seinen Fingern hervorquoll. Also dachte ich mir, ich könnte es auch probieren. Tatsächlich war die Sauce recht mild – am Anfang! Kaum hatte ich mehr gegessen, brannte sie plötzlich wieder wie das bereits erwähnte Höllenfeuer – und dies noch nach Stunden.

Dazu kamen das stundenlange Sitzen mit meiner Rückenverletzung durch den Reitunfall als Kind, das frühe Aufstehen morgens um vier, das Herumgeschicktwerden, denn irgendwie saß ich immer falsch, und dann noch mein netter Zimmergenosse, der mir ständig etwas erzählte: Ich war an die Grenzen meiner Belastbarkeit gekommen. Dachte ich, denn ich kannte mich zu der Zeit überhaupt noch nicht. Ich wusste weder, was für mich gut oder schlecht war, was wichtige Werte waren, wofür ich mich einsetzen oder wovon ich die Finger lassen sollte. Und ich hatte keine Vorstellung, wie viel mehr ich noch würde aushalten können. Ich war so richtig ahnungslos, dachte aber im Ernst, ich sei recht schlau. Baba belehrte mich eines Besseren.

Guru Purnima

Zu allem „Unglück“ kam auch noch das große Fest Guru Purnima, das Fest des Gurus. Das habe ich überhaupt nicht gebraucht. Mir wäre ein Fest für den armen Devotee (spirituellen Anhänger, Sucher) mit anständig gepolsterten Stühlen und einfachem, aber „überlebbarem“ Essen viel lieber gewesen, als noch mehr sitzend zu warten. Zusätzlich mussten wir unser Zimmer räumen und ins *Shed* umziehen, in die Halle – was bedeutete, mit 100 bis 150 Menschen zusammen zu wohnen. Hier übernachteten wir, zu meinem Entsetzen gemeinsam mit einigen indischen Familien. Man verstehe mich hier nicht falsch: Ich liebe die Inder und finde, sie sind wunderbare Menschen. Sie besitzen aber zwei Eigenschaften, mit denen ich nicht zurechtkomme: Sie scheinen Schmutz einfach zu übersehen, weswegen er überall herumliegt, und sie scheinen überhaupt kein Empfinden für Lärm zu haben. So können sie auf einem Treppenabsatz auf dem blanken Beton schlafen oder auf dem Fußboden im Flughafen und es stört sie nicht im Geringsten, dass Dutzende oder gar Hunderte von Menschen laut redend an ihnen vorbeigehen. Wenn sie schlafen, dann schlafen sie. Bei mir als „hochzivilisiertem Westler" ist das völlig anders. Dreck mag ich nicht und bei einem bestimmten Lärmpegel wache ich auf, bin dann wach – und kann schwer wieder einschlafen. Und bin morgens unausgeschlafen und entsprechend weniger gut gelaunt.

Bei Baba wird abends um 21 Uhr das Licht ausgemacht. Da schlief ich dann auch bald, denn aufgrund der Strapazen des Tages (obwohl ich de facto die ganze Zeit nichts Ersichtliches gemacht hatte!!) fiel ich sofort wie tot ins Bett. Um nach knapp drei Stunden mit einem Schrecken aufzuwachen, denn es klang so, als werde die Halle abgerissen. Die lieben Inder, die mit uns wohnten, waren um Mitternacht auf die Idee gekommen, ein schönes Mahl herzurichten und gemeinsam einzunehmen. Dazu wurden natürlich die Schüsseln und Töpfe hin- und hergestoßen und, da es ja so laut war, noch lauter geredet! Also kein Grund zur Beunruhigung, nur ich glaubte zu träumen: Da kochen und brüllen die, während die anderen schlafen! Ich ging also zu ihnen hin, fauchte sie an in einem Englisch, das sie sowieso nicht verstanden, denn erstens ist das *Pidgin English*, das sie gewöhnlich sprechen, eine völlig andere Sprache (anstatt *desire* für „Wünsche" sagen sie zum Beispiel *desert*, „Wüste", anstatt *birth*, „Geburt", sagen sie *bird*, „Vogel", und noch schlimmer: Anstatt *thoughts*, „Gedanken", sagen sie *toys*, „Spielzeug"!), und zweitens sprechen viele Inder nicht einmal das. Ich bekam auf meine nicht gerade sehr spirituell freundlichen beziehungsweise liebevollen Hinweise nur ein völlig unbrauchbares „*no problem*" als Antwort. Das bedeutete, sie machten einfach weiter – nur schien es mir, dass sie nun noch fröhlicher waren. Auch das ärgerte mich. So war an Schlafen gar nicht mehr zu denken.

Entsprechend „wunder-bar" – was ich als bar aller Wunder verstand! – war der anschließende Tag. Wir saßen eingepfercht am Boden, warteten stundenlang in einer Riesenhalle auf Baba und mir tat alles, aber auch alles weh: Der Rücken und die Beine vom Sitzen und der Bauch vom Essen. Außerdem war ich todmüde und alles ging mir auf die Nerven. So konnte ich gar nicht gut mit dem ewigen Gerempel und Gestoße umgehen, das für Inder völlig normal ist. Ich erlebte es nur als übergriffig und unangenehm. Aber ich war sicher, dass ich hier negatives Karma von mehreren Leben abbüßte. Ehrlich gesagt hatte ich das natürlich nicht als das Ziel meiner Reise zu Baba in Betracht gezogen. Als wäre das noch nicht genug, kam Baba, ignorierte mich wie üblich – ich konnte immer noch nicht damit umgehen, sondern ärgerte mich noch mehr! – und hielt dann zu allem Überfluss auch noch eine Rede. Warum „zu allem Überfluss“? Weil Baba in Telugu spricht, der Sprache des Distriktes, in dem Puttaparthi liegt. Also verstand ich keinen Ton. Was mich noch mehr ärgerte, denn es tat mir, wie gesagt, alles weh, ich war unausgeschlafen, die Inder neben mir genossen aber sichtlich das Sitzen und freuten sich ungemein an dem, was Baba erzählte. Übersetzt wurde die Rede zwar von dem wunderbaren Professor Kasturi. Sobald mir aber schien, ich könne etwas verstehen, unterbrach ihn Baba und redete weiter in Telugu, schneller als vorher. Für mich als damaligen philosophisch geschulten Kopfmenschen war das der totale Angriff auf meine Identität.

Zudem las ich alle naselang Babas Spruch: „*Why fear when I'm here?*“ – *Warum hast du Angst, wenn ich doch da bin?* Ich verstand diesen Spruch damals ganz anders: *I have fear as you are here – Weil du kommst, hab ich Schlotterangst!* Denn allmählich dämmerte es selbst mir, dass dieser Baba meinte, ein netter Umgang mit mir sei nicht angesagt. Zumindest behandelte er mich durchgängig so. Überflüssig zu sagen, dass wir auch in diesem Punkt völlig unterschiedlicher Meinung waren!

So tat mein Körper nach einigen Tagen das Klügste, was er tun konnte. Er wurde, als Guru Purnima, das Fest zu Ehren des Guru, das die Inder so liebten, endlich vorbei war, krank. Ich hatte einen entsetzlichen Durchfall und zusätzlich hin und wieder Erbrechen. Mir ging es gar nicht gut. Da ergab es sich, dass die Gruppe Deutsche, an die ich mich um des reinen Überlebens willen angeschlossen hatte, meinte, ein Interview bei Baba zu bekommen. Wir waren alle zum Tempel marschiert und warteten im Schneidersitz, als Baba kam und uns mit wirklich großer Liebe sagte, er hätte uns nicht gerufen, wir sollten doch bitte auf unsere Plätze zurückgehen. Ich saß da und dachte: ‚*Hier passiert nichts Neues, das Gefühl der Ablehnung kennen wir schon!*‘ Da stand Baba plötzlich neben mir. Sogleich kam mir die Idee: ‚*Wenn er Gott ist, wie er immer behauptet, dann muss er mich allein durch seine Energie kurieren*'. Ich berührte also sein Kleid, das mehr oder minder vor meiner Nase war, und dachte: '*Bin gespannt, ob das wirkt! Bin gespannt, ob es mir dadurch besser geht und mein Durchfall verschwindet!*' Ich tat es im Grunde nur, um mir den letzen Beweis zu verschaffen, dass ich völlig verrückt sei, mir all dies anzutun beziehungsweise antun zu lassen, für nichts und wieder nichts. Ich berührte also sein Kleid und hoffte, dass ich nun den Beweis für die Sinnlosigkeit des Ganzen hier hätte und wie blöd ich sei, mich und meinen armen Körper diesen Strapazen auszusetzen. Baba stand also da. Wie so häufig, so richtig „beiläufig", so richtig „nebenbei" – manchmal denke ich, er sei die Inkarnation der Zufälligkeit, so perfekt beherrscht er diese Tarnung. Ich berührte sein Kleid und er tat, als merke er nichts.

Plötzlich wurde mir unendlich heiß. Eine Riesenhitze durchströmte meinen ganzen Körper. Ich glühte regelrecht. Das dauerte ein paar Sekunden – mir erschien es aber wie eine Ewigkeit. Dann forderte Baba uns nochmals sehr liebevoll, aber auch sehr bestimmt auf zu gehen und wir alle verließen das Vordach vom Tempel. Ich trottete völlig benommen den anderen hinterher, total beschäftigt mit der Hitze, die mich immer noch wie heiße Lava durchströmte. Ich setzte mich hin und bekam nur am Rande mit, dass alle gingen – auch die Gruppe Deutscher, mit denen ich zum Tempel gegangen war.

Damals war es kein Problem, noch eine Weile im Tempelbereich zu bleiben. Ich saß also dort und fühlte mich seltsam ergriffen. Als dieser Zustand vorüber war, ging ich auch und merkte zu meinem Erstaunen, dass meine Übelkeit, mein Durchfall und Schüttelfrost weg waren. Besonders dankbar war ich nicht, denn bald darauf ging Babas „besondere Behandlung mir gegenüber" weiter.

Zu der Zeit schrieb ich an dem Buch *Theorie und Technik der analytischen Körpertherapie*. Die Idee war mir gekommen, wie ich oben bereits erwähnte, weil die Körpertherapeuten die Analytiker und deren Arbeit und die Analytiker ihrerseits die Körpertherapeuten mit deren Methode ablehnten. Ich halte von diesem ewigen Ablehnen nichts, sondern finde es viel sinnvoller, voneinander zu lernen, anstatt sich abzugrenzen oder abzulehnen. So besteht meine heutige Therapieform

aus zig Elementen anderer Methoden, die ich als sehr bereichernd empfinde und deshalb verwende.
Bei dem Verhältnis zwischen Körpertherapeuten und Analytikern fand ich die jeweilige Ablehnung besonders sinnlos, weil ich immer wieder feststellen konnte, wie gut sie sich ergänzten. Das wollte ich in einem Buch darlegen. Als ich zu Baba kam, war das Buch fast fertig, nur drei Kapitel schaffte ich nicht zu schreiben, denn es gelang mir nicht, den Punkt, um den es mir ging, deutlich zu machen.

Der Wunschbaum

In Puttaparthi gibt es einen Baum hoch oben auf einem Felsen, den so genannten Wunschbaum. Darunter saß Baba als Jugendlicher mit seinen Freunden und fragte sie regelmäßig, welche Früchte sie sich wünschten – und die hingen dann an dem Baum. Ich höre solche Geschichten immer gerne und finde sie auch spannend. Nur tue ich mich schwer damit, sie zu glauben. Was habe ich in meinem Leben nicht schon alles erzählt bekommen, und es klang wunderbar und auch überzeugend, nur leider stimmte es nicht.
Warum sollte das bei diesem Baba anders sein, der mich so schlecht behandelte? Wer sagte mir, dass wir hier nicht alle einer Massenhypnose oder Hysterie erlagen und durch Schlafentzug und Schmerzen dahin kamen, alles zu glauben, ähnlich wie arme Gefangene eben durch solche Foltermethoden dahin gebracht wurden, Unwahres zu erzählen?
Ich war also äußerst skeptisch. Ich hatte immer wieder von diesem angeblichen Wunschbaum gehört, aber noch keinen Grund gesehen, ihn mir anzutun. Man musste nämlich durch das dreckige Dorf gehen und an Unmengen Bettlern vorbei einen steilen Berg fast schon hochklettern, um dann was zu erleben? Früchte hingen schon mal nicht mehr an dem Baum. Was sollte ich also dort?

Wieder einmal behandelte mich Baba in seiner „deutlichen Art“: Wieder überging er mich total. Er blickte äußerst ernst und finster, wenn er in meine Nähe kam. Nun setzte er aber noch eins drauf: Er ging mit seinem Blick zu dem deutschen Mann, der vor mir saß,

strahlte ihn an, drehte ganz schnell seine rechte Hand, fasste dann gleichsam in die Luft und hielt ein weißgraues Pulver in der Hand, *Vibuthi*. Das war ein Wunder, das ich soeben gesehen hatte. Ich wertete es aber überhaupt nicht als solches, sondern fragte mich, warum ich wieder einmal so brutal übergangen wurde, warum er mir wieder einmal so deutlich zu spüren gab, dass er mit mir alles andere als zufrieden war. Der Devotee vor mir bekam also *Vibuthi* und ich den strengen Blick.
Der nette Mann vor mir teilte das *Vibuthi* mit uns allen und schlug vor, gemeinsam zum Wunschbaum zu gehen. So kam ich doch zum Wunschbaum, an allen Bettlern vorbei, den Berg hinauf.

Oben angekommen war die Sicht einfach herrlich. Ich konnte hinunter ins weite Tal sehen, auf die wunderschönen Reisfelder, die von Wasserbüffeln bearbeitet wurden. Ich sah die Wäscher, die im Fluss die Wäsche wuschen und dazu immer wieder die nassen Tücher auf Steine schlugen, und ich stellte fest, wie der Schall etwas verzögert hier oben ankam.
Dann kam ich an die Reihe, mich vor einen sehr berührenden Altar in einer Höhle zu setzen. In der etwas kleineren Höhle daneben wohnte ein Mönch. Obwohl ich sehr skeptisch war, berührte mich dieser Mönch in seiner liebenvollen Bescheidenheit, und der Höhlentempel ergriff mich regelrecht. Hier war eine Heiligkeit zu spüren, die selbst ich trotz all meiner Zweifel wahrnahm. Ich wünschte mir von Baba, er möge mir immer nah sein und mich nie verlassen, wie ich dies von anderen gehört hatte, und er möge mir helfen, mein Buch zu Ende zu bringen. Ich dankte dem Mönch, ließ meine Kokosnuss zerschlagen, trank von der Milch und wurde von diesem wunderbaren Mann gesegnet.

Nach einer Weile gingen wir zurück in den *Ashram* und genossen den eklatanten Unterschied zum Dorf: Die unglaubliche Sauberkeit, Ordnung, Pünktlichkeit und Effizienz. Hier lief alles wie am Schnürchen. Nur mein Kontakt zu Baba klappte nicht, oder aus meiner Sicht: seiner zu mir. Er behandelte mich trotz Wunschbaumwunsch nicht anders. Mir reichte es. Ich lag eines Nachts wach. Diesmal weckten mich keine Inder, sondern ein Hund, der die ganze Zeit bellte. Ich dachte nicht

gerade liebevoll über dieses Tier. Hätte ein Inder mit Steinen nach ihm geworfen, wie sie es so häufig tun, diesmal glaube ich, hätte ich nichts gesagt und schon gar nicht wie sonst interveniert!
Da tauchte auf einmal zwischen den nicht gerade besonders positiven Gedanken ein ganz anderer auf. Wo kam der bloß her? Mir kam: *,Genauso wie dieser Hund die Nacht anbellt, belle ich Baba an. Ohne Sinn und Verstand!'* Kaum gedacht, hörte der Hund auf zu bellen. Ich staunte. Und am Abend geschah etwas noch Erstaunlicheres: Auf dem Weg vom *Darshan* zum *Shed* kam mir ein süßer junger Hund entgegen, sah mich unendlich freundlich an, sprang an mir hoch, umarmte mich gleichsam und ging! Ich war sprachlos. Das waren ja Zufälle! Ich wurde zwar nachdenklich, aber es reichte noch nicht, dass ich die Geschehnisse auf mich bezog. Ich war immer noch mit Baba beschäftigt. Besser ihm die Schuld geben als meine Verantwortung anzusehen. Aber von solchen Gedanken war ich noch weit, meilenweit entfernt.

Abreise

Ich fand vielmehr den *Ashram*, das Sitzen, das Essen, das Schlafen beziehungsweise Nichtschlafen, die *Darshans* und das ganze Drumherum immer unerträglicher. Nach zwei Wochen reiste ich ab; hier hielt mich nichts länger. Ich hatte fünf Wochen bleiben wollen, doch nach diesen 14 Tagen war mein Maß absolut voll. Beim Gedanken an die Befürchtungen meiner Mutter, ich würde hier ewig bleiben, konnte ich nur lachen. Das hier war Workshop hoch zehn. Das konnte ich nicht länger als zwei Wochen aushalten.

Auf dem Weg zum Flughafen machte ich noch Halt in Bangalore und sah in einem Geschäft einen wunderschönen *Ganesha*, den Gott mit dem Elefantenkopf. Er symbolisiert das Denken. Der Mensch kann mit seinem Denken, ebenso wie der Elefant mit seinem Rüssel, das Kleinste und das Größte bewegen. *Ganesha* hat in einer Hand eine Axt und in der anderen ein Seil. Damit durchtrennt er unsere Bindungen an die Welt und bindet uns mit dem Seil an sich. Er sitzt zudem auf einer Maus, denn Mäuse bekommen genauso schnell Junge wie unsere Wünsche. Ein erfüllter Wunsch zieht sofort neue nach sich, deshalb sollten wir sie im Zaum halten. Dabei hilft uns *Ganesha*. Ich sah also diesen wunderschönen *Ganesha* und kaufte ihn nicht, weil ich es zu umständlich fand, ihn mit nach Deutschland zu transportieren. Kaum zu Hause angekommen, dachte ich immer wieder an ihn und bat Baba (aha, etwas Vertrauen war entstanden!), die Figur möge noch da sein, wenn ich wiederkommen würde (aha, ich wollte wiederkommen!).

In Siena, meinem damaligen Wohnort, angekommen, setzte ich mich an mein Buch und das Erstaunliche geschah: Das, was mir über Wochen nicht gelungen war, klappte nun ganz leicht. Ich schrieb und schrieb und schrieb – und im Nu war das Buch *Theorie und Technik der analytischen Körpertherapie* fertig. Und noch etwas geschah: Jeden Morgen meditierte ich und reichte mein Tun Gott dar. Eines Tages, als ich besonders Hilfe benötigte und Baba darum bat, kam diese und ich konnte das Kapitel gut zu Ende bringen. Als ich zufälligerweise auf meinen kleinen Altar sah und das Räucherstäbchen dort erblickte, staunte ich nicht wenig: Es war in der Form eines „S“ abgebrannt. Natürlich brachte ich dies mit Babas vollständigem Namen Sri Sathya Sai Baba in Verbindung. Sri ist die Anrede wie im Deutschen „Herr“, Sathya steht für Wahrheit, Sai für die göttliche Mutter und Baba für den göttlichen Vater.
Genauso habe ich Baba in all den Jahren erlebt: In Puttaparthi eher als den strengen Vater – besonders in den ersten Jahren meiner Besuche – und zu Hause als die liebevolle Mutter Sai, die mir fast jeden Wunsch erfüllt und liebevoll für mich und meine Familie sorgt.

Nun war es aber so, dass ich noch nichts verstanden hatte. Ich lebte immer noch in den eher merkwürdigen Vorstellungen eines westlichen Intellektuellen und Linken. Mit der Zeit lernte ich etwas Entscheidendes über Baba: **Er lehrt nicht, er lässt erleben (*Life is the best teacher – das Leben ist der beste Lehrer*)**. Ich dachte sehr häufig an seine Worte, die ich immer wieder las: ***„Ich gebe euch, was ihr wollt, damit ihr wollen könnt, was ich euch zu geben habe!“***
Mein Leben lief gar nicht rund. Es hakte überall. Ich sah immer noch die Ursachen in der Außenwelt und war weit davon entfernt, sie bei und in mir zu suchen beziehungsweise zu finden. Auch meine Therapie half mir nicht weiter. Weder die, die ich bekam, noch die, die ich gab.

Ganz im Gegenteil: Meine therapeutische Arbeit wurde richtig schwierig, denn meine innere Stimme hatte sich ebenfalls verändert. Ich hörte sie nun noch deutlicher und fragte sie mehr und mehr nicht nur bei wichtigen, sondern auch bei ganz alltäglichen Anlässen. Und immer bekam ich eine Antwort.

In dieser Zeit machte ich noch viele Bioenergetische Übungen in den Gruppen. Eines Tages sagte mir aber meine Stimme, ich solle dies nicht mehr tun. Ich war sprachlos. Was dann? Wie würden die Gruppenteilnehmer reagieren?
Die Antwort hatte ich alsbald: Kaum veränderte ich meinen Therapiestil, war die Gruppe aufgebracht. Die Teilnehmer wollten Übungen, sie wollten etwas gemeinsam machen. Ich durfte aber nicht mehr. Ich sollte vielmehr **bei jedem genau den Punkt finden**, um den es ging. Dies bedeutete Nachspüren, Nachfragen, mir Zeit lassen und ganz individuell arbeiten. Meine Gruppen waren aber gewöhnt, als Gruppe zu arbeiten und gemeinsam Übungen zu machen, wodurch jeder auch durch die Gruppenenergie an seine Gefühle kam. Nun war alles anders. So sehr ich mich auch um einen geschmeidigen Übergang bemühte, die Teilnehmer merkten die Veränderung und zählten eins und eins zusammen. Ich weiß nicht, durch wen oder wodurch sie Wind davon bekommen hatten, dass ich in Indien und zudem bei Sai Baba gewesen war, denn ich hatte nichts erzählt. Also fragten sie eines Tages, ob ich nicht erzählen wolle, was ich dort gemacht beziehungsweise erlebt hätte. Mir war das unheimlich, denn eigentlich wollte ich meine persönlichen, zudem „nicht besonders brillanten“ Erfahrungen (um es positiv auszudrücken!) nicht in der Gruppe preisgeben und damit öffentlich teilen, und schon gar nicht in Verbindung mit der Veränderung meiner Arbeitsweise.

Ich spürte aber auch, dass mir keine Wahl blieb, wollte ich nicht noch stärkere Bilder erzeugen. Ich hatte die Psychoanalyse aber doch so weit verinnerlicht, dass ich der Gruppe erst einmal Raum für die Fantasien und Bilder geben wollte. Deshalb konnte jeder, der wollte,

seine Vermutungen einbringen. Diese waren weder negativ noch bewertend, geschweige denn verurteilend, so dass es keinen Sinn machte, meinen Teil nicht zu geben.
Die Gruppe war von meinen Erlebnissen sehr berührt – was mich sehr überraschte. Es änderte aber nichts daran, dass die Gruppen insgesamt schlecht liefen. Einige Teilnehmer waren sehr unzufrieden mit mir und machten eindringlich deutlich, dass sie Bioenergetische Analyse und nicht Analyse mit Bioenergetik gebucht hatten.
Die Gruppenarbeit war so anstrengend, dass ich an einem Wochenende zwischen drei und fünf Kilo abnahm. Es war furchtbar, bis der Kahlschlag kam.

In der einen Gruppe gab es einige Teilnehmer, die, wo immer sie konnten, gegen mich kämpften und mir das Leben besonders schwer machten. Wie sich während einer Therapiesitzung herausstellte, kam deren „Anführer" stets am Mittwoch oder Donnerstag vor der Gruppe zu mir in eine Einzelstunde und gab sich lammfromm. Wie sich nun – endlich! – herausstellte, war er dies keineswegs. Er kam nämlich, um „Material" gegen mich zu sammeln, das er dann in der Gruppe verwenden konnte. Er verdrehte dabei meine Aussagen so lange, bis er sie gegen mich richten konnte. Dabei halfen ihm einige nach Kräften. In der besagten Sitzung flog dieses Spiel endlich durch einen „dummen Zufall" (den es bekanntlich nicht gibt!) auf. Ich konfrontierte ihn mit seiner Negativität mir gegenüber. Das interessierte ihn aber überhaupt nicht.

Leider war ich damals weder so weit, innere Instanzen (sprich: innere unbewusste Programme, vgl. Kap. *Therapieausbildung*) aufzustellen, noch hatte ich durch Baba gelernt, am Verrat zu arbeiten. Ich konnte deshalb nur konfrontieren, so wie ich es in der Bioenergetik gelernt hatte. Das führte jedoch unweigerlich zu einem Machtkampf, den ich damit zu lösen suchte, dass ich diesen Teilnehmer zum Verlassen der Gruppe aufforderte. Kaum hatte ich das gesagt, teilte mir die Hälfte der Gruppe mit: Wenn er gehe, gingen sie auch! Ich war absolut entschlossen, dem Spuk ein Ende zu bereiten, dachte aber trotz dieser Stresssituation daran, meine innere Stimme zu fragen. Diese sagte mir, ich solle unbedingt klar Schiff machen. Das tat ich auch und sagte deshalb absolut entschieden, es könnten auch noch mehr gehen, ich ließe mich nicht erpressen und würde die Gruppe auch mit drei Teilnehmern weiterführen. Tatsächlich ging die Hälfte. Das war ein starkes Erlebnis und eine sehr gute Lehre: Stehe ich zu dem, was ich besonders für andere als richtig erachte, heißt das noch lange nicht, dass diese das auch gut finden! Wie sagt Baba so treffend? „*Es ist leicht, die Menschen vom Falschen zu überzeugen, aber sehr schwer, sie für das Richtige zu begeistern!*" Zumindest war meine Gruppe von irgendeiner Begeisterung weit entfernt!

Der klärende Prozess ging aber noch weiter, denn auch die Hälfte derjenigen, die Einzelstunden bei mir machten, ging beziehungsweise erkannte durch mein Zutun, dass eine Fortführung des Status quo nicht angesagt war. Nun war mein Workshop fast leer. Was tun?
Ich lebte ja in Siena und war nur für 14 Tage im Monat in Berlin. Ich hatte nicht die Zeit und keine großen Möglichkeiten, für mich zu werben und gute neue Leute zu finden. Doch, oh Wunder!, sie kamen und meine Gruppen blühten auf. Eine völlig neue Arbeit begann.

Zweite Reise

Die übrig gebliebenen Seminarteilnehmer ließen nicht locker. Sie wollten partout Genaueres über Sai Baba wissen. War er ein Heiliger? War er ein Erleuchteter? War er der inkarnierte Gott, wie einige behaupteten? Ich konnte diese Fragen nicht beantworten. Meine Erfahrungen waren zudem nicht so positiv, dass ich durch das, was ich erlebt hatte, hätte sagen können, wer er wirklich sei. Das machte mir Sorgen, trug ich doch eine Verantwortung meinen Gruppenteilnehmern gegenüber bezüglich dem, was sie durch mich kennen lernten.
War das Wissen über Sai Baba gut für sie? Und wenn er ein genialer Scharlatan war, was ich hin und wieder gerne annahm, wenn ich mich besonders schlecht von ihm behandelt fühlte, was dann? Durch den Gruppendruck und all die äußeren Umstände, die ich mir konstellierte, wurde ich immer unglücklicher.

Darauf sprach mich eines Tages meine Mutter an. Sie sagte: „*Es geht dir gar nicht gut. Willst du nicht wieder einmal zu Sai Baba fahren? Er hat dir so gut getan. Du kamst damals so aufgeräumt zurück!*“ Mit diesen Sätzen erstaunte meine Mutter mich gleich zweifach: Erstens wunderte es mich, dass sie, die solche Angst hatte, ich könnte aus Indien nicht zurückkehren, mich jetzt gleichsam dorthin schickte, und dann die Aussage, ich sei „aufgeräumt“ wiedergekommen. So hatte ich mich ganz und gar nicht erlebt. Meine feinsinnige Mutter hatte aber etwas wahrgenommen, was mir selber nicht aufgefallen war: Baba hatte etwas Grundlegendes in mir verändert! Ich weigerte mich, das zu bemerken, weil ich nicht bereit war, Entscheidendes zu verändern. Ich erinnere in diesem Zusammenhang, dass eine weise und hellsichtige Frau mir vorhergesagt hatte, ich würde meine Therapie noch verändern. Ich konnte aber nichts Derartiges annehmen, denn ich hatte gemäß den Weisungen meiner inneren Stimme ja schon so viel verändert. ‚*Wohin soll es sich denn noch verändern?*‘, fragte ich mich in meiner damaligen Naivität. Heute kann ich sagen, dass sich meine Therapie derart verändert hat, dass von der damaligen Arbeit nichts, rein gar nichts mehr übrig ist. So falsch schätzte ich mich damals ein.

Da es mir zunehmend schlechter ging, befolgte ich den Rat meiner klugen Mutter und fuhr wieder zu Baba. Wieder zu Guru Purnima, wieder ewiges Sitzen, wieder Gequetsche, wieder „*No spicy*“ indisches Essen, wieder ein äußerst liebevoller Baba – aber leider nur mit den anderen! Nun haderte ich noch mehr. Ich hatte in einem Buch seinen Satz gelesen: „*Kommt mit leeren Händen zu mir und ich fülle sie mit Liebe und Gnade.*“ Damit meinte ich, ihn konfrontieren zu können. In meiner Einsamkeit haderte ich mehr und mehr mit Baba. Und ich bemerkte, wie ich mich immer stärker in eine absolut hilflose Situation hineinmanövrierte: Ich wusste nicht, wer dieses Phänomen Sai Baba war, merkte aber sehr wohl, dass er sowohl in Indien als auch sonst überall mein Leben lenkte. War er tatsächlich der inkarnierte Gott, der er immer wieder behauptete zu sein? Und wenn er mich täuschte? Und was, wenn einige meiner Seminarteilnehmer zu ihm kämen und feststellten, dass er ein Betrüger ist? Was dann?

Ich dachte in diesem Zusammenhang immer an die Skepsis meines Vaters. Als ich ihn darauf ansprach, sagte er mir – ich erinnere noch genau, wir saßen im Café in der *Autorimessa* in Venedig: „*Weißt du, ich bin 1911 geboren, damals glaubten wir an den Kaiser. Er hat uns in den Ersten Weltkrieg geführt und die damit verbundene schreckliche Niederlage. Dann kam Hitler. Ich sage ehrlich, ich hätte nie gedacht, dass es noch schlimmer kommen könnte. Dann der Wiederaufbau und der Kapitalismus. War alles gut, bis sich herausstellte, zu welchen Verbrechen die Amerikaner zum Beispiel in Vietnam fähig waren. Hätte ich auch nicht gedacht. Versteht du, warum ich in jeder Beziehung skeptisch bin?*" Die Worte meines Vaters konnte ich gut nachvollziehen. Sie berührten mich sehr und ich erinnerte mich immer wieder daran, wenn ich vor großen Entscheidungen beziehungsweise einer Situation stand, jemandem zu vertrauen und damit weit reichende Konsequenzen zu bedingen.

Während dieser zweiten Reise geriet ich in eine schreckliche Situation: Ich fühlte mich total von ihm abgelehnt, absolut einsam, unfähig zu entscheiden, ob ich ihm nun trauen könne oder nicht, und andererseits in dem sicheren Gefühl, ohne Gott nicht leben zu können. Man sieht: Den Atheismus hatte er mir bereits ausgetrieben! Und es war überhaupt nicht schmerzhaft!!

Eines Nachts, während ich wach im *Shed* lag, führte ich ein ernstes Gespräch mit Baba. Ich sagte ihm deutlich: Wenn er mich betrogen hätte, wenn er nur eine weitere Enttäuschung von der Art wäre, wie mein Vater sie erlebt hätte, würde ich mir das Leben nehmen. Noch hier in Puttaparthi. Meine psychische Situation hatte sich derart zugespitzt, dass ich mich zum ersten Mal dazu im Stande sah und mir sowieso alles egal war. Ich wollte eine Lösung. Ich wollte einen Beweis, ich wollte wissen, ob es eine Wahrheit gibt und ob es stimmt, was Baba immer wieder sagt, dass er all unsere Gedanken kennt. War das eine dieser vielen Behauptungen, die ich nicht nachprüfen konnte, oder war dies wirklich wahr? Reagierte er auf meine Gedanken, hier nicht abzureisen, bevor eine Entscheidung in die eine oder andere Richtung gefallen sei?

Ich ging noch einmal zum Wunschbaum und betete, Baba möge mir beweisen, dass er meine Gedanken kenne, dass er allwissend und allmächtig sei. Ich war absolut verzweifelt und davon überzeugt, mein Leben sei bald zu Ende. Dass mein Selbstmord meiner Mutter das Herz zerrissen hätte, daran dachte ich damals gar nicht – interessant, dass ich dies heute schreibe, da Pfingsten und Muttertag ist! Ich war so gefangen in den engen Wänden meiner selbst geschaffenen Realität, dass für andere so gut wie kein Platz blieb.

Vom Wunschbaum ging ich direkt zum Darshanplatz und hatte mich gerade noch recht verstört hingesetzt, als Baba direkt auf mich zukam. Er blieb kurz vor mir stehen, sah mich an und schenkte mir *Ananda*, Glückseligkeit. Ich befand mich nun in einem noch nie erlebten Zustand. Es war unvorstellbar! Ich strahlte so stark, dass eine Frau, die mehrere Dutzend Meter entfernt saß, dies sah und mich später darauf ansprach. Ich war in absoluter Glückseligkeit und merkte nichts mehr von meiner Umwelt. Vielmehr verzog ich mich in mein Bett unter das Moskitonetz und weinte nur vor Glück.

In dieser Nacht lernte ich etwas Entscheidendes: Glückseligkeit muss man aushalten können. Der Weg dazu führt über das Erstarken durch Leiden! Am nächsten Morgen ging ich völlig verweint zum *Darshan*. Als Baba vorbeikam und mich diesmal freundlich anlächelte, bat ich ihn, mir diese Glückseligkeit wieder zu nehmen! Ich konnte diesen Zustand der *Ananda* nicht länger aushalten. Er sah mich an, machte eine fast unmerkliche Handbewegung und dieses unendlich große, starke und umfassende Glück war weg. Und wie ging es mir? Es ist kaum zu glauben, aber ich war erleichtert. Erleichtert, weil ich *Ananda*, diese umfassende Glückseligkeit, als Last empfunden hatte! Ich war noch nicht stark genug. Da hatte ich auf so vielen verschiedenen Wegen das Glück gesucht, war in so vielen Sackgassen gelandet, hatte nun Glückseligkeit pur bekommen, fühlte mich überaus glücklich und war dennoch glücklich (!), diese Glückseligkeit wieder loszuwerden! Kaum zu fassen, aber wahr!

Ananda war gegangen, aber einiges blieb: Mir fiel nun das Zwitschern der Vögel im *Ashram* besonders auf. Ich erkenne es in der ganzen Welt und es erinnert mich an diesen Heiligen Ort. Zudem nahm ich die vielen wunderbaren Gerüche des *Ashrams* wahr und die Harmonie der Gebäude. Besonders diese Harmonie, die teilweise an gewisse Gerüche gebunden ist, lebt als Sehnsucht in mir weiter, wenn ich nicht in Puttaparthi bin.

Diese Erfahrung mit der Glückseligkeit bestimmte natürlich den zweiten Aufenthalt bei Baba. Aber noch etwas ist geschehen: Ich begann nun, zwar sehr langsam, aber doch – Baba zu vertrauen, den ich von da an mehr und mehr als *Avatar*, als eine Gottesinkarnation, ansah, was mir trotz aller Erlebnisse nicht leicht fiel. Er hatte mir bewiesen, dass er auf meine Gedanken und Gebete reagierte, er hat mir außerdem *Ananda* gegeben, was nur ein *Avatar* kann, reine Glückseligkeit. Also war es jetzt an mir, ihm zu vertrauen. Das habe ich mir damals fest vorgenommen – und es gelang mir immer häufiger, aber bei weitem nicht immer.

Einige Tage später, während Baba im Tempel auf seinem Stuhl saß, ging es mir wieder einmal durch den Kopf, wie ungenügend ich meine Arbeit als Paartherapeut empfand, wie dürftig meine Ausbildung im Rahmen der Bioenergetik für diesen Zweck war und dass Menschen viel präzisere Hilfe benötigten, als ich damals geben konnte. Ich bat deshalb Baba um die Gnade, Paaren helfen zu können. Er nickte sogleich und lächelte mir zu.

Gnade

Erst viel später erfuhr ich, was Baba unter Gnade verstand. Hätte ich das damals gewusst, ich glaube nicht, dass ich ihn um diese Gnade gebeten hätte.
Bei einem *Darshan* bat eine Frau Baba, um seine Gnade. Er „überhörte“ diese Bitte. Wie ich oben bereits beschrieben habe, ist er ein Meister der „Zufälligkeit“. „Zufälligerweise“ bekommt er etwas nicht mit. Ebenso ist er natürlich ein Meister im „beiläufigen“ Überhören. Er tut so, als höre er nicht, als wisse er nicht, als sehe er nicht. Im Nachhinein stellt sich dann heraus, dass er alles wahr-genommen hat.

Nur wir denken, der Arme – Allwissende! – habe uns nicht gehört. Also bat diese Frau Baba noch lauter um seine Gnade. Wieder hörte er nicht. Da er bereits weitergegangen war, stand sie sogar auf (was nicht erlaubt ist) und rief laut (was ungehörig ist): „*Baba, ich möchte deine Gnade!*“ Daraufhin drehte sich Baba mit dieser unglaublichen Mischung aus Kraft, Macht, Wissen, Eleganz und Zuwendung um und fragte sie: „*Weißt du, was meine Gnade bedeutet?*“ Die Frau stammelte irgendetwas, da fuhr Baba fort: „*Meine Gnade sind die vier Nullen Das bedeutet: Du verlierst deine Familie, dein Hab und Gut, deine Gesundheit und deinen guten Ruf. Willst du das?*“ Ich weiß nicht, was diese Frau darauf geantwortet hat. Ich weiß nur, dass ich damals im Tempel und nochmals im Interview um genau diese Gnade gebeten hatte, aber überhaupt nicht wusste, **worum** ich da bat! Und Baba gewährte mir seine Gnade – mit entsprechenden Folgen!
Der Vollständigkeit halber muss ich sagen, dass Constanze und ich tatsächlich diese vier Nullen auf recht schmerzliche Weise erlebten, dass uns Baba aber Stück für Stück zu einem späteren Zeitpunkt das wiedergab, was wir verloren hatten. Erst einmal galt es aber, alles loszulassen!

Ich hatte in einem Interview um Babas Gnade gebeten. Und wir verloren daraufhin alles. Baba meint ja, er mildere uns das Karma immer wieder ab. Es gab aber unzählige Situationen, wo ich meinte, beweisen zu können, dass dies nicht stimmte, so schwer fand ich vieles, was geschah beziehungsweise was ich verlor. Später konnte ich allerdings sehen, dass ich an all dem, was ich erlebte, gewachsen bin. Die „linke studentische Vorstellung“, man könne lernen, ohne den vollen Preis zu zahlen, habe ich in diesen Jahren gründlich aufgegeben. Ich weiß heute: Es gibt absolut einen Preis, den man für seine Entwicklung und sein Glück zahlen muss. Und wie mir scheint, zahlt man ihn im Voraus. Zumindest war es bei mir so.

Ganesha

Mir war wieder einmal alles zu viel geworden! – und so entfloh ich für einen Tag nach Bangalore. Ich bat Baba, dass ich den Laden wiederfinden möge, in dem ich vor einem Jahr den wunderschönen *Ganesha*

gesehen hatte. Und erstaunlich (!), ich fand ihn in all dem Straßengewirr und Trubel, obwohl ich nicht einmal die Straße, geschweige denn die Gegend kannte. Ein Wunder. Das Geschäft gab es zwei Jahre später auch nicht mehr!
Mit einem Herzen, das weit über meinen Hals hinaus schlug, stieg ich die Treppe in den ersten Stock hinauf: Und Tatsache, der *Ganesha* war noch da! Danke, Baba, danke.
Gut verpackt nahm ich ihn mit in den *Ashram* und bat Baba, er möge mir doch bitte helfen, dieses Riesenpaket heil nach Deutschland zu bringen.
Auf der Rückreise fuhr ich mit einer Gruppe nach Bangalore. Wir checkten gemeinsam ein und damit war das große *Ganesha*-Paket kein Problem. Am Rollfeld sollten wir unser Gepäck identifizieren. Als ein Bediensteter das Paket anfasste, hatte ich Angst, er tue es nicht mit der notwendigen Sorgfalt, deshalb sagte ich zu ihm: *„Please take care, it's Ganesha!" – Bitte passen Sie auf, es ist Ganesha. „Oh, Ganesha*", erwiderte der Mann, faltete die Hände vor der Stirn und hob das Paket mit größter Vorsicht auf.

Dann kam ich in Frankfurt an. Der Zollbeamte wollte natürlich wissen, was in dem Riesenpaket sei. Ich sagte es ihm und wurde zu einem Nebenschalter geschickt. Dort war aber niemand. Also ging ich zu dem ersten Zollbeamten zurück, der mich nun durchwinkte.
Am Zug half mir ein junger Mann, das Paket hineinzuhieven, und ein anderer, als ich in München ausstieg. Ich fuhr dann mit dem Taxi zum Haus meiner Eltern. Unaufgefordert brachte der Fahrer den *Ganesha* ins Haus, und als ich ihm außer dem Fahrpreis ein Trinkgeld geben wollte, sagte er mir: *„Nein, das ist schon o.k. so!*" Ich war sprachlos, denn ich habe es weder vorher noch danach erlebt, dass ein Taxifahrer kein Trinkgeld nimmt!
Der *Ganesha* steht heute in meinem Arbeitszimmer in Grafrath und erfreut mich jedes Mal tief im Herzen, wenn ich ihn sehe, und ich denke immer wieder daran, durch wie viele „Zufälle" er bis hierher kam und bin dankbar.

Krishnas Geburtstag

Bei einer späteren Reise kamen wir genau zu Krishnas Geburtstag nach Puttaparthi. Der *Ashram* war wunderschön geschmückt, alles sah sehr festlich aus und wir saßen gerne im Regen, weil die Stimmung so schön war. Constanze hatte uns zudem große Regencapes besorgt, die uns gut schützten, denn sie wusste, dass es Regenzeit sein würde.

Die geschmückten Kühe und Kälber waren wirklich schön anzusehen. Sie hatten zum Teil Girlanden um den Hals, ein Horn war grün und das andere rot angemalt.
Sie wurden alle zu Baba gebracht, der sie sehr liebevoll behandelte und segnete. Was für Constanze und mich absolut erstaunlich war: Wie die Kühe und die Kälber sich verhielten, als sie hinausgeführt wurden. Sie wollten nicht gehen. Ebenso wie sie munter hineingekommen waren, genauso ungern gingen sie. Die Männer, die sie führten, mussten ihnen sehr gut zureden und kräftig am Halfter ziehen, damit sie mitgingen. Unwillig folgten sie dem starken Drängen ihrer Anführer, wobei sie sich aber unentwegt genau zu Baba hin umdrehten. Nicht irgendwohin, sondern genau zu Baba. Das war so auffällig, dass es sowohl mir als auch Constanze und anderen aus unserer Gruppe auffiel.

Die Inder verehren die Kühe aus Dankbarkeit, weil sie ihre Milch als Nahrungsmittel zur Verfügung stellen und damit zig Kindern das Leben gerettet haben. So darf ein Brahmane zum Beispiel erst essen, nachdem er seine Kühe versorgt hat. Es ist eine Sünde, schlecht für sie zu sorgen oder sie gar schlachten zu lassen.
So haben Babas Kühe allen Grund, ihm dankbar zu sein, denn er sorgt unablässig für sie. Keine darf schlecht behandelt werden, keine darf länger krank sein, ohne dass ihm dies berichtet wird, und keine darf – natürlich! – getötet werden. Zudem bekommen die alten Kühe das Gnadenbrot. Ebenso fürsorglich werden Kälber, Stiere und Ochsen behandelt. Sie werden an arme Bauern weitergegeben, die sie als Zugtiere verwenden. Und da es Geschenke von Baba sind, behandeln sie die Tiere für indische Verhältnisse recht gut.

Üblicherweise verwenden die Inder den getrockneten Dung als Brennmaterial und den Urin zum Desinfizieren beziehungsweise Befestigen des Bodens. Im *Ashram* lernte ich nun eine Sitte kennen, die mir neu war: Plötzlich bückte sich ein Helfer, nahm mit seinen Händen den Urin der Kühe vom Boden auf und bespritzte uns damit – so ungefähr als Segen, da die Kühe ja heilig sind. Vor mir saß ein Italiener, der das gar nicht heilig fand, sondern entsetzt mit „*Oh Madonna*" reagierte, als ein, zwei Spritzer ihn trafen. Irgendwie scheint dies der indische Helfer völlig falsch verstanden zu haben, denn er warf ihm noch eine richtige Handvoll zu, die ihn genau im Gesicht traf. Ich glaube, er wird in Indien nicht wieder so schnell „*Oh, Madonna*" ausrufen, wenn er etwas unbedingt **nicht** will!

Ich bekam aber auch „mein Fett" ab. Ich saß gemütlich unter dem wunderbaren Regencape und dachte mir: ‚*Mein Gott, ich sitze so schön trocken hier. Die armen Inder um mich herum sitzen erstens auf dem blanken Boden und zweitens haben sie dünne Oberhemden an, die sofort durchnässt sind*'. Also bot ich den vier Indern, die um mich herum saßen, an, sich mit unter mein großes Cape zu setzen. Sie waren sehr dankbar und quittierten mein Angebot mit diesem für Inder so typischen großen, frohen und herzlichen Lachen. So saßen wir fünf fröhlich beisammen und genossen das herrliche Fest. Am Ende bedankten sie sich, standen auf… und schütteten mir das ganze Wasser, das sich in den Falten gesammelt hatte, in den Kragen. Damit machte ich eine sehr interessante Erfahrung: Ohne Cape wäre ich nie so nass geworden, wie ich es jetzt war. Aber wieder hatte ich etwas gelernt: Nur nett sein reicht nicht. Ebenso wenig reicht es, für andere zu sorgen, ohne sich um die Konsequenzen zu kümmern. Richtige Fürsorge bedeutet, dass ich für mich sorge, dass ich für andere sorge und dass ich auch dafür sorge, dass andere für mich sorgen. Fehlt eines dieser drei, ist die Fürsorge nicht vollständig. Danke, Baba, für diese wichtige Lehre (vgl. auch von Stepski 2006).

Baba ist ein Freund des Loslassens und gleichzeitig der Präzision, das heißt, dass ich Dinge exzellent erledigen sollte. Ich brauchte lange Zeit, um den Unterschied zwischen beiden zu verstehen. Immer wenn

ich dachte, ich würde loslassen, aber in Wahrheit nur ungenau oder gar wurstig war, bekam ich „Ohropatschi", wie ich es nenne, also eins auf die Ohren.
So kümmerte ich mich zum Beispiel nicht darum, welcher Kleber beim Verlegen des Teppichs in unserem Haus in Grafrath verwendet wurde, und litt deshalb Monate unter den Dämpfen. Oder ich erkundigte mich zu wenig über die Telefonanlage und hatte ebenfalls Monate Ärger. Oder ich stellte Mitarbeiter ein, ohne mich zu fragen, ob sie hervorragend für mich wären und ob die Tätigkeit ideal für sie sein würde. Erst ganz langsam verstand ich, dass ich nur dann sowohl für sie als auch für mich sorge, wenn ich andere in **ihrem** Sosein erkennen beziehungsweise sehen kann, ob es gut oder schlecht ist, was ich ihnen anbiete. Und erst wenn ich für mich **und** für sie sorge, kann ich dafür sorgen, dass sie auch gut für mich sorgen. Kann ich diese drei Schritte nicht voneinander unterscheiden, geht es schief und es ist nicht verwunderlich, dass Menschen mir gar nicht dankbar sind, weil sie das Falsche von mir bekamen, das ich aus meiner Unklarheit heraus als das Richtige für sie beziehungsweise uns ansah.

Bevor ich zu Baba kam, hatte ich von diesen Zusammenhängen nicht den blassesten Schimmer. Und es hat lange gedauert, bis ich etwas mehr verstand, worum es ging.
Hier passt wunderbar der bekannte Spruch: *Herr, lass mich erkennen, was ich verändern kann, und lass mich aushalten, was ich nicht ändern kann, und bitte gib mir die Klugheit, das eine vom anderen zu unterscheiden.*
Welch ein Zufall, dass mir diese so wichtigen Lehren beim Krishna-Fest zuteil wurden, hat Krishna doch unendlich gut für die Kuhhirtinnen und die Kühe gesorgt!

Eine weitere Beobachtung während dieses Tages betraf Baba. Bei fast allen indischen Festen werden Kokosnüsse zerschlagen. Ich finde die Schale ganz schön hart, und so locker zerbrechen sie nicht. Wenn ich welche zerschlagen habe oder andere sah, die es taten, waren bis zum Brechen der Schale stets mehrere Schläge nötig. Anders bei Baba. Er zerschlug gleich vier von ihnen. Das Erstaunliche daran war, mit welch unendlicher Leichtigkeit er sie auf den Boden warf – fast so, als würde

er sie fallen lassen – und wie unglaublich stark im Verhältnis dazu sie aufschlugen. Sie spritzten regelrecht auseinander, so sehr, dass es uns allen als völlig unverhältnismäßig auffiel.
Keine große Sache, aber eines dieser vielen Details, die sich zu einem sehr ungewöhnlichen Ganzen fügen.

8. Constanze

Vorausschau

Einige Frauen aus der einen Therapiegruppe in Berlin gingen regelmäßig zu einer Hellseherin. Offensichtlich war sie recht gut im Ersehen der Zukunft, denn sie sagte einer Frau im Februar den Umzug Ende Oktober desselben Jahres in die Nähe von Freiburg vorher. Als das tatsächlich eintraf, vereinbarte ich für meinen nächsten Besuch in Berlin einen Termin mit ihr. Dies, weil ich viele offene Fragen hatte und meine innere Stimme mir im *Ashram* einmal deutlich gesagt hatte, dass sie mir keine Zukunftsfragen beantworten würde.
Kaum, dass die Hellseherin mich sah, meinte sie, ich hätte zwei Wohnsitze und zwei Väter. Mit den zwei Wohnsitzen konnte ich etwas anfangen, denn ich war ja sowohl in Siena als auch in Berlin gemeldet. Die Aussage mit den zwei Vätern verstand ich nicht sogleich.

Daraufhin erklärte sie: „*Sie haben einen leiblichen Vater, mit dem Sie keine so leichte Beziehung haben. Dafür haben Sie einen spirituellen Vater, der absolut für Sie sorgt und für Sie da ist!*“ Ich staunte und freute mich. Dann fuhr sie fort: „*Sie werden Bestseller schreiben und vielen Menschen helfen. Sie werden zunächst nach München umziehen, dann an einem See wohnen und durch Ihre Frau (man höre und staune!) in den Süden von Nordamerika oder Mittelamerika gehen. Ich kann nicht ersehen, warum Sie dahin gehen. Der Anstoß kommt von Ihrer Frau, die damit sehr verbunden ist. Es ist aber gut für Sie und Sie werden viel lernen!*“ „*Meine Frau?*“, fragte ich neugierig. „*Ja, Ihre Frau*“, meinte sie sehr sicher. „*Eine wunderbare Frau, die Sie liebt. Sie macht Ähnliches wie Sie und Sie werden zusammen ein Institut aufbauen. Hier, schauen Sie!*“ (Und verwies auf einige Karten.)

Ich fand das alles herrlich, hätte ich doch nur gewusst, wer wohl diese wunderbare Frau sein sollte. Da kam der völlig irre Satz: „*Sie kennen sie schon. Sie sind sich bereits begegnet. Sie lebt in München, deswegen sollten Sie von Italien nach München ziehen!*" Ich dachte mir: ‚Auch das noch!', und ließ es dabei bewenden, denn mir fiel beim besten Willen keine Frau ein, die ich kennen sollte und die dieser Beschreibung auch nur annähernd entsprach.

So fuhr ich bald darauf wieder nach Siena, erlebte aber mehrere schreckliche Unfälle auf der entsetzlichen Autobahn zwischen Bologna und Florenz. Beim ersten kam ich mit 120-130 km/h aus einem Tunnel, als ich sah, dass ein Lastwagen umgefallen war und alle Bretter, die er geladen hatte, auf der Fahrbahn lagen. Wie durch – oder **gerade** durch ein Wunder – kam ich vorbei. Beim nächsten kam ich wieder aus einem Tunnel, als ich gerade noch an zwei Autos vorbeikam, die ineinandergefahren waren. Als mir die dritte solche Begebenheit auf der Strecke zwischen Siena und Florenz passierte und ein Fahrer, ohne zu schauen, links ausscherte und um ein Haar in mein Auto hineingefahren wäre, wusste ich, dass meine Zeit in Siena zu Ende ging. So fuhr ich zu meinem Vater nach München und suchte nach einer Wohnung. Ich hatte nicht allzu viel Zeit, denn meine Mutter war vom Fahrrad gestürzt und hatte sich das Knie gebrochen. Sie war deshalb seit Wochen bei meinem Bruder Hans Onno in Piavon, ihrem früheren Zuhause, und wurde dort gepflegt und sehr gut medizinisch versorgt. Aber sie brauchte Unterstützung, weswegen mich Baba zu ihr schickte und für die Wohnungssuche wenig Zeit blieb. Also sagte ich zu Baba: „*Du findest es wichtig, dass ich mich um meine Mutter kümmere. Ich finde das auch, wie soll ich aber eine Wohnung in München finden, wenn ich nicht dort bin?*" Ganz klar kam die Antwort, ich solle jetzt zunächst zu meiner Mutter fahren, er werde sich um die Wohnung kümmern. Also fuhr ich wieder nach Italien.

Auf der Fahrt hörte ich sehr merkwürdige Geräusche. In meinen Gruppen sage ich immer wieder, man solle in solchen Fällen nicht vertrauen, sondern nachsehen. So habe ich möglicherweise einen Seminarteilnehmer vor großem Schaden bewahrt, denn er hatte seinen Wagen von der Werkstatt abgeholt und fuhr in Berlin eher zügig auf der Avus – der einzigen Strecke, auf der man damals in Berlin schnell fahren konnte –, als er sehr merkwürdige Geräusche hörte. Er erinnerte sich an meine Worte: *„Menschen, die ohne kritische Überprüfung nur positiv denken, haben die geringste Lebenserwartung."* Er hielt an und musste feststellen, dass die Werkstatt beim linken Vorderrad vergessen hatte, die Muttern anzuziehen!

Ich fuhr also auf der Brennerautobahn und hörte ebenfalls komische Geräusche. Ich vertraute aber meiner inneren Stimme bereits derart, dass ich sie fragte, was ich tun sollte. Sie antwortete mir, es gehe alles gut, wenn ich geradewegs zu meiner Mutter führe und von dort **sofort** zur Werkstatt, um die Reifen überprüfen zu lassen, denn die seien nicht in Ordnung. Ich kam zu meiner Mutter, aß dort und fuhr anschließend direkt zur Werkstatt. Kaum sah der Mechaniker meine Reifen, rief er aus: *„Ma questo sì ch' è un miracolo che queste ruote non siano scoppiate!" – Das ist aber wirklich ein Wunder, dass diese Reifen nicht geplatzt sind.* Wieder einmal hatte ich Baba zu danken. Wie sehr führte und beschützte er mich.

Ich blieb zwei, drei Tage bei meiner Mutter und fuhr dann nach München, wo mir wenig Zeit blieb, eine passende Bleibe zu finden. Innerhalb von zwei Tagen – oh Wunder! – fand ich die richtige Wohnung für mich, nur waren 30 Bewerber interessiert. Aber Baba sagte mir, ich würde sie bekommen. Sehr erstaunt war ich deshalb nicht, als die Maklerin sich besonders mit mir unterhalten wollte und interessiert zuhörte, als ich ihr auf ihre Fragen antwortete, was ich machte. Im Anschluss an das Gespräch meinte sie, ich bekäme wahrscheinlich die Wohnung, sie würde mich morgen anrufen. Das tat sie auch und ich hatte meine Bleibe in München.

Mein Leben verändert sich völlig

Ich plante den Umzug von Siena und Piavon nach München. Ich hatte mir genau ausgerechnet, welche Möbel wohin kommen würden, und mit der Hilfe guter Freunde war die Wohnung in zwei Tagen eingerichtet.

Für die Einweihungsfeier muss ich einen ungünstigen Termin erwischt haben, denn wen ich auch einlud, er beziehungsweise sie hatten keine Zeit. Nur Christoph und seine Schwester Constanze und eine gemeinsame Freundin kamen – alle anderen sagten noch an dem Abend ab! So saßen wir zu viert in meiner Küche und unterhielten uns.

Natürlich wollten die drei meine neue Wohnung sehen. Kaum kamen sie in mein Arbeitszimmer, fragte mich Constanze, wer denn dieser Mann mit der Haarkrone auf meinem Schreibtisch sei. Ich antwortete, es sei Sai Baba, woraufhin wir den ganzen Abend nur noch über ihn sprachen.
Zehn Monate später traf ich Constanze und ein paar Freunde an der Isar wieder und wir unterhielten uns. Und wieder wurde ein Treffen vereinbart und wieder kamen die meisten nicht! Constanze war da... und ich. Alle anderen kamen nicht. So machten wir das Beste aus der Situation, gingen spazieren und unterhielten uns.
Es wurde Abend und wir gingen in ein Lokal essen. Im Verlauf des Gespräches über dieses und jenes kam mir plötzlich und völlig unerwartet die Einsicht, dies sei die Frau, von der meine Hellseherin in Berlin gesprochen hatte. Constanze ist sehr intuitiv und merkte sofort, dass mir etwas Wichtiges durch den Kopf ging. Sie war aber genauso merkwürdig berührt, deshalb zog ich es vor, ihr die Geschichte mit der Hellseherin zu erzählen. Ihre Reaktion war für mich in doppelter Hinsicht erstaunlich: Erstens fand sie es gar nicht witzig – was ich gut verstehen konnte! –, und zweitens hatte sie eine ähnliche Geschichte erlebt! Sie war nämlich ebenfalls – das war damals offensichtlich Mode! – zu einer Wahrsagerin gegangen, und die hatte ihr mich vorhergesagt als sehr guten Mann – das wenigstens freute mich. Der Rest war uns beiden mehr als unheimlich!
Irgendwann an diesem Abend wagte ich es, meine innere Stimme zu fragen, ob wirklich Constanze die besagte Frau meines Lebens sei, und ich muss sagen, ich war nicht erleichtert, als ein klares Ja kam.

Man stelle sich vor, man trifft sich mit einem Menschen, der einem recht fremd ist, mit dem noch nicht viele Gemeinsamkeiten bestehen, redet über dieses und jenes – auch recht Belangloses –, und plötzlich soll dieser eher fremde Mensch der Idealpartner sein! Wir konnten beide mit dieser Herausforderung nicht umgehen, weswegen der Abend nicht so harmonisch endete, wie er begonnen hatte. Später sagte ich immer wieder, mein Verhalten damals habe mich doch als vollkommenen Gentleman erwiesen, denn ich hätte sie zu dem Essen eingeladen, obwohl ich die Situation nicht allzu gelungen fand. Constanze sieht dies bis heute nicht als den gelungenen Beweis an. Ich verstehe sie mehr und mehr…

Nun begann eine wirklich schwierige Zeit für uns. Wir waren uns nicht nah, verstanden uns nicht einmal besonders gut und sollten **das** Paar sein. Wir fühlten uns wie nach altem Brauch verheiratet. Wir rebellierten. Für Constanze war es noch dramatischer, denn ich musste ihr ja aus Gründen der Fairness erzählen, dass ich eine innere Stimme hatte, auf die ich auch noch hörte. Sie nahm all dies für mich erstaunlich offen an und stellte sehr interessierte Fragen. Sie war nämlich in der Zwischenzeit bei Baba gewesen und hatte sehr tiefe Erfahrungen mit ihm gemacht. So stellte sie über mich die Frage an Baba, ob wir wirklich füreinander bestimmt seien. Die Antwort war Ja. Und was sollten wir als Nächstes tun? Die Antwort war: Uns vor den Altar setzen und seinen Segen bekommen! Das war schon ganz schön weit reichend. Als wir dann noch auf die Frage *„wann?“* die Antwort bekamen, am 28.10.1988, da waren wir beide erst richtig sprachlos, denn das war in wenigen Tagen!
Am 14.10.1988 hatten wir fast durch „Zufall“ festgestellt, dass wir angeblich füreinander bestimmt waren, wussten aber nichts damit anzufangen und sollten gerade einmal 14 Tage später Babas Segen bekommen? Das war etwas viel. So viel, dass wir beide dem erst einmal nicht gewachsen waren.

Aber, erstaunlich, erstaunlich, irgendwie fügte sich alles und tatsächlich saßen wir beide (!) am 28.10. abends vor dem Altar und Baba gab uns seinen Segen über meine innere Stimme. Damit waren die Schwierigkeiten nicht weniger geworden, wir waren aber ein Paar.
Uns ging es gar nicht gut miteinander. Wir hatten jeweils genau die Eigenschaften, die den anderen besonders verletzten und bedrückten. Zum Teil konnte keiner einen Satz sagen, ohne dass der andere verletzt war. Besonders schlimm war es am Telefon, wenn ich in Berlin war

und Constanze in München. Drei Sätze und das Gespräch war zu Ende. Einmal ging es derart schief, dass ich Constanze bat, zu mir nach Berlin zu fliegen. Das tat sie auch und wir konnten unsere Meinungsverschiedenheiten mehr schlecht als recht klären.

Nun hatte mir meine innere Stimme bereits im August gesagt, ich sollte zwei Flugtickets für Dezember nach Indien buchen. Das hatte ich getan, was sich jetzt als sehr segensreich erwies, denn alle Flüge im Dezember waren ausgebucht. Wir wollten über Weihnachten zusammen zu Baba. Hätte er nicht bereits im August vorgesorgt, hätten wir nicht fliegen können. Wieder einmal: Danke, Sai Baba.

Nun flogen wir also gemeinsam nach Indien. Wir kamen im *Ashram* an, wo ja die strikte Regel gilt, dass Männer und Frauen getrennt untergebracht werden, sofern sie nicht verheiratet sind. Wir waren es ja nur über die innere Stimme, in unseren Pässen war dies aber nicht zu erkennen, denn hier hieß ich von Stepski-Doliwa und sie von Kessel. Bereits bei *Public Relations* wurden wir als Paar behandelt. Wogegen wir beide energisch protestierten. Wir fühlten uns nicht als Paar. Im Grunde auch noch nicht als verheiratet.
Dann kamen wir zu *Accomodation*. Sogleich wollte uns der nette Mann hinter dem Schreibtisch ein gemeinsames Zimmer geben. Auf unseren Einwand, das wollten wir nicht, sah er uns erstaunt an und fragte völlig ungläubig. „*Not married*?" Unser Nein konnte er überhaupt nicht verstehen. Ich befand mich in dieser Situation derart in meinem Film von Einsamkeit und Mich-nicht-verstanden-Fühlen, dass mir dieses erstaunliche Wunder gar nicht auffiel. Constanze und ich hatten hier aber eine klare Gemeinsamkeit: Wir wollten nicht in ein gemeinsames Zimmer. Wie sehr oder wie wenig dieser Mann uns für verheiratet hielt, war uns in dem Moment völlig egal.
Wir staunten auch nicht darüber, dass das total inkonsequent, ja irrational war, denn wir wohnten nach dem Segen bereits in meiner Wohnung in München beziehungsweise in Berlin zusammen. Warum sollten wir dies nicht auch in Puttaparthi tun – zumal uns Baba verheiratet hatte? Ich glaube, wir hatten beide Angst vor den vielen Prozessen, in die man bei Baba kommt und die uns noch zusätzlich belasteten.

So kamen wir beide ins *Shed,* Halle Nr. 18 für Männer und Nr. 16 für Frauen, und es ging uns gar nicht gut. Der armen Constanze starb ein Zahn ab und ich hatte einige Tage schrecklichen Durchfall mit Fieber und fühlte mich richtig elend. Dann ging alles vorbei und wir trafen uns als lädierte spirituelle Pilger, die nicht so recht wussten, was sie hier sollten. Zumindest verstanden wir uns so wenig, dass wir uns zu Weihnachten schenkten, uns drei Tage nicht zu sehen. Ein im Grunde recht trauriges Geschenk. Wir empfanden es aber als Erleichterung, denn unsere Kommunikation erlebten wir nicht gerade als Hit. Wir empfanden sie vielmehr als Mittel, uns zu verletzen. Wir waren ganz unten. Wir wussten aber nicht – Gott sei Dank! –, was noch alles vor uns lag.
Ich hatte um die Gnade gebeten, Paaren zu helfen. Nun manifestierte sich diese Gnade und ich ging mit Constanze all die schrecklichen Wege, die manche Paare durchleiden. Nur gingen wir sie allein. Wir hatten niemanden, der uns half, keinen dritten unparteiischen Zeugen oder gar weisen Richter. Wir durften zu keinem Therapeuten. Kaum holten wir uns Hilfe von außen, wurde es noch schlimmer. Nur Baba führte uns.

Wir gingen all diese zum Teil sehr dunklen Wege ganz allein. Wir mussten alle Lösungen selber finden. Und nicht nur das. Wir mussten auch noch feststellen, dass viele der angeblich so wohlwollenden und treuen Freunde uns in Wahrheit überhaupt nicht wohlgesonnen waren, sondern uns zum Teil in übelster Form gegeneinander ausspielten. All dies löste sich Schritt für Schritt über Jahre. Heute haben wir eine wunderbare Beziehung. Wir erfuhren sehr viel Gnade. Es wurde uns aber nichts geschenkt!
Baba segnete am 2.1.1989 unsere Ehe, dann fuhren wir nach Hause und ich stellte meinen Eltern Constanze als meine Braut vor. Dass wir von Baba bereits verheiratet waren, wollte ich lieber nicht sagen, denn ich wusste, dass sie damit nicht viel hätten anfangen können.
Mein Vater war begeistert von Constanze und auch meine Mutter verstand sich sehr gut mit ihr.
Hier kommt noch ein weiterer Umstand zum Tragen, den ich – wohlweislich! – noch nicht erwähnt habe: Meine Mutter und Constan-

ze haben am selben Tag Geburtstag! Das war vielleicht ein Schock, als ich das erfuhr. Am gleichen Tag Geburtstag wie meine Mutter, was hatte Baba sich nur dabei gedacht?

Mein Vater fand das dagegen wunderbar und hat sich immer gewünscht, dass wir zu viert den Geburtstag der beiden feiern. Da ich in den Augen meiner Eltern mit Essen „etwas eigen“ war, weil ich nicht nur Vegetarier bin, sondern auch keinen raffinierten Zucker esse, fragte mich mein Vater kurz vor dem Geburtstag der beiden, ob ich nicht eine Torte bestellen wolle. Ich fand diese Idee sehr gut, kam aber erst spät von Berlin zurück, weswegen ich die Torte erst einen Tag vorher bestellen konnte. Dazu ging ich zur Bäckerei Ignatz, die mit biologischen Zutaten und unraffiniertem Zucker arbeitet, und bestellte eine schöne Fruchttorte. Ich bat die junge Frau hinter dem Tresen, sie möge mir bitte die Torte sicher bis zum nächsten Tag machen, denn da hätten sowohl meine Mutter als auch meine Frau Geburtstag und ich könne unmöglich mit leeren Händen erscheinen. Diese junge Frau kannte mich nicht und wusste natürlich erst recht nicht, dass ich Therapeut bin, als sie aber von dem Geburtstag der beiden hörte, fragte sie: *„Ihre Mutter und Ihre Frau haben am selben Tag Geburtstag? Was sagt denn Ihr Therapeut dazu?“* Ich lachte schallend und antwortete: *„Ich bin Therapeut!“*, worauf sie prompt konterte: *„Typisch!“* Wie Recht sie doch hatte!! Als wir vier die wunderschöne Torte aßen, erzählte ich diese Geschichte – und jedem schmeckte sie noch einmal so gut!

Satsang

Wie ich oben erwähnte, hat sich während der schweren Zeiten bei unseren Freunden die Spreu vom Weizen getrennt. Ich habe durch Baba unendlich viel gelernt. Er lehrte mich, mit den Themenpaaren Verrat und Treue, Wahnsinn und klare Ruhe, gute und schlechte Gesellschaft umzugehen. Bevor ich Baba kennen lernte, hatte ich keine Ahnung, dass es so wichtig ist, in guter Gesellschaft, indisch *Satsang,* zu sein. Er betont dies und geht sogar so weit: **Lieber tot als mit schlechten Menschen.** Warum? Weil wir uns – besonders wenn wir unklar sind –leicht verleiten lassen und dadurch Karma für mehrere Leben aufbürden können. Ich denke dabei immer an den Mörder in den USA, der sein Auto so umbaute, dass er fast unsichtbar aus der Kühlerhaube heraus Menschen erschießen konnte. Er verleitete seinen minderjährigen Neffen zu diesem Verbrechen, der nach der Festnahme lange bangen musste, nicht zum Tode verurteilt zu werden. Mit 16 oder 17! Welch ein schreckliches Schicksal.

Baba macht die Bedeutung von guter Gesellschaft beziehungsweise die Gefahr, die von schlechter ausgeht, eindringlich mittels einer Geschichte deutlich:
Ein Jäger zieht ein Bärenjunges auf. Dieses wächst heran und wird zu einem stattlichen Bären, der den Jäger unendlich liebt und nicht von seiner Seite weicht. Einmal schläft der Jäger. Da sieht der Bär, dass eine Fliege sich immer wieder auf seine Wange setzt. Der Bär verscheucht sie jedes Mal, nur um festzustellen, dass sie alsbald wieder da ist. Er ist so bemüht, den Schlaf seines Ziehvaters zu schützen, dass das Verhalten der Fliege ihn immer mehr ärgert, bis er am Schluss richtig wütend wird. Als die Fliege sich erneut auf die Wange des Jägers setzt, holt der Bär aus und schlägt mit voller Kraft zu. Und – erschlägt diesen.

Die Moral von der Geschicht: Auch wenn jemand, der **nicht** der Richtige für uns ist, es gut mit uns meint, kann es äußerst gefährlich für uns werden (vgl. hierzu *die Judasziege* in *Zeitlose Wahrheiten für jeden Tag* 14.9.). Deshalb sollten wir erst einmal herausfinden, **was** gute Menschen im Allgemeinen und insbesondere für uns sind. Danach sollten wir uns fragen, was wir geben wollen und wo oder wie wir sie finden können.
Meiner Erfahrung nach finden sie sich fast automatisch ein, sobald wir umgedacht haben.

Genau hier komme ich auf meinen besonders guten Freund Bernhard von Reiche und seine liebe Frau Friederike zu sprechen, die ich im Oktober (1988), also vor 20 Jahren, kennen lernte.
Die beiden hat Constanze gleichsam in die Ehe mitgebracht. Eine hervorragende Mitgift!

Als Bernhard hörte, dass Constanze mit mir verlobt sei und zudem so schnell heiraten wolle, wollte er mich unbedingt **vorher** kennen lernen – um sie vor einem Fehler zu bewahren. Ich weiß bis heute nicht, wieso es dennoch zu unserer Ehe kam – also meiner mit Constanze! –, denn ich glaube, Bernhards erster Eindruck von mir war nicht so überragend. Auch das spricht für ihn, denn heute bin ich sehr, sehr viel netter als damals! Diese positive Entwicklung war damals nicht abzusehen, sondern eher das Gegenteil, dass es nämlich schlechter werden würde. Aber liebenswert und klug, wie Bernhard und Friederike nun einmal sind, haben sie Constanzes gutem Geschmack vertraut. Ich übrigens auch und bin gut damit gefahren!

So ist eine tiefe Freundschaft entstanden, die viele Aufs und Abs durchgestanden hat, ohne dass sie je in Frage gestellt wurde.
Außerdem ist Bernhard der Garant für meinen Satz: „*Beim Geld fängt die Freundschaft an*" (vgl. v. Stepski 2006). Denn wir haben einige Projekte zusammen gemacht und tun es immer noch. Ein paar liefen, wie sich das gemäß der Statistik gehört, erst einmal nicht so ideal. Und wie ging es unserer Freundschaft dabei? Sie wurde sogar noch besser. Offensichtlich lässt sich sogar Hervorragendes steigern!

So bin ich beiden sehr dankbar für alles, was ich mit ihnen erleben konnte und dass sie mir so deutlich machen, wie Recht Baba damit hat, dass sehr gute Gesellschaft das Beste ist, was wir haben können.

Amöbenruhr

Im Januar 1989 waren wir aus Indien zurückgekommen. Drei Monate später bekam ich eine Grippe, von der ich mich nicht erholte. Da ich aber vorhatte, mit Constanze und ihrem Bruder beziehungsweise meinem Schwager und Freund Christoph nach Zypern zu Daskalos, dem „Magos von Strovolos" zu fliegen, maß ich dieser „Erkältung" keine große Bedeutung bei, denn ich dachte, das warme Klima von Zypern würde mich mit Sicherheit heilen.

Wir kamen zu Daskalos und waren beeindruckt, was er alles heilen konnte. So kam zum Beispiel eine junge Frau, deren eines Bein um einige Zentimeter kürzer als das andere war. Er hat es durch Astralenergie verlängert. Wir haben sehr gestaunt.
Mir ging es immer schlechter. Kaum hatte ich aber einen Energieabfall, stellte Daskalos seinen Fuß auf meinen und sofort ging es mir besser. Sobald ich aber im Hotelzimmer war, ging es mir schnell sehr schlecht. Constanze war rührend. Sie hielt mich und wärmte mich, wenn ich während der Schüttelfrostattacken entsetzlich fror, und sie wechselte mir das Bettzeug, wenn alles wieder einmal durch meine Schwitzanfälle völlig nass war. Es ging mir bald so schlecht, dass ich in frühere Leben kam. Ich sah, dass ich drei Inkarnationen lang meine heutige Tätigkeit vorbereitet hatte. Ich sah aber auch, was ich nicht so spaßig fand, dass ich in einer noch früheren Inkarnation meine Macht missbraucht und Daskalos physisch schwer zugesetzt hatte. Ich konnte die Stadt genau sehen, in der das stattgefunden hatte. Dann schwanden mir die Kräfte und ich dämmerte weg. Ich erlebte, wie sich eine Enge auftat, und sah Licht in der Ferne. Plötzlich jedoch massierten Finger mein Herz. Ich konnte sehen, wie sie durch meinen Körper hindurch direkt das Herz berührten und dieses wieder aktivierten. So kam ich zurück.

Es war Daskalos, der in seinem Ätherleib zu mir gekommen war und mich gerettet hatte.
Am nächsten Tag konnte ich ihn nur unter größten Mühen besuchen gehen. Constanze und Christoph stützten mich rührend während all der Zeit. Ich dankte Daskalos für seine Hilfe und erzählte von meinen Bildern. Er bestätigte sie mir. Nur die Stadt, in der wir beide uns in jenem früheren Leben begegnet seien, so meinte er, habe nicht, wie ich angenommen hatte, in Italien gelegen, sondern in Frankreich.

Immer noch krank, fuhr ich dann mit Constanze und Christoph nach Berlin zurück, wo sich mein Zustand alsbald wieder verschlechterte – und Daskalos nochmals kam, mich zu retten. Da hatte ich ihm vor einigen Leben so böse mitgespielt und er begegnete mir mit solcher Liebe und Fürsorge. Das ist wahre seelische Größe! Vielen Dank, guter Magos von Strovolos!

Am nächsten Tag fühlte ich mich wieder sterbenselend. Da endlich bat ich Baba, er möge mich nicht sterben lassen wie einen Hund. Ich erinnerte dabei eine Geschichte, die Prof. Kasturi berichtet hatte: Eines Tages ging es einem Devotee so schlecht, dass Kasturi befürchtete, er könne sterben. Deswegen eilte er zu Baba und bat ihn, er möge doch schnell kommen. Baba war aber beschäftigt, außerdem zeigte er keine Eile. Ja, ja, er werde schon kommen, antwortete er. Als er nach einer Weile noch immer nicht gekommen war, bat Kasturi ihn erneut zu kommen. Wieder antwortete Baba, er werde schon kommen. Beim dritten Mal ging er dann mit Kasturi mit, der wegen des Zustandes dieses Mannes sichtlich alarmiert war. Baba dagegen war die Ruhe selbst. Er setzte sich zu dem Kranken, nahm dessen Kopf liebevoll in den Schoß und sagte: „*Schau, um ins Jenseits zu kommen, brauchst du ein Ticket, sonst kommst du nicht dahin. Diese Tickets stelle ich aus. Du hast kein Ticket. Also mach dir keine Sorgen, trink einen Kaffee und arbeite heute Nachmittag wieder wie sonst auch!*" Bald darauf stand der Mann auf und ging wie sonst seiner Arbeit nach.

Meine Frage war natürlich: Hatte ich bereits ein Ticket? All die Mühen, all das Lernen, um jetzt zu gehen? (Ich wusste damals nicht, wie viel ich noch zu lernen hatte – wer weiß, wie ich dann entschieden hätte!!!)

Baba reagierte sofort. Ich hatte mich nämlich in einer Praxis untersuchen lassen, in der eine befreundete junge Ärztin ihr Praktikum machte. Constanze wies den behandelnden Arzt darauf hin, dass mein Skleren, das Weiße im Auge, sehr gelb waren. Er wischte großspurig ihre kluge Bemerkung weg und sah sich nicht ein einziges Mal meine Leberwerte an! Schon eigenwillig. Dies holte nun die junge Ärztin nach, nachdem ich Baba gebeten hatte, und stellte fest, dass die Werte um das Achtfache erhöht waren. Ich musste sofort ins Krankenhaus, wo ein riesiger Leberabszess festgestellt wurde. Kurz vor dem Durchbruch, denn die Hülle war nur noch zwei, maximal drei Millimeter dick – beziehungsweise dünn!
Ich wurde sofort mit dem starken Mittel *Clont* behandelt, das Erreger abtötet, die ohne Sauerstoff leben können. In der darauf folgenden Nacht ging es mir richtig schlecht, denn das Mittel wirkte und das viele

abgestorbene Eiweiß überschwemmte meinen Organismus. Ich hatte bedrückende Todesängste und merkte, wie es mir immer schlechter ging.
Ich dachte daran, dass ich noch nicht offiziell mit Constanze verheiratet war, denn der standesamtliche Termin wäre jetzt gewesen. Ich lag aber im Krankenhaus und wurde durch Sterben an dem Wahrnehmen dieses Termins verhindert!
Obwohl Baba mir versicherte, ich würde nicht sterben, konnte ich es nicht glauben, denn es ging mir immer schlechter.

Ich sorgte mich um Constanze. Was würde aus ihr werden, der Guten? Und es bedrückte mich, dass ich mein Buch über Beziehungen nicht mehr würde schreiben können. Da hatte ich so viel von Baba gelernt, hatte davon schon einiges in der Therapie erfolgreich angewendet, und nun würde ich alles mit ins Grab nehmen. Diese meine Sterbeerfahrung, bei der ich so deutlich merkte, wie einiges noch ungelöst war, machte mich zum entschiedenen Gegner der Todesstrafe: Kein Mensch hat das Recht, einem anderen das Leben zu nehmen. Außerdem sollten wir nichts tun, was wir nicht wieder gutmachen können. Und da keiner den Tod rückgängig machen kann, sollte ihn auch keiner verhängen.
Unbestreitbar war diese Nacht von großer Bedeutung für mich, denn nicht weniger als sieben Menschen (!) träumten damals von meinem Tod! Offensichtlich hat Baba mein Leben verlängert und das möglicherweise bereits ausgestellte Ticket wieder zerrissen, denn sonst hätte ich in jener Nacht gehen müssen.

Am übernächsten Tag besuchte mich mein guter Freund Andreas Krüger und gab mir das richtige homöopathische Medikament, wodurch es mir sehr schnell besser ging. Nun sagte mir Baba, ich solle die Klinik so bald wie möglich verlassen, denn sie würde mir nicht gut tun. Das teilte ich den behandelnden Ärzten mit, die entsetzt reagierten. Der Chefarzt, kein Mensch, den ich zu meinen Freunden zählen möchte, sagte nur süffisant zu seinem Oberarzt: „*Lassen Sie sich eine Unterschrift für die Hinterbliebenen geben!*" Die gab ich – die Unterschrift! – und ging. Alle hielten mich für verrückt, auch meine Familie. Mein ältester Bruder Roger war so alarmiert, dass er mich nach

Hamburg zu einem Freund in Behandlung schicken wollte. Alles gut gemeinte Ratschläge, aber ich hielt mich an Babas Weisungen und alles wurde gut.

Ich hätte in dieser Zeit, als ich fast gestorben wäre, zwei Seminare gehabt – die einzigen, die ich in 28 Jahren nicht geben konnte! Bei all den Hunderten von Workshops, die ich gebe! Auch das sehe ich als ein Geschenk von Baba an. Dieses Jahr war ich genau zwischen zwei Seminaren krank und danach wieder fit. Ebenso war ich gesund, als ich anschließend Baba besuchte. Erst als ich hier in den USA ankam, wurde ich krank – und zwar gleich für zweieinhalb Wochen!
Genauso sehe ich es als Babas Gnade an, dass über die vielen Jahre hinweg noch nie jemand bei all den Fahrten zu mir nach München, nach Italien und nach Österreich einen Unfall erleiden musste! Auch dafür danke ich von Herzen!

Das erste Seminar nach meiner Amöbenruhr war entsetzlich für mich, denn ich spürte jede noch so kleine Energie. Alles schien gleichsam in mich einzudringen. Ich nahm unendlich viel wahr, die Gruppe war dadurch sehr anstrengend für mich. Es war gleichzeitig ein wunderbarer Lernprozess, durch den ich erfuhr, wie viele Informationen ich bekommen konnte, wenn ich genau hinhörte und offen für völlig Neues war.
Als Constanze und ich das nächste Mal zu Baba fuhren, half er mir sehr. Es ging mir danach sichtlich besser. Meine Leber ist bis heute ein eindeutiger Schwachpunkt. Aber wenn ich bedenke, dass der mich behandelnde Oberarzt in der Klinik meinte, die Amöben hätten auch in die Lunge, ins Herz oder ins Gehirn wandern können, dann bin froh, dass sie sich die Leber ausgesucht haben und die Leberwerte heute völlig normal sind. Auch hier: Danke, Lieber Gott!

Die wichtigen Lehren

Constanze war mir in all der Zeit eine große, ja eine entscheidende Stütze. Ich erinnere heute noch, wie sie mit den Töpfen ins Krankenhaus kam, denn ich vertrug das Essen dort überhaupt nicht. Wie sehr sie mich während meiner Krankheit stützte, wie betroffen sie war, als sie erfuhr, dass ich um ein Haar in der Nacht gestorben wäre. Mit wie vielen Dingen sie mir mit Rat und Tat zur Seite stand. Wie viel hätte ich ohne sie nicht erreicht. In wie vielen Dingen hat sie mich sehr klug und völlig auf mein Wohl bedacht beraten. Und trotzdem stritten wir uns derartig, dass wir häufig meinten, wir würden nicht zusammenbleiben. Mehrfach sprachen wir über Tage nicht miteinander, weil wir einerseits so verletzt waren, andererseits Angst hatten, wieder in einem Riesenkrach mit entsprechendem Ausgang zu münden. Wir hatten eben noch viel, sehr viel zu lernen.

Die entscheidende Lehre für mich, dass man sich noch so schätzen beziehungsweise lieben kann: **Funktioniert die Kommunikation** nicht, hilft alles nichts, die Beziehung wird scheitern. Wie ich in meinem letzten Buch *Wie werde ich reich, innerlich und äußerlich* ausführlich beschrieb, leben wir seit 1989 in einem neuen Zeitalter. Damals fiel die Berliner Mauer beziehungsweise das Internet wurde erfunden. Beides veränderte die Welt grundlegend. Im vorherigen, im Industriezeitalter, war die Kommunikation nicht so wichtig – sonst wären nicht Millionen auf die globalen Verbrecher Hitler, Stalin und Mao hereingefallen.
Bei der heutigen Globalisierung entscheidet die Kommunikation zwischen Erfolg und Misserfolg, zwischen Gewinn oder Verlust.
Constanze und ich machten viele Fehler: Zum Beispiel unterbrachen wir uns. Oder wir ärgerten einander durch den nicht gerade sehr hilfreichen Satz: *„Machst du doch auch!“* Das heißt, wenn einer dem anderen etwas sagte, was er nicht ganz so gut fand, dann ging dieser nicht darauf ein, indem er zum Beispiel sagte: *„Tut mir leid, ist mir gar nicht aufgefallen*“, sondern konterte mit dem extrem wenig hilfreichen Satz: *„Machst du doch auch!*“
Eine andere Unart, die ich zu Hause gelernt und in der Uni ausgebaut hatte, war, dem anderen nur insofern zuzuhören, um die eigenen Gegenargumente auszubauen und entsprechend zu formulieren. All dies klappte, Gott sei wirklich Dank!, nicht, weil Constanze sich nicht unterkriegen ließ. Sie kam, sehr mutig!, und sprach darüber, was sie nicht in Ordnung fand.

Eine weitere wichtige Lehre betraf die **Entschiedenheit**. Die Eltern von Constanze wollten sie eigentlich Bettina nennen, als sie sie aber sahen, wussten sie, dass sie Constanze heißen sollte. Kluge Eltern, denn der Name passt zu Constanze perfekt, da sie absolut konstant ist. Ich zweifelte immer wieder an der Beziehung. Immer wieder beschwerte ich mich bei Baba, wie er mir soooo eine Frau geben konnte. „*Baba*", so schimpfte ich, „*da laufen Millionen Frauen frei rum, und ich muss an diese so ‚Unnette' gebunden sein! Ist das gemein! Das hast du nur getan, um mein schlechtes Karma zu kompensieren. Nett war das bestimmt nicht! Da darf ich meine Frau nicht aussuchen, sondern du tust es für mich, und dann das! Hätte ich dir doch nie vertraut. Wie sehr hast du mich betrogen! Es war der größte Fehler meines Lebens, dir zu vertrauen!*" So konnte ich stundenlang schimpfen. Hatte ich lang genug geschimpft und über meine entsetzliche Lage geklagt, konnte ich mich wieder ein wenig öffnen, denn es war ja sowieso alles verloren beziehungsweise egal. Mein Glück war durch diese Ehe für immer verloren.
Baba sagte mir dann immer wieder: „*Bedenke, dass der weltliche Weg einfach anfängt und immer schwerer wird. Der spirituelle Weg beginnt dagegen schwer, wird aber immer einfacher!*" Manchmal opponierte ich auch gegen diesen weisen Satz, weil ich meinte, damit könne man ja alles erklären. Häufig beruhigte er mich jedoch und ich konnte dann stets feststellen, dass die Aussage stimmte. Und das Ergebnis gibt Baba absolut Recht.

Das war die eindeutig positive Seite der Gnade. Das habe ich natürlich immer wieder vergessen. Sie bestand in meinem – ehrlich gesagt! – sehr langsamen, dafür aber anhaltenden Lernen. Gott sei Dank hat Baba, der ja alles falsch gemacht hatte (!), mir eine Frau zur Seite gestellt, die konstant in ihren Gefühlen ist und bei den einmal getroffenen Entscheidungen bleibt. Und die immer wieder wirklich großen Stil bewies. Vor einer Geburtstagsfeier meiner Mutter verkrachten wir uns so, dass Constanze mit unserem Sohn auszog. Das wahrste Vergnügen für mich, denn ich hatte genau zu der Zeit ein Paarseminar. Ich glaube, es gehört nicht allzu viel Vorstellungsgabe dazu, sich zu denken, wie ich mich fühlte! Da hatten wir die halbe Nacht gestritten mit dem Ergebnis, dass sie am Morgen vor Beginn der Gruppe ging. Ich kann mit sehr wenig Schlaf auskommen. Ich kann auch vieles, was mich belasten könnte, vor der Seminartür lassen. Dieses Mal gelang mir das nicht. Prompt sprach mich eine Seminarteilnehmerin darauf an. Das war natürlich „wunderbar" für mich: Ich als Paartherapeut habe mehr Probleme mit meiner Ehe als viele meiner Teilnehmer! Wie war das mit der Gnade? Ja, damals verlor ich meinen guten Ruf!

Constanze begleitete mich aber wie selbstverständlich auf die Geburtstagsfeier meiner Mutter und niemand merkte ihr an, dass sie ausgezogen war. Sie hat absolute Haltung bewahrt.
Wir räumten unter den Freunden auf, die uns mehr schadeten als halfen, schraubten unsere Emotionen langsam herunter und fanden Stück für Stück eine neue Kommunikation, die heute unsere hervorragende Ehe stützt und die Basis meiner Arbeit ist. Danke, gute konstante Constanze. Danke, Sai Baba, denn irgendwie hast du doch nicht alles falsch gewählt!

Die entscheidende Lehre hieraus für mich war: Menschen können sich noch so sehr lieben, sie können noch so viel versuchen; bekommen sie ihre Kommunikation nicht in den Griff, werden sie nicht nur scheitern, sondern ewig blockiert sein. Warum? Aus mehreren Gründen:
Zunächst werden sie das Scheitern als persönliche Niederlage werten, denn sie haben nicht erreicht, was sie sich vorgenommen haben. Dies wird sich negativ auf ihren Selbstwert auswirken. Das heißt: Bei der nächsten Wahl werden sie sich einen schwächeren Partner suchen. Immer wenn ich empört darüber war, was ich mit Constanze erlebte, fragte ich mich, warum ich mir nicht eine viel einfachere Partnerin aussuchen durfte. Warum musste ich mit jemand so Anspruchsvollem zusammen sein? Die Antwort: Weil nur jemand so Differenziertes und Anspruchsvolles mich weiterbringen konnte. Ich musste lernen. Das war meine Aufgabe und mein spiritueller Weg. Das war mir natürlich nicht klar. Genauso wenig wie die Tatsache, dass eine Partnerin, die zu allem Ja und Amen sagt, mich genau um diese Entwicklung gebracht hätte. Dieser Lernprozess war natürlich kein Honigschlecken. Wer hat aber jemals gesagt, wir könnten Großes durch Kleines erreichen? Wer kann bei der Olympiade gewinnen, der einmal in der Woche, einmal im Monat oder gar nur einmal im Jahr trainiert? Ich wollte das Training

nicht. Ich wollte ein einfaches Ergebnis, wollte aber gleichzeitig das große Glück, das aber wiederum bitte doch nicht so groß, wie ich es bei der zweiten Reise bei Baba erlebt und nicht ausgehalten hatte!

Aus meinen Erfahrungen zog ich eine weitere Lehre: Menschen **entzweien sich durch ihre schlechte Kommunikation. Dies muss aber nicht bedeuten, dass sie sich nicht mehr lieben**. Sie können nur nicht miteinander. So wie – man vergebe mir den Vergleich, aber ich fühlte mich häufig genug als armer Hund! – manche Hundebesitzer ihre Hunde lieben, sie aber gleichzeitig durch ihre sehr unwissende Liebe zu Grunde richten. Viele Partnerschaften verlaufen so, dass beide am Anfang tatsächlich verliebt sind, es aber nicht schaffen, aus dem Verliebtsein Liebe werden zu lassen. Heute weiß ich, dass zu **Glück Fleiß, Wissen und Durchhaltevermögen gehören**. Fehlt dem Glück der Fleiß, das heißt der Einsatz, oder das Wissen, das heißt die Selbsterkenntnis, oder das Durchhaltevermögen, das heißt das Erlernte in die Tat umzusetzen, dann geben Menschen zu früh auf und scheitern. Damit verschließen sie sich für eine neue Beziehung. Warum?
Weil die alte als ungelöste Aufgabe weiterlebt. Bereits 1927 bewies die Psychologin Bluma W. Zeigarnik, eine Schülerin Lewins, dass Menschen sich ungelöste Aufgaben sehr viel besser als gelöste merken. Die ungelösten, gescheiterten Beziehungen legen wir deshalb nicht einfach so ab. Sie arbeiten in unserem Unbewussten weiter. Stellt jemand zum Beispiel in einer Gruppe mit Hilfe der Teilnehmer seine/ihre früheren Partner auf, wird unmittelbar deutlich, wie stark diese noch immer im Unbewussten wirken. Diese unbewussten Bindungen behindern natürlich entscheidend eine neue Beziehung und machen den neuen Partner eifersüchtig.

Eine weitere Lehre aus meiner Entwicklung, die ich durch und mit Constanze machen durfte, war deshalb: Lösen wir nicht unsere Kommunikationsblockaden, schaffen wir es nicht, positiv und konstruktiv zu klären, dann bleiben wir weiterhin zwar **aneinander** gebunden, können aber gleichzeitig nicht **miteinander**, weswegen häufig die Liebe in Ablehnung oder gar Hass – was bei uns Gott sei Dank nicht geschah – umschlägt, damit endlich Distanz entsteht, da der nahe Kontakt zu schmerzhaft ist.

Eine Bestätigung dieser Erkenntnis bekomme ich immer wieder bei den Paaren, die völlig zerstritten zu mir kommen und kurz vor der Scheidung stehen, weil sie keinen Ausweg mehr wissen. Bei einigen bedeutet es für alle Beteiligten viel Arbeit, um einen neuen guten Weg zu finden. Sind wir aber alle konstant (!) dabei, dann geht es in den meisten Fällen gut aus.
Andere Paare dagegen haben tatsächlich 20 Jahre gestritten und eine einzige Sitzung schafft die Lösung, die sie seit Jahren suchten. Dadurch merken alle Beteiligten unmittelbar, dass schlechte Kommunikation heutzutage leichter, als wir glauben, zur Katastrophe führen kann.

Wir kommen damit zu einem der Gründe, warum häufig der neue Partner nicht der bessere ist – beziehungsweise es nicht sein kann. Der „alte" ist noch so präsent, dass es für einen neuen gar keinen Platz gibt. In den meisten Fällen kann der neue Partner dies nicht einmal sagen, weil ihm sinnlose, krankhafte Eifersucht unterstellt wird. Im letzten Männerseminar habe ich „endlich" mal eine „waschechte" krankhafte Eifersucht bei jemandem erlebt. Endlich konnte ich direkt beobachten, dass die Eifersucht bar jeder Realität war, ihn jedoch vollkommen im Griff hatte. In den meisten Fällen, die ich in meinen 28 Jahren Praxis beobachten konnte, war die Eifersucht dagegen überhaupt nicht „krankhaft", sondern absolut begründet. Werden Gefühle aber nicht ernst genommen oder übergangen, dann passiert es schnell, dass Beziehungen schwierig werden.

Auch hier habe ich viel durch und mit Constanze gelernt. Denn es ist sehr einfach gesagt: Gefühle ernst nehmen. Welche? Die eigenen, die des anderen? Beider? Welche stimmen? Wann? In welcher Beziehung?
Zum Beispiel waren wir immer wieder überzeugt, dass wir Recht hatten. Oder mir war sonnenklar, dass Constanze völlig falsch lag. Es dauerte zum Teil richtig lange, bis ich **sehen** konnte, dass ich nicht Recht hatte. Manchmal gab ich ihr Recht, stellte aber fest, dass ich mich übergangen hatte. Oder wir hatten beide Recht beziehungsweise Unrecht, wussten es aber nicht.
Ein klassisches Beispiel sind die Balken in unserem Haus in Grafrath. Ich hatte sie unter den Styropordecken des Vorbesitzers gefunden,

hatte sie gehobelt und geschliffen. Es war eine Heidenarbeit. Nun ging es darum, sie zu streichen. Ich wollte sie dunkelbraun, Constanze hellbraun. Ich war entsetzt. Wir diskutierten immer wieder darüber und ich befürchtete, meine schwere Arbeit würde durch die falsche Farbe zunichte gemacht werden. Dann endlich gingen wir zum Farbengeschäft und ich wies auf die Farbe, die ich, weil dunkelbraun!, als die einzig richtige für **meine** Balken ansah. „*Ja, genau*", meinte Constanze, „*hellbraun*!" Ich war platt! Da hatte jeder von uns versucht, den anderen von seiner Vorstellung zu überzeugen, und nun wurde uns unmittelbar und sehr deutlich gezeigt, wie wenig es uns gelungen war! Wir lachten von Herzen.

Lachen und Humor

Damit kommen wir zu einem uns sehr wichtigen Punkt: dem Lachen und dem Humor. In dem Buch *Zeitlose Wahrheiten für jeden Tag* steht in dem Text für den 10. Dezember, wir sollten mindestens 30 Mal am Tag lachen. Wenn ich dies in meinen Gruppen vorlese, dann finden viele diese Aussage zum Lachen. Das war's dann aber auch für den Rest des Tages! Auch in dieser Hinsicht bewundere ich den Dalai Lama zutiefst. Da ist er so engagiert für seine Landsleute, fühlt sich absolut für sie verantwortlich, erlebt ihr großes Leiden unter der chinesischen Besatzung und trotzdem ist er fröhlich und ausgelassen. Welch eine Lehre!
Constanze und ich haben das Lachen auch in unseren schweren Zeiten nicht verloren. Hier waren mir meine Eltern eine große Lehre, denn ihre Ehe war, soweit ich mich erinnern kann, in der gesamten Zeit in Italien nicht besonders harmonisch. Dennoch haben sie viel gelacht und mein Vater hat immer wieder wunderbar geistreiche Witze gemacht. Meine Mutter sagte stets: „*Ohne unseren Humor wären wir verloren!*" Sie hielten durch und am Ende, zurück in Deutschland, waren sie wieder glücklich. So glücklich, dass meine Mutter nach dem Tod meines Vater mir gegenüber immer wieder äußerte, wie sehr er ihr fehle.

Witz und Humor sind ein wichtiger Baustein für eine glückliche Partnerschaft. Constanze und ich haben immer viel miteinander ge-

lacht. Das hat uns viel Freude bereitet und tut es heute noch. Gut ist es vor allem, wenn man über sich selbst lachen kann. Das ist, wem erzähle ich das, leichter gesagt als getan, wenn es einem schlecht geht und man glaubt, alles sei verloren.
Wir Deutschen haben hier noch etwas nachzuholen. Wir haben viele gute Schlüsse aus den Katastrophen der beiden Weltkriege gezogen: Wir haben eine sehr gut funktionierende Demokratie, die selbst unsere zum Teil miserablen und opportunistischen Politiker nicht mehr beeinträchtigen können Unsere Kindererziehung hat sich in vielerlei Hinsicht zum Positiven verändert. Unsere Wirtschaft floriert und die Interessen der Arbeitnehmer sind, auch wenn sie nicht immer optimal gewahrt werden, zumindest ein Thema in unserer Gesellschaft. Die politische Diskussion ist möglich und lebendig. Nur: Es könnte noch mehr gelacht werden. Aber ich finde, dass sich auch hier viel tut. Man muss es nur etwas im Blick haben – und dabei ein, zwei Mal lachen!

Leider fällt genau dies einigen spirituellen Suchern schwer. Sie verhalten sich so, als sei die Welt von dem bösen gnostischen Gott geschaffen worden. Die Gnosis lehrte, ein abgefallener Gott habe die Welt geschaffen; dies sei der Grund dafür, dass sie so schlecht sei. Das Elend der Menschen war, als sie diesen Unsinn glaubten, riesig – nach dem „altbewährten“ Motto: *„Du bekommst, was du denkst.“* Und so geht mancher „Spirituelle“ grau und griesgrämig durch seinen Alltag und scheint so zu leben, als warte er nur darauf, dass diese schreckliche „Inkarnation“ bald zu Ende und all das negative Karma so weit „abgetragen“ ist, dass er endlich „gehen“ kann.

Ich denke völlig anders: Gott Lob haben wir es mit einem allliebenden, absolut fürsorglichen und gerechten Gott zu tun. Deshalb ist die Welt so schön und das Leben eine solch wunderbare Gnade. So sehe ich meine Aufgabe darin, mich zu freuen, dankbar zu sein, Spaß zu haben und Spaß zu machen – und, wo immer es geht, zu lachen.
Ernstsein ist keine Kunst. Im richtigen Moment sich zu freuen und zu lachen, gar ansteckend zu lachen, dagegen eine große.

Wer also meint, spirituell ausgerichtet zu sein, weil er die ganze Zeit auf „die Befreiung von dieser Inkarnation“ wartet, der kommt mir so

vor wie der Patriarch in der Geschichte meines Vaters – eine wunderbare Geschichte, wenn man findet, dass es Zeit sei, wieder einmal zu lachen!
Der Patriarch von Venedig (der Erzbischof von Venedig trägt diesen Titel, seit das Patriarchat von Grado im 15. Jahrhundert seinen Sitz hierher verlegt hat) bekam einst einen wunderschönen Briefbeschwerer geschenkt. Weil er aus der arabischen Welt stammte, war er mit sehr dekorativen Schriftzeichen verziert. Eines Tages kam ein Besucher zum Patriarchen, der diese Schrift lesen konnte – und lachte schallend. Der Patriarch fragte natürlich, warum er so lachen müsse. Da antwortete der Mann, der fließend Arabisch konnte: „*Ich habe die Schrift auf Ihrem Briefbeschwerer gelesen, deshalb musste ich so lachen!*" „*Und was steht da?*" „*Du bist ein besonders lieber Sohn Allahs*", antwortete der Mann, „*deshalb darfst du anstatt drei fünf Frauen haben!*" Auch der Patriarch musste nun lachen: Er, der als katholischer Bischof das Gelübde des Zölibats abgelegt hatte und dieses immer wieder Priestern abnahm, hatte auf dem Schreibtisch einen Briefbeschwerer, der ihm mitteilte, Allah gönne ihm sogar fünf Frauen!

Was geschah mit diesem schönen Stück? Es kam weg vom Schreibtisch!
Ähnlich wie der Patriarch, der nicht wusste, was er so schätzte, wissen viele so genannte Spirituelle nicht, was sie mit sich herumtragen. Sie glauben, wenn sie „ordentlich" meditieren und ihren „Guru" brav verehren, dann sei alles schon gewonnen. Es nützte dem kunstvollen Briefbeschwerer nichts, dass er so schön war. Als seine wahre Aussage klar war, sah der Patriarch nicht mehr allein die Ästhetik der Schriftzüge, sondern primär deren Bedeutung. Ähnlich ist es mit den inneren Programmen: Wenn jemand sich und andere nicht achtet, sich nicht an seiner und der Existenz all der wunderschönen Lebewesen um ihn herum erfreuen kann, dann ist die tägliche Meditation oder sonstige spirituelle Praktik eher ein Deckpflaster denn eine Lösung. Negativität geht häufig mit Depressionen und Misserfolg einher.
Deshalb ist wahre Freude, echtes Lachen und wirklich empfundene Dankbarkeit ein Zeichen von Gesundheit. Wieder ein Beweis dafür, wie segensreich das Lachen und die Freude sind!

Wohlwollen

Was ich ebenfalls durch Constanze lernte, ist Wohlwollen. Worin ich sie wirklich bewundere, ist Folgendes: Unser Fax- und Kopiergerät stand bei ihr im Büro. Ich bin nun wirklich kein Held, was Papiere betrifft. Ich habe durch den Bestseller *Simplify Your Life*, dessen Ratschläge mir einiges gegeben haben, gelernt, dass man jedes Papier nur einmal anfassen sollte. Ein wirklich wichtiger Hinweis und Maßstab. Ich setzte ihn leider insofern um, dass ich die Papiere bis zum Fax in Constanzes Zimmer brachte und dann nicht mehr anfasste. Nur einmal war ja die Devise! Constanze ertrug das Herumfliegen meiner Papiere auf ihrem Schreibtisch und überall in ihrem Büro über Jahre. Wenn ich das schreibe, bin ich ganz kleinlaut – und hoffe, sie kauft es mir ab, dass wirklich nur *Simplify Your Life* schuld war!

Ich lernte dadurch, wie entscheidend Wohlwollen ist. Viele beginnen eine Beziehung mit jemandem, weil sie ihn attraktiv finden, testen aber niemals sein Wohlwollen. Ist das dann eines Tages gefragt, stellen sie mit Erschrecken fest, dass da kein Wohlwollen für sie vorhanden ist. So kann ich aus eigener Erfahrung nur sagen: Ohne Wohlwollen ist eine Beziehung genauso wenig lebensfähig wie ohne Achtung, ohne die Fähigkeit, zu vergeben, und ohne Treue (vgl. hierzu die Liste, die man vor einer Beziehung mit seinem möglichen Partner durchgehen sollte, in *Zeitlose Wahrheiten über Beziehung* S. 97-99)

Treue

Auch hier habe ich Sai Baba viel zu verdanken – und Constanze auch. Sai Baba setzt ganz klar den Maßstab, dass ohne Treue keine Partnerschaft auf Dauer lebensfähig ist. Es gibt heute viele, die genau das Gegenteil behaupten. Ich kann nicht ersehen, womit sie ihre Annahme begründen wollen. Ich stelle nur immer wieder fest, wie viele Beziehungen wegen der Untreue eines oder beider Partner auseinandergehen. Wie viele dachten, sie könnten sich einen Seitensprung leisten, das sei doch kein Problem – und landeten in der Katastrophe. Jeder muss das für sich entscheiden. Ich weiß nur, dass Constanze und ich sehr wahrscheinlich nicht mehr zusammen wären, wenn wir diesen heute so wohlfeilen Rat befolgt hätten, „einfach sein Gefühl zu leben".

Baba dagegen ist hier sehr klar. Er sagt: *Keine Treue, keine Beziehung.* Auf allen Ebenen. Und er fügt hinzu: **Ohne Opfer, ohne Verzicht und ohne Unterscheidungsvermögen kann man im Leben nichts erreichen**.
Das *Unterscheidungsvermögen* ist hier sehr wichtig, denn es soll uns davor bewahren, *zu früh zufrieden* zu sein. Das ist eine Gratwanderung, die jeder für sich gehen muss. Die Fragen, ob jemand je zufrieden war und, wenn ja, womit, kann jeder nur für sich selbst beantworten. Kann jemand nicht zufrieden sein, dann ist er auch mit nichts und niemandem zufrieden.
Habe ich mir einen solchen immer unzufriedenen Partner ausgesucht, muss ich mich natürlich fragen, warum ich das getan habe.

Bin ich aber zu schnell zufrieden, laufe ich Gefahr, schlecht zu wählen, weil ich mir mein Gegenüber nicht genau genug ansehe. Auf das zu schnelle Wählen, das Nicht-Prüfen, auf das „ist ja nicht so schlimm" kommt nicht selten die bittere Ent-Täuschung, die in Sätzen wie „*Das hätte ich nie gedacht, dass mir das angetan werden könnte*" oder „*Ich hab mit vielem gerechnet, aber mit so etwas Miesem nie*" ihren Ausdruck findet.
Die wirklich wichtige Frage hier lautet aber: Hatte ich wirklich gerechnet? Wie will ich überhaupt rechnen können, wenn ich mir die verschiedenen Posten gar nicht angesehen habe? Wie will ich mir über etwas Rechenschaft ablegen können, wenn ich gar nicht weiß, womit ich zu rechnen habe, da ich mir das viel zu wenig bewusst gemacht habe?

Ich kann hier nur wiederholen, was ich bereits weiter oben in etwas anderer Form sagte: Das Leben ist ein Riesenwiderspruch. Einerseits ist es ein unendlich großes Geschenk und auf der anderen Seite gibt es keine Geschenke. Man muss für alles zahlen. Für die wichtigen Dinge häufig sogar im Voraus. Deshalb sollten wir es uns bei der Partnerwahl und beim Aufbau einer dauerhaften Beziehung nicht zu leicht machen.

Wir müssen zuallererst hervorragend wählen und dann täglich am Aufbau und dem Erhalt unserer Beziehung arbeiten. Tun wir dies nicht, kommt mit Sicherheit eines Tages die Ent-Täuschung. Die im Grunde aber keine Überraschung sein dürfte, denn wer sein Haus nicht in Schuss hält, der sollte sich nicht wundern, wenn es – besonders nach einem Sturm – reinregnet und ihm wichtige Dinge nass werden beziehungsweise kaputt gehen.

Schuld

Es gibt nun ein Phänomen, das mir immer wieder auffällt: Es kamen in den vielen Jahren unzählige Paare zu mir. Immer, wenn sie Probleme hatten, meinten sie, der andere sei schuld. Nie, nie, nie hat mich jemand gefragt, was es mit ihm zu tun habe, dass er so (falsch?!) gewählt hat. Immer war es der andere.
Ich dachte mir in diesen Fällen: *‚Ich bin der Einzige, den ich zumindest kenne, der verheiratet wurde, und ich muss mich immer wieder an meine eigene Nase fassen. Hier haben Menschen frei wählen können, verhalten sich aber so, als wären sie verheiratet worden! Wirklich erstaunlich!'*

Ich habe in meiner nun 20-jährigen Ehe gelernt, dass Schuldzuteilungen nichts – außer Ärger bringen! Übernehme ich dagegen Verantwortung, überlege ich mir sogar, was ich mit meinem Verhalten bewirkt habe, dann komme ich weiter. Ansonsten erstarre ich in Vorwürfen, Streit und Unglück.

Ich habe heute gut reden, denn erstens hat Baba – gegen meinen Willen!! – hervorragend für mich gewählt, zweitens hatte ich die Gnade (siehe weiter oben!), meine Lektionen zumindest so weit zu lernen, dass ich wenigstens die schlimmsten Fehler nicht mehr andauernd wiederhole. Und drittens habe ich eine Partnerin, die mir Wohlwollen, Konstanz und Treue entgegenbringt. Sehr große Geschenke. Vielen Dank!
Auch dafür, dass ich den Hauptlehrsatz meines geliebten Professors Henry Deku *„Wir sind primär für unsere Fehler verantwortlich, das*

Richtige haben wir Gott zu verdanken", gegen den ich damals Sturm lief (!), heute gut annehmen kann! Uh (!), mochte ich diesen Satz nicht! Heute, dreißig Jahre später, bin ich dem Lieben Gott sehr dankbar dafür, dass so vieles trotz meiner damals dezidierten Opposition gutging. Danke, Lieber Gott, denn es hätte auch anders ausgehen können. Es hat ja häufig genug danach ausgesehen, dass am Ende mein Wille geschehen könnte!

ZUSAMMENARBEIT

Mein Buch *Theorie und Technik der analytischen Körpertherapie* war nun fertig – aber kein Verlag wollte es. Der Fischer Verlag war anfangs sehr daran interessiert, wollte diese und jene Änderung und lehnte dann doch ab. Also veröffentlichte ich es im Peter Lang Verlag, das heißt, ich trug die Druckkosten selber und dachte, dieser Verlag würde mit Buchhandlungen zusammenarbeiten. Tat er aber nicht, beziehungsweise die Buchhandlungen arbeiteten nicht mit ihm zusammen, da sie dessen Konditionen nicht interessant genug fanden. Baba sagte mir jedoch, das Buch würde sehr gut gehen. Dem war aber gar nicht so. Die Anzahl der verkauften Exemplare blieb minimal. Das war ein Schlag: Da hatte ich drei Jahre intensiv daran gearbeitet, hatte reichlich Geduld investiert und viele Opfer gebracht – und dann lag es herum. Zudem haderte ich mit Baba, denn er hatte mir gesagt, es würde gut gehen. Tat es aber, wie gesagt, nicht. Ich verstand die Welt nicht mehr.

Constanze fand das Buch aber exzellent. So gab sie es auch Reinhold Thoma, mit dem sie die Heilpraktikerschule besuchte. Er fand dieses Buch ebenfalls überzeugend und fragte mich, ob ich gewillt sei, bei ihm in seiner neu gegründeten Schule für Naturheilkunde eine Ausbildung zu geben. Ich wollte es noch nicht, obwohl ich bereits seit neun Jahren arbeitete. Reinhold Thoma ließ aber nicht locker. Nach einem Gespräch mit Constanze und mir war er noch überzeugter, ich sei der Richtige, eine Ausbildung in analytischer Körpertherapie an seiner Schule zu geben. Ich wollte immer noch nicht. Bis mir die Idee kam, die Ausbildung zusammen mit Constanze zu geben. Wie gedacht, so geschehen. Wir gaben in seiner Schule drei Jahre lang eine sehr intensive Ausbildung und ich glaube, es war für viele hilfreich.

Durch unsere Zusammenarbeit, in der wir ein breites Spektrum an Themen abdeckten, lernte ich sehr viel mit und durch Constanze. Denn ich musste lernen, meinen Raum einzuteilen beziehungsweise mit meiner – anteilig nun reduzierten – Zeit zurechtzukommen. Wir hatten aber eine absolut spannende Zusammenarbeit, die in dieser Form erst endete, als unser Sohn Gopala geboren wurde und Constanze sich ganz ihm widmete.

Kiel

Ein Mal begleitete mich Constanze nach Berlin und fuhr von hier weiter zu ihrer Großmutter nach Kiel. Dort traf sie ihren Onkel, der ebenfalls Baba-Devotee ist und der sie zum Singen bei dem begnadeten Musiker Wilhelm Kaiser mitnahm. Ihn kannte ich bereits von meinen Besuchen in Puttaparthi. Er hatte ein herrliches Lied zu Ehren Babas komponiert. Dies sangen sie dort und Constanze sang es mir vor, als sie von Kiel nach Berlin zurückkehrte.
Eines Morgens tat ich nun etwas, das Folgen haben sollte. Ich saß in der Badewanne und trällerte Wilhelm Kaisers Lied. Constanze, die sehr musikalisch ist und sehr gut singen kann, hörte großzügig über meine leichten Dissonanzen hinweg, meinte dann aber – offensichtlich von meiner „Kantate“ inspiriert! –, ich solle doch in Kiel einen Vortrag über Beziehungen halten. Ich hatte überhaupt keine Lust dazu. Ich genoss mein Bad und wollte keinen Stress. Absolut siegessicher sagte ich deshalb: *„Keine Zeit!“* Constanze nahm ganz ruhig meinen Terminkalender, warf einen Blick hinein und sagte dann nur: *„Doch! Hier zwischen den beiden Seminaren!“* Ich mochte das gar nicht hören. Constanze meinte aber, sie habe das ganz klare Gespür, dass die Kieler das bräuchten. Sie ist wirklich gut in diesem Erspüren von Tatsachen, die erst einmal nicht offensichtlich sind. Irgendwie, fand ich, hatte der Morgen so entspannt begonnen und nun mit Stress endete. Ich erkannte aber auch, dass dieser Vortrag auf mich zukommen würde. Und fügte mich meinem Schicksal…

Constanze handelte sofort. Sie nahm das Telefon und rief bei ihrem Onkel an. Seine Freundin war am Apparat und war völlig ergriffen, als Constanze sie fragte, ob sie Interesse daran hätten, dass ich einen Vortrag über Beziehungen halte, denn sie hatten soeben Sai Baba in einem Brief um Hilfe für ihre Partnerschaften gebeten – und nun kam bereits die erste Antwort.
Wir fuhren also nach Kiel und ich hielt den Vortrag über Beziehungen. Alle waren angetan und viele bestürmten uns, doch bitte eine Gruppe in Kiel zu geben. Sie waren so herzlich, so engagiert und die Atmosphäre war so intensiv, dass wir gerne zusagten. Im Nachhinein erfuhren wir, dass Baba den Brief an genau dem Tag in Puttaparthi genommen hatte, an dem ich den Vortrag in Kiel hielt. Auch hier nochmals: Danke, Sai Baba!

Jürgen und Carola von Kunowski, der Onkel und die Tante von Constanze, stellten uns zudem ihr wunderschönes Haus in der Nähe von Hannover zur Verfügung, damit wir dort die Gruppe geben konnten, und so fuhren wir einige Jahr lang gen Norden, um mit einer besonders netten Kieler Gruppe zu arbeiten. Auch dies ging bis zur Geburt von Gopala und war für Constanze, mich und viele Gruppenteilnehmer eine besonders schöne Erfahrung.

Und was ist die Zusammenfassung dieses Kapitels? Danke, Constanze und danke, Baba!

9. Das Haus in Grafrath

Die Suche

In München arbeiteten wir an zwei Orten: Die Ausbildung gaben wir im Zentrum für Naturheilkunde von Reinhold Thoma. Eine reine Therapiegruppe fand bei der sehr hilfsbereiten Kollegin Santhi statt, die ein Souterrain als Seminarraum ausgebaut hatte. Hier konnten wir so viel Lärm machen, wie wir wollten. Der Raum war aber derart feucht, dass der aufgestellte Entfeuchter fast jede Stunde von neuem geleert werden musste.
Das waren keine wirklich idealen Arbeitsbedingungen. Außerdem lag diese Praxis in einer Münchner Gegend, in der man sehr schlecht Parkplätze fand.

Eines Tages nun fragte uns Reinhold Thoma, ob wir nicht einen anderen Ort für unsere Ausbildungsgruppe finden könnten, denn viele seiner Schüler fühlten sich durch die lauten Gefühlsäußerungen während der Bioenergetischen Arbeit gestört. Wo sollten wir nur hin? Ich war des Lärms wegen bereits aus so vielen Räumen geflogen, dass ich es allmählich satt hatte.
Nun besaß mein Vater doch (noch!) einige Häuser in Italien, die nicht gerade die großen Einnahmen brachten. Also überlegte ich mir, warum er nicht eines davon verkaufen könne. Wir würden dafür ein Haus in der Umgebung von München, wo die Preise noch nicht so exorbitant hoch waren, erwerben und dort ein Zentrum errichten.
Mit meinem Vater war so etwas natürlich nicht zu besprechen. Erstens saß er wie *Donald Duck* auf seinem Besitz – bis er verkaufte beziehungsweise sein mieser Steuerberater ihn wieder einmal ein Haus gekostet hatte –, und zweitens vertrat mein Vater die Ansicht, man

solle es seinen Kindern als Eltern eher schwer machen, dann seien sie besser für das Leben gerüstet.

Also sprachen Constanze und ich dieses Thema mit meiner Mutter und Constanzes Eltern an. Meine Mutter fand die Idee großartig. Dies war eine weitere gute Eigenschaft meiner Mutter: Sie war stets offen für Neues. Ich bin ihr besonders dankbar, weil sie sich der Sache mit dem Haus annahm. Denn bei meinem Vater musste man den absolut richtigen Moment abwarten. Eine wunderbare Übung für mich als Vorbereitung für meine therapeutische Tätigkeit. Traf man den richtigen Zeitpunkt, bedeutete dies aber noch lange nicht, dass man auch Erfolg hatte. Meine Mutter erwischte den richtigen Augenblick und mein Vater war – besonders auch durch eine sehr geschickte Intervention meines Schwiegervaters, der uns immer im entscheidenden Moment ruhig und klug zur Seite steht – bereit, ein Haus in Padua in bester Lage zu verkaufen.

Dieses Haus liegt zwei Minuten zu Fuß von der *Piazza delle Erbe*, also im absoluten Zentrum von Padua. Und mein Vater hatte es geschafft, für dieses Haus mit sechs Wohnungen und zwei Geschäften 5000 DM im Jahr an Miete zu bekommen! Es war so heruntergekommen, dass mein Bruder Hans Onno alles überhaupt Mögliche eingesetzt hat, um einen Käufer zu finden. Hans Onno bin ich sehr dankbar, denn ohne seine Hilfe hätte es nicht geklappt. Es gab nur einen einzigen Käufer, der natürlich seine Machtposition erkannte und deshalb die Bedingung stellte, dass er beim Kauf nur einen Teil des Geldes, den zweiten erst ein halbes Jahr später zahlen müsse.

Wir alle machten uns Sorgen, ob dies gutginge, dass er tatsächlich kaufen und den zweiten Teil auch zahlen würde.
Baba sagte uns aber, es würde gutgehen. Und so wurde es auch. Wir bekamen zudem das Geld aus Italien zwei Wochen bevor die Lira im Verhältnis zur D-Mark um 30 % (!!!) abgewertet wurde. Hätten wir diesen Kursverlust erlitten, wir hätten das Haus nicht fertig bauen können. Es wäre die reinste Katastrophe geworden. Aber genau davor hat uns der Liebe Gott bewahrt. Vielen Dank dafür!

Nun konnten wir uns auf die Suche nach einem geeigneten Objekt machen. Wir suchten und suchten und fanden nichts, was unseren Vorstellungen entsprochen hätte. Dann kam Weihnachten 1990. Constanze und ich meditierten zusammen. Während der Meditation hörte ich meine innere Stimme, die mir ganz klar sagte, ich solle die *Süddeutsche Zeitung*, die wir bereits als Altpapier vor die Tür gelegt hatten, nochmals durchsehen. Darin sei das Haus, das wir suchten. Ich beendete meine Meditation, ging vor die Tür, nahm die Zeitung aus dem Altpapierbündel und schlug den Immobilienteil auf. Genau in dem Moment kam Constanze dazu und sagte, sie hätte in der Meditation die Mitteilung bekommen, nochmals in der Weihnachtsausgabe nachzusehen. Wir staunten nicht wenig, dass uns beide diese Nachricht erreicht hatte, und gingen nun gemeinsam den Immobilienteil durch – und fanden ein interessantes Angebot in Grafrath. Wir riefen sofort an. Ein sehr freundlicher Mann hieß uns willkommen und meinte, wir könnten alsbald vorbeischauen. Das taten wir auch und sahen uns das Haus an. Im Grunde war es eine Rumpelbude, die zudem noch schrecklich eingerichtet war. Wir beide hatten aber sogleich eine Vision, was man daraus machen könnte, und diese verstärkte sich, als der Verkäufer Herr Berger uns den genehmigten Plan für den Ausbau des Dachstuhls zeigte.
Wir waren sehr froh, denn endlich schien es so, als hätten wir das Richtige gefunden.

Der Umbau

Dachstuhlausbau, was bedeutete das? Wir hatten keine Ahnung. Zu der Zeit wussten wir nicht einmal, dass Rigips und Gipskarton das Gleiche bedeuteten und man damit sehr praktisch bauen konnte.
Herr Berger, der das Haus selber gebaut hatte, bot sich an, bei uns die Bauleitung zu übernehmen, und half uns auf vielen Gebieten äußerst engagiert. Wir sind ihm dafür dankbar. Es gab aber von Anfang an ein Riesenproblem: Der genehmigte Plan war so nicht zu bauen, denn er berücksichtigte nicht, dass das Dach, das über Eck ging, Gebäude verschiedener Breite bedeckte. So wie der begabte Architekt das Projekt gezeichnet und eingereicht hatte, bewies das einmal mehr, wie

geduldig Papier ist und wie wenig die angeblich genauesten Zeichnungen der Realität entsprechen müssen. Wir waren ratlos. Herr Berger erkundigte sich und erfuhr, dass man in einem solchen Fall das Dach so errichten dürfe, wie es vom Baulichen her notwendig sei, und anschließend durch eine so genannte Tektur eine nachträgliche Baugenehmigung erhalten würde.

Durch meine und Constanzes Familie nahmen wir Kontakt zu verschiedenen Architekten auf, die leider allesamt meine Vorurteile dieser Berufsbranche gegenüber bestätigten. Was uns hier geraten wurde, war zum Teil derartig unbrauchbar bis dumm, dass wir fast verzweifelt wären. In dieser Situation teilte mir Baba mit, er würde als Architekt fungieren. Er würde alles über die innere Stimme leiten. Oh Gott, habe ich das falsch eingeschätzt! Ich dachte, nun würde alles ganz einfach und leicht gehen. Das Gegenteil war der Fall. Es ging alles, aber auch alles erst einmal schief!
Es war schlicht entsetzlich, und Babas Lieblingsspruch: „*Don't worry, be happy*“ – *Mach dir keine Sorgen, sondern sei froh*, klang zunächst wie der reinste Hohn. Er stellte sich aber als zutreffend heraus, denn Baba lehrte uns, dass alles noch so schiefgehen kann, am Ende wird es gut. Aber um das zu lernen, brauchte ich eine ganz schöne Weile!

Babas Präzision

So wurden wir erst einmal so richtig allein gelassen. Als zum Beispiel die Treppenaussparungen für die Betondecke gefertigt werden mussten, waren weder der Bauleiter noch der Bauunternehmer anwesend. Constanze und ich waren allein auf der Baustelle und mussten entscheiden. Constanze berechnete, wie groß die Aussparungen sein müssten, und ich fragte Baba, was er dazu meine. Hier fand bereits das erste Wunder statt. Entgegen Constanzes Berechnungen bestimmte er die Aussparungen breiter, als es für die Treppenaufgänge notwendig gewesen wäre. Wir verstanden nicht, warum, denn es machte überhaupt keinen Sinn. Und auch die Aussparung der kleinen Treppe, die von meinem zu Constanzes Arbeitszimmer führt, verschob er um fast einen Meter nach links. Wir verstanden zwar nichts, hielten uns aber daran.

Die Decke wurde laut seinen Anweisungen gegossen. Als wir später die Deckenbalken vom Parterre her entdeckten und herausholten, stellte sich heraus, dass Baba den Zwischenraum für die zwei Treppen, die vom Erdgeschoss zum ersten Stock führen, um genau so viel breiter bestimmt hatte, dass die Betondecke jetzt jeweils gerade an den Balkenkanten endete. Das war Millimeterarbeit, denn die Decke ohne Abschluss an den Balken hätte von unten betrachtet entsetzlich ausgesehen.

Genauso erging es uns mit der Treppe in den Keller, die wir ebenfalls anlegen mussten, weil keine vorhanden war. Baba bestimmte alles so, dass die Treppe sowohl die richtige Breite als auch Länge hatte und wir trotzdem noch bequem an dem Pumpenschacht vorbeikamen, der unter der Treppe liegt. Wenige Zentimeter nach vorne oder nach links und wir hätten ernsthafte Probleme beziehungsweise unkalkulierbare Mehrkosten gehabt.

Der Therapieraum lag Baba besonders am Herzen. Er bestimmte zum Beispiel die Höhe der Brüstung zum Giebelfenster und am Schluss sogar die Farbe der Balken und Sparren.

Bei der Brüstung rieten mir alle, sie nicht so hoch zu bauen, wie Baba mir sagte. Ich war nun in großem Zweifel, ob ich richtig hörte. Da machte mir Baba einen sehr erstaunlichen Vorschlag: Ich solle vom Gerüst aus dem ersten Stock springen. Ich erwiderte, dabei würde ich mir alle Knochen brechen. Er sagte aber, genauso, wie ich mir nicht die Knochen brechen würde, sei die Höhe richtig. Ich zögerte etwas und dachte: *‚Ist mir doch egal, ob die Brüstung zu hoch ist. Warum soll ich denn meine Knochen riskieren, um festzustellen, ob ich richtig gehört habe? Ich bin doch nicht blöd!‘* Aber ich war „blöd“ und sprang zwischen den Stangen hindurch und landete sicher am Boden. Also kam noch eine Steinreihe auf die Brüstung. Im fertigen Zustand empfand ich sie als doch zu hoch. Nun nützte mir der Test sehr, denn ich wusste jedes Mal, wenn mir die Höhe der Brüstung auffiel, dass Baba und ich den Test bestanden hatten. Trotzdem war die Brüstung hoch – bis ich meine Therapie völlig veränderte und die Teilnehmer nicht mehr auf Matratzen, sondern auf Stühlen saßen. Nun passte die Brüstung perfekt! Baba hatte eben vorausschauender geplant, als ich es konnte!

Die nächste Geschichte handelt von der Farbe der Balken. Constanze und ich hatten bereits gelernt, dass Babas Anweisungen zu folgen nicht immer einfach war. Sie aber nicht zu befolgen war stets die Katastrophe. So war es auch mit den Balken im Therapieraum. Baba hatte ganz klar bestimmt, sie sollten blau werden. Unser hervorragender Maler, Herbert Leierer, ohne den unser Haus sicherlich nicht so schön geworden wäre, war ein Meister der Farbgebung und des Mischens. Aber an Blau hatte er nichts Vernünftiges zu bieten. Was er auch ausprobierte, es kam immer ein Babyblau heraus. Es ging auf Weihnachten zu. Das heißt, wir bauten bald zwei Jahre (!!), und sowohl Herr Leierer als auch wir wollten endlich fertig werden. Wir hatten für die Balken im Schlafzimmer eine sehr schöne natürliche hellbraune Beize gefunden, die sollte nun auch im Therapieraum verwendet werden. Fertig, aus! Und so wurde es im wahrsten Sinne des Wortes: Fertig, aus! Wir ließen eine Probe machen, fanden sie wunderschön – eben genauso wie im Schlafzimmer! – und gingen dann Weihnachtseinkäufe machen, da wir außer zum Bauen zu nichts anderem gekommen waren. Wir kamen erst spätabends wieder, gingen sofort in den Therapieraum, machten das Licht an… und wären um ein Haar wieder die Treppe hinuntergefallen. An den Balken „glänzte" eine Farbe, die uns unmittelbar deutlich machte, dass wir mit unserem Einsatz lediglich vom Babyblau zur vollen Babywindel gekommen waren! Es war ein absolut schreckliches Gelbbraun. Und das Schlimmste war: Die Arbeit war mit größter Perfektion und Achtsamkeit ausgeführt worden. Man kann sich leicht vorstellen, dass ich in jener Nacht nicht besonders viel schlief. Vielmehr beschwerte ich mich bei Baba. Erst hatte er mir nicht geholfen beim Finden des richtigen Blaus und mich nun auch noch derart ins Messer laufen lassen. Später fiel mir plötzlich ein, dass ich Baba gar nicht um Hilfe gebeten hatte. Wir probierten dies und jenes, haben uns aber keine Hilfe geholt. Immer wieder ein Thema bei mir – und schon zeigte Baba es mir auf.

In jener Nacht bat ich Baba um dreierlei: Erstens, dass ich meinen Wunsch nach einer anderen Farbe Herrn Leierer gut rüberbringen könnte. Zweitens, dass das Abschleifen der Balken – denn darauf lief es ja hinaus! – kein allzu großes Drama sein würde, und drittens, dass wir die richtige Farbe fänden.
Baba erfüllte alle Bitten: Es war kein Affront für Herrn Leierer, dass uns die Farbe nicht gefiel, das Abschleifen war nicht lustig, ging aber ziemlich unproblematisch über die Bühne und Baba tat etwas, was er sonst nie tut: Er nannte mir den Namen eines Mannes, bei dem wir das Blau finden würden. Es war ein anthroposophischer Maler, und da Constanze für alles, was mit Anthroposophie zu tun hat, verantwortlich ist, rief sie ihn an. Der Maler wusste sofort, worum es ging, und sagte: „*Das richtige Blau ist sehr schwer zu finden. Ich habe soeben ein neues Pigment entwickelt. Welch ein Zufall, dass Sie jetzt anrufen!*“ Constanze sagte ihm natürlich nicht: „*Ach, wissen Sie, da gibt es einen besonderen Heiligen in Indien, der sich Sai Baba nennt und mit uns über die innere Stimme spricht, und der kennt Sie!*“ Vielmehr freute sie sich über diese unglaubliche Führung, die dieser talentierte Maler Zufall nannte.
Er pinselte tagelang an den Balken und sie wurden sehr schön! Danke, Sai Baba.

Ein weiterer „Zufall“ betraf die Glasfenster und -türen in der Veranda. Sie sollten 20.000 DM kosten, das heißt ein Vermögen, das wir natürlich nicht hatten. Baba sagte aber, wir sollten sie bestellen. Ich antwortete, wir könnten sie nicht bezahlen. Er aber entgegnete, wir könnten es, deshalb sollten wir sie bestellen. Ich vergab also den Auftrag; die Türen und Fenster kamen auch noch früher als erwartet und ich hatte natürlich das Geld nicht. Die Firma, Gott sei Dank in Grafrath ansässig, wollte nach dem Einbau die 20.000 DM gleich bar mitnehmen. Ich antwortete wahrheitsgemäß, ich hätte das Geld nicht da. Sie sollten mir doch bitte die Rechnung dalassen, ich würde dann überweisen. Das „sofort überweisen“ verkniff ich mir wohlweislich, denn ich wusste überhaupt nicht, wie und wann ich diese hohe Rechnung begleichen können sollte. Die Rechnung lag einige Tage sehr „auffordernd“ auf meinen Schreibtisch, da kam die Mitteilung, meine Tante, die Schwester meines Vaters, sei gestorben und ich würde Geld von ihr erben! Nicht der berühmte Onkel aus Amerika, sondern die weniger bekannte Tante aus München. Zu Lebzeiten hatten wir keine Beziehung, die man mit dem Wort „gut“ hätte bezeichnen können. Sie und ihr Mann mochten nämlich meine Entwicklung ganz und gar nicht und hatten mich das, wann immer sie konnten, spüren lassen. So kann man sich vorstellen, dass ich nie angenommen hätte, dass gerade diese Tante mich aus meiner unangenehmen finanziellen Klemme retten würde. Sag deshalb niemals nie!

Ein weiteres Wunder ist mit dem Rat Babas verbunden, welche Türen wir für die beiden Eingänge, privat und für das Institut, wählen sollten. Wir hatten kurz nach dem Kauf des Hauses das Ehepaar Rischkoff besucht, das einen Handel mit alten Baumaterialien betrieb. Herr Rischkoff führte uns durch sein Geschäft, in dem die schönsten Dinge säuberlich aufgestellt waren: Alte Fliesen aus Italien, alte Kamine aus Frankreich, alte Holzböden und wunderschöne alte Türen. Constanze und mir war sofort klar, wir würden zwei dieser herrlichen Türen für die beiden Eingänge in unserem neuen Haus verwenden – wovon einer, nämlich der für die Therapie, noch gar nicht gebaut war. Wir suchten verschiedene Türen aus und fragten Baba. Er wählte für den Therapietrakt eine viel schmalere als für den privaten Bereich aus. Wir fanden das etwas merkwürdig. Denn warum sollten wir privat eine größere Tür als das Institut haben und warum sollte gerade dort die schmalere Tür sein, wo eindeutig mehr Menschen ein- und ausgehen würden? Wir verstanden diese Wahl Babas überhaupt nicht, hielten uns aber daran.

Monate später wurde die Tür für den Therapietrakt gebrochen und die Treppe geplant. Hier ergab sich, warum Baba so entschieden hatte: Erstens war der Eingang zum Seminartrakt schmaler und zweitens musste die Treppe wegen des Parteienverkehrs einen Meter und nicht nur 80 cm breit sein, wie das im privaten Trakt der Fall war. Und ich lernte, dass eine breitere Treppe nicht nur in der Breite, sondern auch in der Länge mehr Raum braucht. Die Tür, die Baba ausgesucht hatte, passte wie extra dafür gefertigt. Eine auch nur etwas größere hätte keinen Platz gehabt. Danke, Baba!

Die Baugenehmigung

Das waren die Dinge, die gutgingen. Das Bauen selber war nur schrecklich. Die Bauleitung klappte überhaupt nicht und der Installateur aus Olching versuchte, wo immer er konnte, uns zu übervorteilen. Es war einfach fürchterlich. Trotzdem – auch dies ein Wunder – kamen wir voran. Bis die Nachbarn beim Landratsamt nachfragten. Es kam jemand von dort, sah sich die Pläne an, verglich sie mit dem, was wir gebaut hatten, und verhängte einen Baustopp. Wir waren fertig – mit den Nerven, leider nicht mit dem Bau! Zudem sah es lange Zeit so aus, als müssten wir den soeben gebauten Dachstuhl wieder abreißen. Wäre das eingetreten, hätten wir mangels Geldes das Haus über Jahre nicht zu Ende bauen können.

Der Beamte vom Landratsamt Fürstenfeldbruck hatte sich den Bau angesehen, als Constanze und ich gerade im Haus ihres Onkels und ihrer Tante von Kunowski in der Nähe von Hannover waren, wo wir, wie ich bereits erwähnte, mit einigen Mitgliedern der Kieler Gruppe arbeiteten. So ging Constanzes Bruder Christoph zum Landratsamt und verhandelte dort an unserer Statt. Er setzte sich unglaublich für uns ein. Auch ihm sind wir heute noch sehr dankbar. Da er einiges nicht entscheiden konnte und auch nicht wusste, wie es zu handhaben sei, besprach er sich sehr klug mit einem Freund von uns, Wolfgang Mittenzwei, der Architekt ist. Er erklärte sich bereit, Christoph zu begleiten. Die beiden Armen bekamen an unserer Statt den Kopf gewaschen, warum wir so gebaut hätten, wieso der genehmigte Plan nicht eingehalten und warum das Dach völlig anders gebaut worden sei als laut Plan genehmigt usw. Der zuständige Beamte machte ihnen das Leben richtig schwer und ließ überhaupt nicht das Argument gelten, dass die Behörde einen Plan genehmigt hatte, der nicht zu bauen war. Es sah sehr ungünstig für uns aus. Wir führten das Seminar mit der uns so lieben Kieler Gruppe gut zu Ende und bekamen am Schluss noch viel gute Energie mit auf den Weg. Dennoch freuten wir uns nicht, nach Bayern zurückzukehren.

Als wir in den Torso von Haus kamen, wurden wir noch verzweifelter, denn es war Juni und im September sollte alles fertig sein. Ich hatte stets daran gezweifelt, aber Herr Berger war sich seiner Sache sehr sicher gewesen. Nun sah alles ganz anders aus, nämlich recht schlecht. Die große Frage war: Wo sollten wir wohnen, wo sollten wir arbeiten, wenn das Haus nicht rechtzeitig fertig würde? So viel kann ich jetzt schon verraten: Es wurde nicht im September, nicht im Oktober und auch nicht im November fertig. Vielmehr zogen wir am 23. Dezember in eine absolute Baustelle, denn wir konnten nicht gleichzeitig die Miete für unsere Wohnung in München bezahlen und den Kredit, den wir für den Ausbau aufgenommen hatten, bedienen. Unser „Wohnen" bestand darin, dass wir ein Zimmer im Keller als Schlafzimmer verwendeten, das angrenzende kleinere Zimmer als Meditationsraum und zum Kochen und Wohnen die heutige Therapieküche. Diese benutzten alle: die Bauarbeiter, die Seminarteilnehmer und wir. Therapie gaben wir auf dem Rohboden unseres heutigen Wohnzimmers, wobei die noch nicht eingebauten Badezimmermöbel, die wir günstig in Italien erstanden hatten, als Rückenlehnen dienten. Da es noch keine Eingangstür gab, hängten wir Teppiche dahin. Im ersten Stock standen nur die rohen Wände, ebenso im Parterre und im Keller. Wir wohnten für Monate in der schlimmsten Baustelle, die man sich vorstellen kann.

In dieser Situation, oder besser gesagt, Nicht-Situation lief der gesamte Therapiebetrieb ganz normal weiter. Zu der Zeit kam ein junger Mann, Sascha, zu uns. Ihn hatte das Leben völlig aus der Bahn geworfen. Viele seiner Träume waren samt seiner Beziehung zerbrochen und unsere Aufgabe bestand darin, ihm einen neuen Lebenssinn zu geben. Gott sei Dank arbeiteten Constanze und ich damals zusammen, denn Sascha sprach nicht mit mir und verstand mich auch nicht. Selbst wenn ich einfachste Sätze wie: „*Morgen ist Sonntag*" sagte, hat er mich angesehen, als spräche ich Persisch. Kaum wiederholte Constanze den Satz, antwortete er sogleich: „*Ja, genau!*"

Nun hatte die Baufirma die Betontreppe gegossen, den Handlauf gemauert und diesen verputzt. Er war aber durch die Breite der Mauer so grob und unansehnlich geworden, dass Constanze meinte, sie werde ihn zusammen mit dem Maurer gestalten. Dies musste zeitnah geschehen, denn der Putz durfte, um ihn mit den Händen modellieren zu können, noch nicht trocken sein. Aber genau jetzt hatte Sascha seine

Stunde. Er kam und Constanze sagte ihm – bei mir hätte er es ja sowieso nichts verstanden! –, dass er heute leider die Stunde allein mit mir machen müsse, denn sie könne nicht von der Treppe weg. Ich glaube, dass Sascha nicht entsetzter geschaut hätte, wenn sie ihm gesagt hätte, dass er nun hingerichtet werde. Er sah erst einmal Constanze und dann mich völlig fassungslos an. Er kam mit mir mit, vermittelte aber nachhaltig, dass es unglaublich sei, was wir – besonders ich! – ihm antaten.
Von dieser Übertragungssituation ausgehend, die ich sehr, sehr vorsichtig ansprach, entwickelte sich eine gute Stunde, in der wir ein Arbeitsbündnis aufbauen konnten, das seine erfolgreiche Therapie stets begleitete.
Als er ging, konnte er sich beim Abschied nicht verkneifen zu sagen: „*Dass das gutging, wundert mich wirklich!*" Wieder hatte sich einer dieser angeblichen „Zufälle" ergeben, die fast unbemerkt so viel Gutes für uns bewirkten.

Die ganze Bausituation war ziemlich unerträglich und wäre es weiter über lange Zeit geblieben, hätte Baba nicht zwei Wunder gewirkt. Wir waren so verzweifelt über die aussichtslos wirkende Lage, dass wir ihn direkt um Hilfe baten. Wir schrieben genau auf, was passieren musste, damit sich unsere Lage entspannte, und schickten ihm diesen Brief.
Kurz darauf hatten wir das entscheidende Gespräch im Landratsamt und – oh Wunder, oh Wunder! – der Beamte, der zuvor an einen Kompromiss nicht einmal denken wollte, zeigte Constanze und Wolfgang Mittenzwei auf, wie dies und jenes bei der Eingabe der neuen Tektur (des neuen Planes) berechnet und gestaltet werden müsste, damit es genehmigungsfähig sei!
Beide dachten, sie seien im falschen Film: Zuerst wurden Christoph und Wolfgang nach Strich und Faden fertig gemacht und jetzt plötzlich kam diese völlig unerwartete Hilfe.
Wir taten, wie uns gesagt worden war, und der neue Plan wurde genehmigt. Eine große Stütze waren die Nachbarn direkt vor uns, Horst und Christine Wich-Reif, die sich von Anfang an für uns einsetzten. Wo immer sie konnten, halfen sie uns. Und wenn uns wieder einmal –dieses Mal aber Gott sei Dank nur im übertragenen Sinne – die Decke auf den Kopf fiel, luden sie uns immer wieder wunderschön zu

sich ein. Mit ihnen und ihren Kindern verbindet uns heute noch eine sehr herzliche Nachbar- und Freundschaft.

Die Genehmigung vom Landratsamt war der erste Schritt. Der zweite bestand nun darin, dass der Plan auch von der Gemeinde genehmigt werden musste. Nun war es so, dass die Familie Berger, also die Vorbesitzerin unseres Hauses, sehr eng mit allen Nachbarn befreundet war, besonders mit den Nachbarn rechts (Herrn und Frau Prager) und links (Herrn und Frau Berka und deren Schwester). Für die Kinder von Herrn Berger waren diese Nachbarn Onkel und Tanten.
Nun hatte der, wie gesagt, geniale Architekt von Herrn Berger den Eingabeplan für den Dachausbau so gezeichnet, dass das fertige Haus nicht besonders groß aussah. Deshalb hatten Herr und Frau Berka dem Plan zugestimmt, denn sie dachten, die Kinder von Herrn Berger würden dort wohnen und außerdem sei die Veränderung nicht gravierend. Nun verkaufte Herr Berger sein Haus an wildfremde Menschen aus München und die stockten es auf. Es tut mir heute noch leid, dass die Familie Berka mit einem Haus leben muss, das sie sich erstens nicht so vorgestellt hatte und das zweitens tatsächlich ihren Blick nach Westen einschränkt. Dafür können wir aber nichts. Wir haben sogar auf den genehmigten Balkon zu ihrer Seite hin verzichtet. Trotzdem war es für sie eine Einschränkung und sie fühlten sich, wenn nicht hintergangen, so doch mehr als unvollständig von Herrn Berger darüber informiert, welche Veränderungen dieser Ausbau für sie bedeuten würde. Constanze und ich haben volles Verständnis für ihre Lage. Wir haben heute so einen guten Kontakt zu ihnen, dass es nicht mehr ins Gewicht fällt. Damals war dem aber noch nicht so.

Durch Horst und Christine Wich-Reif erfuhren wir, Gott sei Dank!, dass eine Sitzung in der Gemeinde stattfände, in der über die Zukunft unseres Hauses entschieden werden würde. Wir gingen natürlich hin und man kann sich leicht vorstellen, wie Constanze und ich uns fühlten. Baba sagte uns zwar immer wieder, alles würde gut werden, aber ehrlich gesagt, unsere Anspannung milderte es nicht.

Die Gemeinde ging sehr feinfühlig mit allen Beteiligten um, was besonders an der hervorragenden Bürgermeisterin lag: Die Gefühle der

Familie Berka wurden von ihr absolut gehört und geachtet. Gleichzeitig erkannte sie aber an, dass wir beim Kauf nicht wissen konnten, dass hier Unterschriften mit bestimmten Erwartungen geleistet wurden, die aus dem genehmigten Plan nicht ersichtlich waren. So wurde der von Wolfgang gezeichnete und von uns eingereichte Plan in allen Punkten genehmigt!! Das war das zweite, ein wirkliches Wunder! Vielen Dank, Baba.

Dass wir den Ausbau physisch, psychisch und auch finanziell überstanden haben, ist ein weiteres Wunder, denn er bedeutete auf allen Ebenen einen Aderlass, den ich ohne Constanzes Unterstützung nicht überstanden hätte. Constanze, vielen Dank!

Babas Lehren

Es erhebt sich hier die Frage: Warum musste alles soooo schwer gehen? Warum bot sich Baba als Architekt an, damit wir das Gefühl hatten, von Katastrophe zu Katastrophe zu kommen? Warum ging es nicht etwas einfacher?

Erstens, weil Baba alles so einrichtet, dass wir daraus lernen, und zweitens ist Baba, wie ich finde, **ein Lehrer, der das absolute Maximum fordert**.

Mit Prof. Kasturi, der ihm besonders nah war, der für ihn übersetzte, der seine Vita niederschrieb, sprach er über Monate nicht und entband ihn aller Pflichten, weil er wenig fürsorglich einem Devotee gegenüber gewesen war! Wie häufig brachte er mich – besonders in Puttaparthi – in die unangenehmsten Situationen. Eine werde ich nie vergessen: Nachdem Eis ausgeteilt worden war und ich es wie alle anderen aß, stellte ich fest, dass ein kleiner Junge in meiner Nähe keins bekommen hatte. Ich könnte heute noch weinen, so sehr tat er mir leid. Ich war aber unaufmerksam gewesen und hatte mich nicht darum gekümmert, ob alle etwas bekommen hatten, bevor ich zu essen anfing. So konnte ich es ihm nicht mehr geben.

Oder das Mal, als ich weggeschickt wurde. Eine Gruppe Italiener hatte über vier Wochen für die westlichen Devotees gekocht. Ich hatte einen guten Draht zu vielen, und als sie sich zum Abschied zusammensetz-

ten, luden sie mich ein, ich sollte mich doch dazusetzen, Baba würde kommen und so könnte ich ihm auch nah sein. Ich setzte mich hin und Baba kam näher, als ein Aufpasser mir befahl, ich solle schnurstracks weggehen, ich gehörte nicht dazu. Besonders unangenehm war nicht nur der Ton, in dem dieser Mann das sagte, sondern dass Baba es eindeutig guthieß. Damals war ich verletzt. Heute verstehe ich die Lehre: *Auch wenn es andere gut meinen, hole dir keine Anerkennung, die du nicht verdient hast!* Die Gruppe hatte viel in der Küche geleistet, ich hatte nur eine schöne Zeit mit ihnen in *ihrer Freizeit! Deshalb* hatte ich da nichts zu suchen.
Dieser Begebenheiten gibt es unzählige bei und mit Baba. Immer legt er den Finger in die Wunde. Sehr unangenehm! „Immer" ist mit Sicherheit falsch, denn ich bin überzeugt, dass er mich und alle anderen sehr schont und uns nur das aufbürdet, was wir ertragen können. Er glaubt aber leider häufig, wir könnten sehr viel mehr ertragen, als wir denken…

Der Hausbau war für mich auch die ideale Gelegenheit, mit Papieren beziehungsweise Verträgen umzugehen und zu lernen, dass Unachtsamkeiten oder Unüberlegtheiten Riesenkonsequenzen haben können. Die eine hatte mit den neuen Fenstern zu tun. Constanze und ich überlegten immer wieder, welche Fenster wir bei welcher Firma bestellen sollten, und konnten uns nicht recht entscheiden. Da ergab es sich, dass wir in München an einer Ampel direkt neben einem Lastwagen standen, auf dem groß geschrieben stand: Veloflex Fenster. Wir schrieben die Nummer auf und meldeten uns sogleich bei dieser Firma, die alsbald einen Vertreter zu uns schickte. Von ihm ließen wir uns einen Kostenvoranschlag für alle Fenster sowohl im Erdgeschoss als auch im ersten Stock machen.
Alles zog sich durch den Baustopp hin. So bestellten wir die Fenster und Türen für das Erdgeschoss bei unserem übernächsten Nachbarn, Herrn Müller, der Schreiner war und dies alles zu unserer vollen Zufriedenheit ausführte und uns außerdem fachmännisch beriet.
Dann, viel später, war der erste Stock dran. Wir riefen die Firma Veloflex an, wir würden nun gerne die Fenster und Türen für den ersten Stock bestellen, und ich vereinbarte mit dem jungen Chef der

Fertigungsabteilung, dass der Gesamtpreis entsprechend geändert werden würde. Das sicherte er mir zu: Ich sollte DM 7000 weniger zahlen, als im Kostenvoranschlag für beide Stockwerke vorgesehen war.

Die Firma schickte einen netten Mann zum Ausmessen, der sich bei uns so wohlfühlte, dass wir am Abend noch mit ihm zusammensaßen. Da es ihm sichtlich nicht gut ging, boten wir ihm an, gerne für ihn da zu sein, falls er dies bräuchte. Die Fenster wurden geliefert und alles klappte wunderbar. Wenig später rief der „Ausmesser“ an und bat darum, mit uns zu reden. Wir trafen uns und hatten wieder einen sehr gemütlichen und anregenden Abend.

Es verging einige Zeit, da bekam ich von seiner Firma die Aufforderung, die restlichen 7000 DM zu überweisen. Ich war völlig überrascht, denn ich hatte alles mit dem Mann von der Fertigung besprochen und geklärt. Recht verwundert über diese Wandlung rief ich dort an und erfuhr zu meinem Entsetzen, dass dieser Mann auf der Autobahn gefahren war und telefoniert hatte. Dabei geriet er unter einen Lastwagen und trug tödliche Verletzungen davon. Er hinterließ eine junge Frau und zwei kleine Kinder. Ich war sprachlos. Ich dachte an ihn, seine Frau und seine Kinder, die ein solch schweres Los ereilt hatte. Das motivierte mich nicht besonders, mich für meine – damit verglichen – ziemliche Lappalie zu engagieren. Ich rief dann später doch noch an und wurde mit der Rechtsabteilung verbunden, die alle Papiere und Verträge dieses verunglückten Mitarbeiters durchgesehen hatte und dabei auf meinen offenbar nicht veränderten Vertrag gestoßen war. Es schien nun so, als hätte ich nicht weniger geliefert bekommen, sondern nur weniger bezahlt.

Das war ziemlich unangenehm, denn ich hatte mir damals keine **schriftliche Bestätigung** geben lassen und hatte daher nun ein Problem am Hals, das mich 7000 DM kosten konnte. Gott Lob hatten wir guten Kontakt zu dem Ausmesser. Ihn rief ich an und er bestätigte der Firma, dass alles mit rechten Dingen zugegangen war. Ich bekam nachträglich meine Bestätigung und alles war gut – aber eben sehr, sehr knapp und mit einem großen, und sehr heilsamen Schrecken verbunden. Der Liebe Gott hat wieder einmal vorgesorgt.

Bald darauf meldete sich nämlich eine Firma, die behauptete, sie habe immer mit Herrn Berger zusammengearbeitet und sie sähen aus ihren Unterlagen, dass der Öltank im Keller gecheckt werden müsse. Dies koste nicht viel, und falls sie etwas reparieren müssten, würde die Gebühr mit den anfallenden Kosten verrechnet. Da ich den guten Zustand eines Öltanks für absolut wichtig halte – man stelle sich vor, er liefe aus! –, nahm ich das Angebot an und diese Firma überprüfte ihn. Sie fand prompt einige Stellen, wo sich Rost angesetzt hatte, versprach, alles zu reparieren, und wollte mir auch eine fünfjährige Garantie geben. Ich wurde darauf hingewiesen, dass diese nur gültig sei, wenn der Tank stets im Beisein eines Firmenangehörigen geöffnet werde. Ich fand das alles o. k. und die Firma versah die Innenseite des Tanks mit einer Schutzschicht. Dann verschloss sie alles, gab mir die Garantie und die Rechnung über die geleistete Arbeit und alles war gut.

Wiederum Gott sei Dank ließ ich die nächsten drei Jahre den Tank stets von derselben Firma, nämlich der Baywa, füllen. Ich bin ein Freund von guten und treuen Geschäftsbeziehungen. Ich erkundigte mich zwar woanders nach den dortigen Angeboten, bleibe aber gerne bei einer Firma, mit der ich gute Erfahrungen gemacht habe, was bezüglich der Baywa und deren Mitarbeiter absolut der Fall war. Und diese Treue war mein Glück. Denn eines Tages fiel der Brenner aus und wir hatten weder Heizung noch Warmwasser. Der herbeigerufene Installateur stellte fest, dass die Zuflussleitungen zum Brenner verstopft waren. War das gelieferte Öl verunreinigt gewesen? Ich rief bei der Baywa an und die konnten sich das Ganze nicht erklären, wollten aber sofort jemanden vorbeischicken, der sich alles ansah.

Der kam auch und beschloss, den Tank zu öffnen, um zu sehen, was los war. Bevor er den Tank öffnete, zeigte ich ihm die Garantie und die darin enthaltene Bedingung, dass dieser nur im Beisein der Tankfirma geöffnet werden dürfe. Diese Klausel fand der Mann nicht besonders wichtig und sein Ansprechpartner bei der Baywa auch nicht. Ich hatte aber gelernt und ließ mir schriftlich bestätigen, dass sie die Garantiebedingungen der Tankfirma kannten und für alle Konsequenzen verantwortlich seien, falls es Komplikationen durch das Öffnen des Tanks gäbe. Der Mann unterschrieb mir dies und öffnete anschließend den

Tank, um festzustellen, dass die Tankfirma uns betrogen hatte. Sie hatte überhaupt nichts repariert, sondern einfach nur einen billigen Anstrich angebracht und diesen als große Reparatur ausgegeben. Nun hatte sich die Farbe gelöst und die Zuflussrohre verstopft.

Der gesamte Tank musste repariert werden und die Baywa beauftragte eine hervorragende Firma: Hervorragende Firmen kennen eben hervorragende Firmen. Dann stand das Zahlen der Kosten an. Die betrügerische Tankfirma dachte nicht daran, für die Kosten aufzukommen, deswegen wurde sie von der Baywa verklagt. Ich hatte mit alledem nichts zu tun, da ich besagten Vertrag mit der Baywa geschlossen hatte.
Und nun kommt's: Die Baywa verlor den Prozess gegen diese betrügerische Firma mit der Begründung, die Baywa habe sich nicht an die vertraglichen Bedingungen gehalten. Eine eher erstaunliche Entscheidung, die mir aber nochmals deutlich machte, wie wichtig schriftliche Verträge sind.
Und wie notwendig der Lernprozess durch die Lektion mit der Fensterfirma war. Natürlich bin ich Baba sehr dankbar dafür.

Die Fliesen aus Venedig

Zum Schluss möchte ich eine sehr schöne Unternehmung und Erfahrung, die mit dem Hausbau zu tun hatte, berichten: Constanze und ich baten meinen Vater, uns in Venedig einen guten Fliesenhandel zu nennen. Das tat er. Er begleitete uns sogar dorthin und wartete geduldig, bis wir einiges gefunden hatten.
Am nächsten Tag gingen wir noch einmal hin und kamen mit dem engagierten jungen Besitzer, Fabio, der uns hervorragend bediente, ins Gespräch. Irgendwie waren wir sehr schnell auf „du" und ich erinnere heute noch, wie er mir immer wieder sagte – und ich Constanze übersetzte – *„Stefano, questo non lo vuoi"*, – *das willst du nicht* – will heißen: Das ist nicht sehr schön.
Nun hatten wir uns missverstanden und er hatte ein anderes Parkett aufgeschrieben als das, was wir haben wollten. Eines Tages rief er mich in Deutschland an und sagte, er würde mir das andere bestellen,

denn das, was aufgeschrieben worden sei, sei „*nicht das, was wir wollten!*“ Fabio ging sogar so weit, mir anzubieten, dass wir das gelieferte Parkett *auf seine Kosten* zurückschicken könnten, falls es uns nicht gefiele! Unglaublich! Und er hatte Recht. Es war genau das, was wir wollten, und das andere „*non l'avremmo voluto*“ – *hätten wir nicht gewollt*.

Diese unglaubliche geschmackliche Sicherheit habe ich immer wieder bei Italienern festgestellt. Es erinnert mich an die Geschichte über den berühmten französischen Professor Etienne Gilson, dessen Werke ich während meines Philosophiestudiums regelrecht verschlungen habe. Als er wieder einmal ein Buch über einen wichtigen Philosophen herausgebracht hatte, fragte ihn ein Reporter: „*Herr Professor, wie machen Sie es, dass jedes Mal, wenn Sie ein Buch herausbringen, Ihnen ein Standardwerk gelingt?*“ Gilson antwortete bescheiden und klassisch: „*Ah Monsieur, ich bin Franzose, ich weiß, welcher Wein zu welchem Käse passt!*“

Die Fahrt mit Christoph

So, das Parkett, die Fliesen und die Badewanne waren bestellt. Wie sollte all das nun nach Grafrath kommen? Eine Spedition war viel zu teuer, also mieteten mein guter Freund und Schwager Christoph und ich einen 7,5-Tonner, fuhren nach Venedig und luden alles auf. Das Inventar für die Bäder befand sich in der Nähe meines Bruders Hans Onno und meiner Schwägerin Hemma, deshalb fragte ich sie, ob wir bei ihnen übernachten könnten. Sie freuten sich, uns wiederzusehen, bewirteten selbst uns Vegetarier köstlich und wünschten uns am nächsten Morgen eine gute Fahrt.
Da kam Christoph leider, oder Gott sei Dank, auf die Idee, mit dem LKW auf die Lastenwaage im Hof zu fahren, wodurch sich herausstellte, dass wir überladen hatten. Zugleich erfuhren wir auch noch, dass die österreichischen Beamten an der Grenze alle LKW wogen und die überladenen nicht weiterfahren ließen. Wunderbar! Das war eine Nachricht, die ich an dem Morgen wirklich nicht gebraucht hätte. Ich wusste schon nicht, wie viel Zeit uns die deutsche Grenze kosten würde, weil

wir vielleicht alle Kartons aufmachen müssten, um zu belegen, dass wirklich das drin war, was auf den Begleitpapieren stand. Aber nun auch noch, dass wir möglicherweise gar nicht so weit kämen – das fand ich gar nicht witzig.

Ich bat natürlich Baba um Hilfe, und als Antwort kam sein klassischer Spruch: „*Don't worry, be happy*" – *Mach dir keine Sorgen, sei vielmehr froh*. Christoph und ich teilten uns den Spruch auf: Er war froh, ich hatte die Sorgen!
Dann kamen wir in einen riesigen Stau, der uns sehr viel Zeit kostete. Christoph blieb ruhig, ich wurde nervös. Endlich kamen wir an die österreichische Grenze und die bange Frage war nun für uns beide: Was würde jetzt geschehen? Es geschah nichts, gar nichts. Denn die Waage war seit 18:00 Uhr geschlossen und jetzt war es 18:15 Uhr – der Stau hatte uns davor bewahrt, gewogen zu werden! So wurden wir nur durchgewunken und kamen bald darauf an die deutsche Grenze.

Wieder hatten wir die Frage: Was würde nun geschehen? Da passierte etwas Fantastisches (*Don't worry, be happy!*): Ich musste zum Zollhaus durch leichten Regen gehen. Kaum betrat ich den Zollraum, nieste eine Beamtin, worauf ich laut sagte: „*Gesundheit. Das ist Arbeitsteilung: Ich gehe durch den Regen und Sie niesen!*" Sie fand das so lustig, dass sie mich sogleich zu sich rief, den Antrag durchsah, unseren wahrheitsgemäßen Angaben glaubte, die Papiere abstempelte und uns weiterfahren ließ.
Welch „kleine Zufälle", die das Leben so sehr verschönern und erstaunlicherweise dann eintreten, wenn man um Hilfe bittet. Danke, Lieber Gott, für diese wunderbaren Erfahrungen!
Und danke, lieber Christoph, für die hervorragende und vergnügliche Begleitung!

Und genauso, wie diese Reise sehr stürmisch mit all den Ängsten begann, nachdem der LKW auf der Waage war, und dann so gut zu Ende ging, ging der Umbau immer besser voran. Wir fanden die sehr gute Baufirma Hans Wimmer und Partner, die uns eine fabelhafte Betontreppe goss, die Wände im ersten Stock verputzte und auch sonst gute Arbeit leistete. Wir hatten durch diese Firma sehr gute Fliesenle-

ger, die unsere Bäder zu einer Augenweide machten. Und wir hatten in Hubert Leib einen hervorragenden Dachdecker-, Spenglermeister und Freund, der unsere Gauben mit wunderschönen goldenen Kugeln versah. Auf diesen Kugeln brachte er sogar noch Halbmonde an, die den zunehmenden Mond symbolisieren sollten als Zeichen für die aufgehende Spiritualität. Kaum waren diese montiert, erschienen die alarmierten Nachbarn. Nun bauten wir nicht nur schon ewig, machten unendlich viel Lärm, waren Therapeuten und damit sowieso schon suspekt. Jetzt stellte sich die absolut alarmierende Frage: Waren wir etwa auch noch Moslemischen Glaubens? Als wir das verneinten, fiel ihnen sichtlich ein Stein vom Herzen, denn das wäre anscheinend zu viel gewesen! Dabei lag damals der 11. September noch in weiter Ferne. Aber offensichtlich hatten wir ein für einige bereits alarmierendes Maß an Fremdartigkeit erreicht! Aufgrund dieser guten und engagierten Firmen, nicht zu vergessen Michael Ostemeier, der uns den Dachstuhl baute, und durch Babas am Ende selbst für uns sichtbar hervorragende Führung haben wir heute ein Haus, das wir lieben und das so vielseitig ist, dass wir es immer wieder unseren neuen Bedürfnissen anpassen können.
Vielen, vielen Dank, Baba.

10. Diktat der Bücher

Durch den Hausbau und die damit verbundenen Fragen beziehungsweise Herausforderungen (der positive Begriff für „Probleme“!) waren Constanze und ich gewöhnt, Baba täglich sogar mehrmals Fragen zu stellen und Antworten zu bekommen.
Manche sagen zu mir: „*Ah, hast du es gut, dass du eine innere Stimme hast.*“ Stimmt auch. Dafür bin ich sehr dankbar. Auf der anderen Seite habe ich stets den Druck, richtig zu hören. Ich hatte zum Beispiel beim Bau gemerkt, dass ich mich schwer tat, überhaupt etwas zu hören, wenn ich unter Druck war. Ich durfte deshalb nicht dann Baba etwas fragen, wenn es besonders schnell gehen beziehungsweise wenn **sofort** etwas sehr **Wichtiges** entschieden werden musste. Da kam ich unter Druck und hörte möglicherweise falsch. Oder die andere Variante: Ich hatte richtig gehört, die gehörte Lösung sah aber erst einmal so absurd aus, dass ich meinte, falsch gehört zu haben.
Deshalb hatte ich viel weniger das Bedürfnis, mit Baba zu kommunizieren, als zum Beispiel Constanze, die mich immer wieder fragte: „*Warum sprichst du nicht mit Baba, du kannst es doch?!*“ Darauf weiß ich nie so richtig, was ich antworten soll, denn die Frage ist absolut berechtigt: Warum hatte ich nicht gefragt? Keine Ahnung, besonders da die Antworten zum Teil unglaublich tief, erhellend und unendlich klug sind. Ich mag einfach den Stress nicht, richtig hören zu müssen, damit ich ja nichts Falsches sage beziehungsweise daraus ableite und tue.

Durch die uns so liebe Kieler Gruppe lernten wir neben vielem anderen auch das besonders schöne und berührende Buch von Eileen Caddy *Herztüren öffnen* kennen. Das Buch besteht aus 366 Tagessprüchen, die die Autorin durch die innere Stimme diktiert bekommen hat. Gott hat ihr diese Sprüche unter abenteuerlichen Umständen durchgegeben

und sie und ihren Mann Peter auch sonst geführt, wodurch das spirituelle Zentrum *Findhorn* entstanden ist.
Wir lasen regelmäßig in diesem Buch, bis Constanze eines Tages zu mir sagte: „*Das kannst du auch!*“ „*Was kann ich auch*?“, fragte ich, da ich nicht verstanden hatte, was Constanze meinte. „*So ein Buch schreiben.*“ „*Nie und nimmer!*“, war meine prompte Antwort, denn ich hatte keine Lust auf noch mehr Belastung. Wir waren noch richtig im Umbau. Das Buch über Beziehungen, das ich hatte schreiben wollen, woran ich gescheitert war und das ich nun zusammen mit Constanze neu schrieb, verlangte sehr viel Zeit und Engagement. Ich hatte wirklich keine Lust auf noch mehr. Da kam Constanzes typischer Satz: „*Frag doch Baba!*“ Ich fragte nicht. Hier kann ich zum Beispiel sehr wohl eine Antwort geben, **warum** ich nicht fragte, denn ich befürchtete, in einen Strudel von Ereignissen und Gegebenheiten zu geraten, die ich nicht wollte. Gerade Eileen Caddys Lebensbericht beziehungsweise ihre Beschreibung, was sie alles **wegen** der inneren Stimme durchgemacht hatte, motivierte mich mit Sicherheit nicht, zu fragen.

Meine Zweifel

Eines Tages kam Constanze wieder auf das Thema des Diktats durch die innere Stimme und sie traf offensichtlich bei mir auf eine größere Bereitschaft zu fragen. Und prompt kam die Antwort, Baba werde mir ein ähnliches Buch diktieren. Man kann es mir glauben: *I was not amused*! – *Ich war nicht begeistert*. Denn zu allem, was mir ganz allgemein durch den Kopf ging, kam noch mein Wissen, dass Baba stets betont, er spreche durch niemanden – ich betone hier nochmals den Unterschied: Er spricht **zu** vielen innerlich, er spricht aber **durch** niemanden. Warum sollte er bei mir eine Ausnahme machen? Aber ehrlich gesagt, beschäftigte dies mich noch am wenigsten. Was mir wirklich Probleme bereitete, war, dass ich Philosophie und zum Teil auch Psychologie studiert hatte, um Schriftsteller zu werden. In meiner Phase, in der ich zum Beispiel alles von Heinrich von Kleist, von Schiller, von Hermann Hesse, Arthur Schnitzler, Stefan Zweig und vieles von Goethe etc. las, beschäftigte mich ständig die Frage, welche Philosophie hinter den Geschichten verborgen war, die hier sehr kunstvoll geschildert wurden. Ich wollte mich zuerst um eine klare philosophische Aussage kümmern und dann schreiben. Das war das Ziel all meines Studierens gewesen. Durch viele „erstaunliche“ Umstände wurde ich dahin geführt, Therapeut zu werden. Und war erstaunt, wie viel Spaß es mir bereitete. Als ich während meines Sterbens auf Zypern sah, welche Inkarnationen ich durchlaufen hatte, wunderte mich dies auch nicht mehr. Trotzdem wollte ich unbedingt Schriftsteller werden. Deswegen mein Einsatz über Jahre (Magisterarbeit, Diplomarbeit, Doktorarbeit), der mich sehr forderte, deshalb auch mein Buch über Körpertherapie und Analyse und deshalb mein Ringen um das Beziehungsbuch.

Würde ich nun mittels der inneren Stimme schreiben, würde ich meinen Status als Schriftsteller aufgeben.

- Für die einen wäre ich verrückt, denn ich behaupte, eine Stimme zu hören.
- Für die anderen wäre ich ein Betrüger, weil ich behaupte, Baba zu hören, obwohl er immer wieder betont, dass er durch niemanden spricht.
- Wiederum andere würden in mir einen „Sektenfreak“ sehen, der zu allem Unglück auch noch glaubt, für den Sektenführer schreiben zu müssen.

Ich sah deshalb nichts Verlockendes am Schreiben eines Buches mittels der inneren Stimme. Deswegen sagte ich zu Constanze: *„Außer Spesen nichts gewesen.“* Will heißen: Außer Problemen würde mir dieses Unterfangen nichts bringen. Und so war es auch: Die deutsche Sathya-Sai-Bewegung boykottierte mich und die Bücher, wo sie nur konnte. Der katholische Sektenbeauftragte von Bayern hält Baba für einen gefährlichen Betrüger und Verbrecher und mich für dessen Handlanger und warnt jeden, ja nicht zu mir in die Therapie zu kommen, denn käme jemand in meine und Babas Fänge, sei er verloren. Und die Medien meiden mich beziehungsweise ignorieren mich total (was mir sehr recht ist). Obwohl von *Sai Baba spricht zum Westen* und *Sai Baba spricht über Beziehungen* zusammen an die 250.000 Exemplare verkauft wurden, werden diese Bücher nirgendwo erwähnt.

DAS SCHREIBEN GEHT LOS

Baba wäre aber nicht Baba, wenn er auf solche vom Ego bestimmten Befürchtungen Rücksicht nehmen würde. Wie ich später erfuhr, erzählte er zu dieser Zeit im engsten Kreis seiner indischen Devotees, er diktiere im Moment einem Deutschen Bücher, damit seine Lehren auch im Westen Verbreitung fänden. Ich hatte also keine allzu große Chance, mich zu wehren. Es war so entschieden und so geschah es auch!

Deswegen begann er sogleich mit dem Diktieren. Es ging sehr schnell, trotzdem befürchtete ich die ganze Zeit, ich könnte ihn nicht mehr hören, bevor ich alle 366 Tagessprüche geschrieben hatte.

Baba tat deshalb das, was mir in dieser Situation am meisten half: Er rief mich zu sich. So kamen Constanze und ich nach Whitefield, wo ich unter dem wunderbaren Baum im *Ashram* den ganzen Tag schreiben konnte. Ich hatte mir zum Sitzen einen IKEA-Klappstuhl mitgebracht, den ich abgesägt hatte. Ich konnte so stundenlang sitzen, ohne zu ermüden, was mir sonst wegen meiner alten Rückenverletzung entsetzliche Schmerzen bereitet hätte.

Dann fuhr Baba nach Bombay/Mumbai, wo er den Feierlichkeiten zum 25-jährigen Bestehen des dortigen *Ashrams* (*Dharmakshetra*) vorsaß. Vorsitzen ist genau das richtige Verb, denn Baba saß auf der Bühne und wir quetschten uns in den Raum davor. Während der gesamten Feierlichkeiten schrieb ich. Es floss mit unvorstellbarer Geschwindigkeit in meine Feder und aufs Papier. Trotzdem fühlte ich mich absolut in die festliche Gemeinschaft eingebunden.

Eines Abends saß Baba auf einem Kunstledersofa und hörte sich das Konzert an, das einige indische Künstler ihm zu Ehren darboten. Es war selbst bei uns im Auditorium unglaublich heiß und ich war von Kopf bis Fuß durchgeschwitzt. Baba saß auf seinem Sofa von Scheinwerferlicht umgeben und wischte sich mit einem Taschentuch in regelmäßigen Abständen den Schweiß vom Gesicht. Dann war das Konzert zu Ende und Baba stand auf und materialisierte den Künstlern Ketten und Ringe. Da schoss es mir durch den Kopf: Das war ja unglaublich! Baba hatte die ganze Zeit gesessen und nun stand er auf

und sein Gewand war an der Rückseite, die bis dahin Kontakt zu diesem Kunststoffsofa gehabt hatte, perfekt gebügelt! Alle Bügelfalten, die Babas Gewänder stets haben, weil sie in Quadrate zusammengelegt werden, waren perfekt sichtbar. Keines war schwächer als die anderen, außerdem waren keine neuen Falten hinzugekommen. Zudem war nirgendwo ein Schweißtropfen zu sehen. Unglaublich!
Das Fest war damit an diesem Abend zu Ende und ich traf Constanze am Ausgang. „*Hast du gesehen?*“, fragte sie mich sogleich, bevor ich es tun konnte. Wir waren beide sehr erstaunt über dieses eindeutige Wunder beziehungsweise den klaren Beweis, dass Baba über der Materie steht.

Das Diktieren des Buches ging schnell voran. Wenige Tage später waren wir wieder in Whitefield, wo Constanze zu meinem Schutz Baba einen Brief reichte, ob er auch wirklich meine innere Stimme sei. Nähme er den Brief, bedeute dies ja, nähme er ihn nicht, nein. Trotz all der Erfahrungen, die wir mit Baba bereits hatten, war es ein äußerst spannender Moment, als er kam und sich ganz langsam dem Platz näherte, wo Constanze saß. Er ging zu ihr und nahm den Brief mit einem Blick, der sagen sollte: ‚*O. k., wenn ihr auch noch diesen Beweis braucht.*‘ Constanze reichte ihm mit dem Brief eine Rose, die er sogar annahm, was er selten tut. Sowohl Constanze als auch ich haben es eindeutig gesehen. Am Ende des *Darshans* lag die Rose dann wieder in Constanzes Schoß. Wir waren sehr berührt.

Nun war es so, dass ich natürlich wie alle anderen auch Baba immer wieder um ein Interview bat. Ich wollte auch einmal erleben, wie Baba in seinen privaten Räumen ist. Baba antwortete mir aber jedes Mal, ich bekäme kein *Interview*, ich hätte schon die ganze Zeit *Innerview*! Ich war dann immer ganz kleinlaut, trotzdem fand ich es schade.
Dann schrieb ich in Whitefield den letzten Tagesspruch und Baba lud uns zum Interview ein. Ich war der Übersetzer und wieder einmal forderte Baba das Maximale von mir, denn ich verstand sein Englisch nicht. Es war Stress pur. Es ging dann doch alles gut und wir fuhren wenig später beglückt nach Hause. (Ich komme im Kapitel über *das Haus in Venedig* nochmals auf dieses Interview zurück.)

Babas Erlaubnis

Zu Hause angekommen, sagte mir Baba, ich solle den Text noch von Charlotte Kügler durchsehen lassen, die dies sehr liebevoll und engagiert tat. Ich ließ den fertigen Text drucken und binden und nahm dieses Exemplar bei meiner nächsten Reise mit zu Baba. Und wieder bekam ich ein Interview – ich, der ich nie eins bekommen sollte.
Baba hatte es so eingerichtet, dass in der Gruppe, mit der wir nach Indien gereist waren, ein Anwalt für Urheberrecht war. Wir bekamen also ein Interview und ich zeigte das fertige Buch Baba, der es sehr gut fand. In diesem Interview fragte ich ihn vor Zeugen, ob es von ihm diktiert sei, ob es so in Ordnung sei und ob ich es veröffentlichen sollte. Alle drei Fragen bejahte er. Zum Schluss bat ich ihn, es als Zeichen seines Einverständnisses zu unterschreiben, was er tat. Etwas Großes war geschehen. Das wussten wir alle.

Reaktionen

Wir wollten gerne in dem Buch das sehr stimmungsvolle Bild von Baba veröffentlichen, wo er von dem Fotografen D. R. Mungekar an seinem 50. Geburtstag aufgenommen worden war. So erkundigten wir uns, wo dieser Fotograf wohnte, und besuchten ihn. Er war sehr freundlich und empfing uns herzlich. Sobald er die Unterschrift Babas in dem Buch sah, wurde er absolut ehrfürchtig. Natürlich könnten wir sein Bild für dieses besondere Buch verwenden. Wir waren berührt, denn nochmals wurde uns klar, dass etwas Einzigartiges geschehen war.

Einige Tage später saßen Constanze und ich in unserem Zimmer im *Ashram*, als es klopfte. Wir öffneten und waren völlig verwundert Mr. Suri zu sehen, den Chef des Sathya Sai *Bookshops*, also den Mann, der Babas Verlag leitete. Wir waren natürlich gespannt zu erfahren, warum er uns besuchen kam. Er sagte, Baba habe ihm ein kleines silbernes *Lingam*, im Grunde ein Ei, das in seinem Fall auf der einen Seite platt war, materialisiert, womit er *Vibuthi*, heilige Asche, materialisieren könne. Wir staunten. Er bat, das Buch sehen zu dürfen, das Baba unterschrieben hatte. Er tat sein *Lingam* darauf und drehte es langsam. Constanze und ich waren zunächst ängstlich, ob dies ein Test sei, dann sahen wir zu unserer großen Verwunderung, wie die Asche auf dem Buch entstand – welch ein Erlebnis! Herr Suri beglückwünschte uns für dieses besondere Buch, ließ uns die Asche und ging mit der Bemerkung, wäre es auf Englisch, würde er es sogleich veröffentlichen.

Der Titel

Das Buch, von dem ich die ganze Zeit spreche, hat den Titel: *Sai Baba spricht zum Westen.*
Wie weitsichtig Baba ist, sieht man auch daran, wie beziehungsweise wen er den Namen bestimmen ließ. Während meines Studium bei Prof. Otto hatte ich, wie ich bereits berichtet habe, mit Odowin Clos einen Studienkreis gegründet, an dem auch eine Kommilitonin, Philippa Durst, teilnahm. Sie hatte bei Prof. Stephan Otto promoviert und war nun die Cheflektorin des Sathya Sai Verlages in Deutschland. Baba sagte mir, ich sollte sie fragen, denn sie würde den richtigen Titel finden. Ich rief sie an und wir freuten uns, wieder einmal voneinander zu hören. Ich berichtete ihr von dem diktierten Buch von Baba. Sie war sehr offen und interessiert und konnte sogleich auch den Titel bestimmen, auf den ich nie gekommen wäre: *Sai Baba spricht zum Westen.* So lebt in dem Titel auch ein wenig unser damaliger Studienkreis weiter. Auch dafür danke, Baba. Danke, Philippa, denn der Titel war eine Meisterleistung.

Der Verlag

Nach der Pleite mit dem Peter Lang Verlag, bei dem ich für teures Geld *Theorie und Technik der analytischen Körpertherapie* drucken ließ und wo die Bücher anschließend wie Blei lagen, weil der Verlag – wie gesagt – nicht mit den Buchhandlungen zusammenarbeitete und ich sie zu einem späteren Zeitpunkt zusammen mit den Rechten zurückkaufen musste, hatte mir Baba gesagt, ich sollte einen eigenen Verlag grün-

den. Ich wusste nicht im Entferntesten, warum, hatte mir aber angewöhnt zu tun, was Baba sagte. Also gingen Constanze und ich los und meldeten in Berlin einen Verlag an.
Zunächst boten wir *Sai Baba spricht zum Westen* dem Goldmann Verlag an. Die Lektorin erkannte sofort den Wert dieses Buches und wollte es sogleich veröffentlichen. Ihr Chef aber (wahrscheinlich der gleiche, der das Buch *Harry Potter* abgelehnt hat!), meinte, das sei nichts, und lehnte ab.

Der Sathya Sai Verlag, von dem Baba gesagt hatte, dass *Sai Baba spricht zum Westen* darin erscheinen sollte, wollte das Buch auf keinen Fall, da es diktiert war. Sie nahmen sogar die – ebenfalls diktierten! – Bücher von Lukas Rally heraus, die sie bis dahin im Sortiment hatten, um konsequent jedem diktierten Buch gegenüber zu sein.

Was sollten wir nun tun? Erst jetzt, da wir gesehen hatten, dass nicht nur der Goldmann Verlag, sondern alle anderen auch, die wir kontaktierten, *Sai Baba spricht zum Westen* abgelehnt hatten, sagte uns Baba, wir sollten es im eigenen Verlag veröffentlichen und den Erlös spenden. Wieder war ich nicht begeistert. Am besten fand ich noch das Spenden, denn es gab mir die Möglichkeit, viel Gutes zu tun. Keine Lust hatte ich auf einen eigenen Verlag. Wir hatten schon genug zu tun mit dem Umbau des Hauses und dem Aufbau des Instituts. Was sollten wir denn jetzt noch mit einem eigenen Verlag? Ich maulte eine Weile herum, dann fügte ich mich recht widerwillig.

Nun stellte sich die Frage: Wie sollte der Verlag heißen? Es kam uns der Name *Govinda*. Nun geschah wieder ein Wunder. Kurz bevor wir das Cover zu Ende gestalteten, so dass es fertig für den Druck war, bekam ich einen Anruf. Aber nicht auf unserem Telefon, sondern auf dem Münztelefon, das im Institut hing. Ein netter Mann war dran, der mich informierte, dass es den *Govinda Verlag* bereits gäbe und wir den Verlag unbedingt anders nennen sollten. Ich bedankte mich und hängte ein. Erst danach kamen mir folgende Fragen: Woher hatte der Mann eigentlich diese Nummer, die nur meine Seminarteilnehmer kannten? Woher wusste er, dass wir den Verlag *Govinda* nennen wollten, da dies doch nur ganz wenigen bekannt war? Wieso rief er genau jetzt an, kurz bevor das Cover in Druck ging? Wieder einmal waren es diese unglaublichen Zufälle, die mir zeigten, wie sehr für uns gesorgt wurde.

Das war wirklich sehr fürsorglich. Dennoch steigerte es meine Lust am eigenen Verlag nicht. Bald hatten wir den Namen dafür gefunden: *Govinda Sai Verlag*. Und die erste Auflage erschien – und war im Nu ausverkauft. Wir waren nur noch am Nachdrucken und verkauften über Monate bis zu 500 Exemplare am Tag. Alles wir zwei: Constanze und ich. Wir waren ein absolut eingespieltes Team und hatten viel Freude daran. Dann wurde Constanze schwanger und konnte den Geruch von Pappe nicht mehr ertragen. So kam ein Mitarbeiter nach dem anderen, den wir anstellten, weil er im Moment Hilfe finanzieller oder sonstiger Natur brauchte. Sie alle lebten davon, dass Babas Bücher sie unabhängig von ihrer Leistung ernährten.

Erst als wir unser Denken völlig veränderten und ich im Rahmen meines Coachens von Firmenchefs, Direktoren und leitenden Angestellten auf den Maßstab kam, dass nur hervorragende Mitarbeiter eine Firma aufbauen, schlechte – sogar auch nur gute – eine mehr oder weniger große Katastrophe sind, kamen wir auf unseren jetzigen hervorragenden Mitarbeiter Maare Schönhöfer, dem Baba bereits vor 15 Jahren (!) gesagt hatte, er solle im Februar 2008 zu ihm kommen, da werde er ihm eine neue Tätigkeit geben. Maare war damals noch Lehrer und wendete deshalb ein, er könne im Februar nicht zu ihm kommen. Baba ließ sich natürlich von diesem Einwand nicht beirren. Und was geschah? Maare ging in den vorzeitigen Ruhestand und war im Februar in Puttaparthi. Hier trafen wir ihn und wir dachten, er sei der ideale Mann für uns – und er wusste sogleich, wovon Baba damals vor 15 Jahren gesprochen hatte!

Inhalt

Wie ich auch im Vorwort von *Sai Baba spricht zum Westen* schrieb, fiel es mir schwer, die Einleitung von Sai Baba mit seinem Namen zu unterschreiben. Ich hatte aber gelernt zu gehorchen, was ich zuweilen mit Murren, aber dann doch tue. Genauso fiel es mir schwer zu glauben, dass dieses Buch ein Orakelbuch sei. Das heißt, man setzt sich mit einer bestimmten Frage hin, hält das Buch in der Hand, schlägt es auf, und die Seite, auf die der Blick zuerst fällt, gibt die Antwort. Ich habe mich ehrlich gesagt schwer getan, zu glauben, dass das funktioniert. So haben es Constanze und ich immer wieder ausprobiert – und es hat immer geklappt. Unglaublich – aber wahr. Und viele Menschen haben uns berichtet, dass sie *Sai Baba spricht zum Westen* so verwenden und es immer funktioniert.

Genauso erstaunlich fand ich es, als ich den Text vom 14. Juli in der Kieler Gruppe vorlas und ein Teilnehmer sagte: *„Hier geht es um Revolution. Heute ist der Tag der französischen Revolution!“* Ich war völlig erstaunt, denn ich hatte weder beim Schreiben noch beim Korrigieren daran gedacht, geschweige denn ich hätte den Text extra auf diesen Tag gelegt.
Außerdem gab es kein „Legen“. Baba nannte mir den Tag und diktierte sogleich. Es ging so schnell, dass mir kein besonderer Tag auffiel, denn er nannte sie nicht hintereinander, sondern ohne jegliches sichtbare System. Und nun der 14. Juli mit dem einzigen Text im ganzen Buch über Revolution. Sehr erstaunlich
Meine Schwiegermutter meint, Constanze sei mit Fragen geboren. Sie ist einer der interessiertesten, engagiertesten und spirituellsten Menschen, die ich kenne. So stellt sie immer wieder sehr wichtige Fragen, die wir dann durchdenken. Für sie war natürlich das Diktat von *Sai Baba spricht zum Westen* ideal, alle ihre Fragen anzubringen.
Ich erinnere, wie ich einige ihrer Fragen mit unter den Riesenbaum in Whitefield nahm und Baba mir einen Text nach dem anderen diktierte und ich Antworten bekam, auf die ich selbst im Traum nicht gekommen wäre. Und dies in einer unglaublichen Geschwindigkeit. Man bedenke: Ich habe all die Tagessprüche in 14 Tagen geschrieben! Und zudem all die Antworten auf Constanzes Fragen, die allein schon ein Jahr benötigt hätten!!!

Erstaunlich ist auch, dass ich an jedem Tag in meinen Seminaren einen Spruch vorlese, den ich zuvor aussuche. Die Gruppe und ich sind immer wieder überrascht, wie gut der Spruch zu dem passt, was sich an dem Tag ergibt, und dass er zum Teil einen roten Faden der Arbeiten darstellt. So ist *Sai Baba spricht zum Westen* ein fester Bestandteil meines Lebens und meiner Arbeit geworden und ein großer Segen, der mein Leben unglaublich bereichert – und all dies, obwohl ich das Buch gar nicht hatte schreiben wollen!

Das Beziehungsbuch

Nachdem Baba mich so viel über Beziehungen gelehrt hatte, wollte ich ein Buch darüber schreiben. Ich arbeitete Monate daran – und es gelang mir nicht. Deshalb fragte ich Constanze, ob sie nicht Lust hätte, dass wir es zusammen schrieben. Sie war sofort bereit und wir haben viele spannende und frohe Stunden mit der Arbeit an diesem Buch verbracht. Trotzdem kamen wir nicht so recht voran. Wir arbeiteten und arbeiteten, gleichwohl gelang es uns nicht, das Buch beziehungsweise die Materie in den Griff zu bekommen.

Dann endlich, nach Jahren langer Arbeit und schier unendlicher Bauarbeiten im Haus, wurde der obere Stock fertig und ich zog aus der Rumpelkammer, in der mein Minibüro zusammen mit Waschbecken, Fliesen, Steinen und Ähnlichem mehr war, in mein Arbeitszimmer im ersten Stock. Ich mistete bei dieser Gelegenheit meine Papiere aus und brachte das Ganze zum Altpapier. Beim Wegwerfen fiel mir auf, dass ich dabei war, auch unser Manuskript über Beziehungen zu entsorgen. Ich wusste nicht, was ich tun sollte, denn einerseits hatte ich den starken Impuls, es wegzuwerfen, auf der anderen Seite hielt mich natürlich die Bindung daran zurück. Außerdem betraf es nicht nur mich, sondern auch Constanze, die ja ebenfalls viel Zeit und Herzblut hineingetan hatte. Ich fragte Baba und zu meiner großen Überraschung kam ganz klar: „*Wirf es weg! Ich diktiere dir das Buch!*“ Ich war in mehrfacher Hinsicht sehr berührt. Für Constanze war es ein Abschied, auf den sie Baba in einem Traum bereits hingewiesen hatte, der sie aber trotzdem schmerzte. Ich konnte sie sehr gut verstehen.

Bald darauf waren wir wieder in Puttaparthi und ich spürte, wie sich gleichsam Gedanken und Sätze in meinem Kopf bildeten. Dann sagte mir Baba, ich sollte losschreiben, und wieder ging es in Windeseile.

Ich saß fast den ganzen Tag auf dem Darshanplatz und Baba diktierte. Er saß zum Teil stundenlang draußen. Er sprach mit den Studenten, ging herum oder materialisierte etwas. Kaum sah ich auf, forderte er mich sehr liebevoll, aber auch bestimmt auf, weiterzuschreiben. Es war eine einmalige Situation, die nie wieder so kam. Und auch nicht mehr kommen kann, denn erstens ist es heute nicht mehr möglich, so lange auf dem Darshanplatz zu sitzen, und zweitens darf man einerseits aus Sicherheits-, andererseits aus Gründen der Konzentration keinen Stift und keinen Block mehr mitnehmen. Baba lehrte mich damit, dass es den *Kairòs*, den rechten Augenblick für alles gibt. Verpassen wir diesen, kommt er in den meisten Fällen nicht wieder. Baba ist der Meister des rechten Augenblicks – kein Wunder, kennt er ja die Vergangenheit, die Gegenwart und die Zukunft von allem. Mich entbindet dies aber nicht davon, mir immer zu überlegen, wann der rechte Augenblick gekommen sein könnte, und danach zu handeln.
Der rechte Augenblick war gekommen und es entstand ein Buch über Beziehungen, das Baba ebenfalls absegnete und das ich nachweislich nie so hätte schreiben können – geschweige denn in so kurzer Zeit.

„Sai Baba spricht über die Welt und Gott“

Die Geburt unseres Sohnes Gopala endete um ein Haar in einer Katastrophe, in der Mutter und Kind gestorben wären.
Constanze und Gopala wurden Gott sei Dank dann doch beide gerettet und kamen nach einem kurzen Krankenhausaufenthalt nach Hause. Und hier begann die wirkliche Arbeit, denn Gopala schlief keine halbe Stunde am Stück. Die Nächte waren damit die reinste Hölle – besonders für Constanze. Um sie zu entlasten, nahm auch ich immer wieder Gopala die ganze Nacht, wenn ich danach nicht arbeiten musste. Ich hätte nie geglaubt, dass es mich derartig mitnehmen würde, jede Viertelstunde geweckt zu werden. Ich dachte, ich könnte den versäumten Schlaf im Nu aufholen. Das gelang mir aber nicht. Also sah ich die ganze Nacht hindurch fern, um nicht einzuschlafen und bald darauf wieder geweckt zu werden – und staunte, welch hervorragende Sendungen zu einer Zeit kommen, wenn sie nur eine absolute Minderheit sehen kann!

Baba fand das aber nicht so gut. Er wollte nicht, dass ich so viel fernsah. Was dann? Schlafen wollte ich nicht mehr? Er schlug mir als Antwort vor, meinen Laptop zu holen und mich neben den – gerade! – schlafenden Gopala zu setzen, er würde mir dann eine Geschichte diktieren!

Und so geschah es auch. Jede Nacht, in der ich „Nachtwache" hielt, diktierte mir Baba eine Geschichte, die ich am Morgen Constanze vorlesen konnte und die sie besonders erfreute und berührte. Jede Nacht, wenn ich neben Gopala saß, sprudelten die Sätze und ganz leicht reihte sich eine Geschichte an die andere. Als ich keine Nachtwachen mehr zu machen brauchte, kam keine Geschichte mehr. Keine einzige! Damit war das nächste Buch fertig.

„Sai Baba spricht über Therapie"

Im Gegensatz zu *Sai Baba spricht über die Welt und Gott* war *Sai Baba spricht über Psychotherapie* ein absolut anstrengendes Buch, wo Baba sehr viel Wissen verarbeitete, mir aber auch sonst das Leben nicht leicht machte. Als Erstes rief er mich für vier Monate nach Puttaparthi. In genau dieser Zeit starb mir ein Zahn ab, der fürchterlich wehtat, wenn er mit Warmem oder Kaltem in Berührung kam. Es war sehr schmerzhaft.
Aber auch das Diktat verlief erstaunlich. Baba führte mich ständig an neue Grenzen. Er diktierte mir zum Beispiel ziemlich unzusammenhängende Sätze, von denen ich nicht annahm, man könne daraus ein Buch machen. Wenn ich dann zum *Darshan* ging und mich bei Baba beschwerte, schickte er mich nach Hause und diktierte hier und dort ein paar Worte beziehungsweise Sätze, und plötzlich wurden aus ziemlich unbrauchbarem Zeug die tiefsten Gedanken. Es kam mir tatsächlich wie ein Wunder vor, dass hier aus recht Unklarem oder gar Banalem durch das Hinzufügen von wenigen Worten oder Sätzen die tiefsten Einsichten entstanden.
Trotzdem war es für mich und auch Constanze, die Korrektur las, immer wieder sehr anstrengend. Häufig wusste ich nicht, was ich da

gehört hatte, und meine alte Angst holte mich ein, nicht richtig gehört zu haben, denn die Verantwortung, für Baba zu schreiben, lastete sehr auf mir.

Dann war ich endlich (!) mit diesem Buch fertig und Baba, der einen Tag vor uns nach Puttaparthi gekommen war, reiste am selben Tag wie wir ab. Vier Monate war er ununterbrochen da gewesen, weswegen wir unsere Wohnung dort nutzen konnten und weder umziehen noch irgendetwas zum Beispiel in Whitefield mieten mussten. Vielen Dank für diese große Fürsorge. Und auch dafür, dass Gopala ebenfalls die ganze Zeit einen Spielkameraden in Alvin, dem Sohn des Hausmeisters Noble, hatte und damit gut aufgehoben war.

Dann endlich kam *Sai Baba spricht über Psychotherapie* heraus und gleichzeitig die Gerüchte über Baba, auf die ich im nächsten Kapitel zu sprechen komme. Sie bedingten, dass plötzlich eine ganz andere Haltung den Büchern gegenüber entstand. Die gesamte Situation empfand ich als sehr schmerzhaft.

„Sai Baba spricht über Erziehung“

Wie gesagt, habe ich mich bei keinem der *Sai Baba spricht...-Bücher* darum gerissen, sie zu schreiben. Am schwersten fiel mir aber *Sai Baba spricht über Erziehung*, denn ich hatte hier besondere Angst, etwas falsch zu hören. Ich habe nämlich als Therapeut fast täglich damit zu tun, wie sehr Menschen mit 40, 50, 60 und 70 noch darunter leiden, was sie an Schrecklichem in ihrer Kindheit erlebt und erlitten haben, und nun sollte ich ein Buch schreiben, das sich derart stark um das Wohl der Kinder drehte! Diktat hin oder her, mir machte es unendlich Druck und ich muss sagen, ich war froh, als ich es bei Baba im *Ashram* fertig korrigiert hatte und sein O. k. erhielt, es zu veröffentlichen.

Kaum war es erschienen, spiegelten mir einige Lehrer, Erzieher und Kindergärtnerinnen, dass es ein wirklich gutes Buch sei. Leider wäre es in der Öffentlichkeit nicht zu verwenden, weil Baba so sehr mit Sekte und vielem Schlechten in Verbindung gebracht würde. Nun hatte ich mich so überwunden, hatte wirklich mein Bestes gegeben, genauso wie Constanze, die mir die ganze Zeit als große Stütze zur Seite gestanden hatte. Und nun kam dieses Buch gleichsam auf den Index.

Die *Zeitlose Wahrheiten...-Bücher*

So war es mir nur Recht, dass die Leitung des Sathya Sai Bookstores in Puttaparthi eine Mail in der Welt herumschickte, worin sie kundtat, die *Sai Baba spricht...-Bücher* seien niemals von Baba autorisiert worden. Ich sei de facto ein Usurpator von Babas Namen und hätte kein Recht, diese Bücher in seinem Namen zu veröffentlichen, und jeder anständige Baba-Devotee dürfe diese Bücher nicht lesen. Danach gefragt, ob dies auch Babas Meinung sei, antworteten sie, wegen solcher Lappalien würden sie ihn nicht stören! Jemanden als Betrüger zu diffamieren bezeichneten sie als Lappalie! Interessante Haltung...

Mir war das alles nur Recht. Allein Babas Ankündigung im Erziehungsbuch, bald würde ein Band über Architektur erscheinen, war mir absolut zu viel. Ich wollte nicht weiter unter diesem immensen Druck stehen, perfekt hören zu müssen.
So fragte ich Baba, was ich tun solle, und als er sagte, ich solle den Govinda Sai Verlag auflösen und einen neuen gründen, war ich selig, denn Tonnen fielen von meinen Schultern.
Baba erklärte mir zudem, es sei wichtig, die Bücher „neutraler" zu gestalten, denn der Inhalt sei das Entscheidende, nicht seine Person.
Ein Mönch bestätigte unmittelbar Babas Hinweis, denn kaum waren *Zeitlose Wahrheiten für jeden Tag* erschienen (vorher *Sai Baba spricht zum Westen*), kaufte er zehn davon mit der Bemerkung: „*Endlich kann ich dieses wichtige Buch meinen Brüdern schenken. Stünde Sai Baba darauf, würden sie es nicht lesen!*"

Bei diesem ersten Band war das Umschreiben, dass Baba nicht mehr als Person vorkam, recht leicht. Beim zweiten und dritten war es schon mehr Arbeit. Aber Baba diktierte mir so schöne neue Texte als Ersatz für die, die sich direkt auf ihn bezogen. Er half mir derart bei der Umgestaltung und auch das Korrekturlesen mit Constanze machte so viel Spaß, dass ich jede freie Minute dazu verwendete, die Inhalte umzuschreiben und neue Cover zu entwickeln. Constanze und ich haben so den neuen, den *Doliwa Verlag*, aufgebaut.

Dann ging es darum, das Erziehungsbuch umzuschreiben. Dies lag mir besonders am Herzen, denn ich hatte noch die wohlgemeinten Worte der netten Lehrerin von Gopala im Ohr, ein anderer Titel würde es ihr viel leichter machen, diese guten Bücher in der Schule zu verwenden. Kaum hatte ich etwas Zeit, setzte ich mich hin, um es umzuschreiben, und – scheiterte. Ich habe vier Bücher in drei Jahren veröffentlicht. Nun hatte ich Probleme mit meinen Fingern und Gelenken und hatte auch sonst nicht mehr die Kraft, auch das noch auf mich zu nehmen, besonders da der Verlag vor sich hindümpelte.

Dann sagte Baba, der Verlag solle wieder nach Grafrath, der Govinda Sai Verlag solle wieder aufleben, *Sai Baba spricht zum Westen* solle wieder gedruckt werden. Und, wie gesagt, einen neuen Mitarbeiter schickte er uns auch.
All das gab mir die Kraft, dieses Buch *Danke Sai Baba* zu schreiben. Ich schreibe es auch deshalb, weil ich beim vorletzten Besuch, bei dem Baba mir wieder so unendlich viel gegeben hat, das unstillbare Bedürfnis empfand, ihm nicht nur persönlich, sondern öffentlich zu danken. Denn das ist das Mindeste, was ich als Ausgleich für dieses Viele tun kann, was er mir, Constanze und Gopala gegeben hat.
Vielen, vielen Dank dafür!

11. Gerüchte

Wie ich bereits erwähnte, tauchten um das Jahr 2000 – besonders im Internet – schlimme Gerüchte über Baba auf. Es wurde geschrieben, Baba würde seine Studenten, aber auch andere Jugendliche missbrauchen, und alle seine Wunder seien nichts als üble Täuschungen. Das berührte mich sehr. Was war da los?
Über den Verlag, aber auch über das Institut bekam ich unzählige Anfragen, denn viele wollten wissen, was los sei.
Für mich wurde die Situation nochmals schwieriger, denn meine Seminarteilnehmer sprachen mich darauf an und erwarteten eine Antwort von mir, die ich so schnell nicht geben konnte. Und sie fragten sich – und mich! –, warum ich dieses heikle Thema nicht von mir aus angesprochen hätte. Ich erwiderte, ich hätte noch zu wenig Greifbares in Erfahrung gebracht, um eine Antwort geben zu können. O. k., meinten sie, aber sie hätten es trotzdem besser gefunden, wenn ich es angesprochen hätte. Ich nahm mir dies zu Herzen und sprach das Thema in der nächsten Gruppe an. Hier sagten mir wiederum einige, sie fänden es gar nicht gut, dass ich sie mit diesen Gerüchten belaste, sie wollten nichts davon wissen und ich sollte diese ihnen unangenehmen Informationen bitte für mich behalten!
Es wurde mir klar: Ich war in einer Situation, in der ich nicht gewinnen konnte.

Aber ich hatte nicht gewinnen, sondern besprechen, Raum für Meinungen und Gefühle geben wollen. Für einige war dies gut, für andere völlig egal, weil sie von Baba kaum etwas wussten und auch nichts wissen wollten (was für mich absolut in Ordnung ist), für wieder andere dagegen war es ein höchst delikates Thema, mit dem sie gar nichts zu tun haben wollten.
Ich verstand alle, denn ich war genauso hin- und hergerissen. Ich leite kaum eine Gruppe, in der sich nicht herausstellt, dass ein(e) Teil-

nehmer(in) missbraucht wurde. Dieses Missbrauchsthema erlebe ich als eine wahre Geißel der Menschheit. Und wenn ich dann höre, dass Männer Mädchen jahrelang in Verliesen gefangen halten, um sie zu missbrauchen, dann wird mir regelrecht schlecht.
So fand ich dieses Thema bezüglich Baba äußerst delikat. Hatte ich ein Recht, die Gefühle von irgendjemandem, der sagte, Baba habe ihn missbraucht, anzuzweifeln? Natürlich nicht. Es kam mir aber die Geschichte einer Frau in den Sinn, mit der ich in Berlin länger gearbeitet hatte, die immer wieder betonte, ihr Vater habe sie missbraucht, dies aber nicht richtig festmachen konnte. Jahre später erkannte sie, dass es eine Übertragung war und der Vater nichts damit zu tun hatte. Auf der anderen Seite wollte ich auf keinen Fall den Fehler von Freud begehen, der als Erster das Thema Missbrauch entdeckte und es leider, leider als reine Übertragung beziehungsweise als Wunsch bagatellisierte – mit fatalen Folgen für unzählige Patientinnen.

Alle Wunder nur Betrug?

Aber eine Sache machte mich stutzig: Wie kam es, dass in allen Berichten, die zumindest ich im Internet fand, eine für mich erstaunliche Verbindung hergestellt wird? Baba wird sowohl als Schänder als auch als Trickbetrüger geschildert. Wie kam das? Wieso diese erstaunliche Verbindung? Ich habe nachweislich Tausende von Wundern gesehen, erlebt und glaubhaft berichtet bekommen. Wieso wurden die alle als Betrug hingestellt? Es stand zumindest hier Erlebnis gegenüber Erlebnis: Ich habe nun einmal gesehen, wie Baba viele aus dem Rollstuhl geholt hat. Einen Mann kannte ich sogar, denn er war mit mir zusammen im *Shed*. Er war mit Rollstuhl angereist. Baba hat ihn da herausgeholt. Anschließend hat dieser Mann den gesamten *Shed* damit beschäftigt, was er nun mit seinem Rollstuhl tun sollte. Ich habe es erlebt, dass jemand im Endstadium der Leukämie zu Baba kam und geheilt nach Hause fuhr. Ich habe es erlebt, wie er genau über mich und Constanze Bescheid wusste. Ich habe es erlebt, wie er sogleich half, wenn wir ihn darum baten. Ich habe aus nächster Nähe gesehen, wie er zum Beispiel Ketten, Ringe, Anhänger materialisierte. Und ich habe gesehen, wie er auf einen Ring dreimal blies und danach ein ganz anderer zwischen seinen Fingern war – und er die Hände nicht bewegte, so dass er andere Ringe hätte dazwischenschmuggeln können, wie ihm unterstellt wird.

Ich trage einen Ehering, den Constanze und ich aussuchten. Der Goldschmied maß genau meinen Fingerumfang, bevor er ihn anfertigte. Trotzdem musste er dreimal enger gemacht werden. Ich weiß dies von vielen anderen auch. Babas Ringe passen aber wie angegossen. Wie sollte dies gehen, wenn er sie vorher besorgt hätte? Und wie sollte er sie besorgen? Sollte er von lauter Verbrechern umgeben sein, die seinen Betrug – und Verrat – unterstützen? Und das käme nicht heraus?
Und hier kommen wir zu dem entscheidenden Punkt: Ich fragte, wen immer ich im *Ashram* und außerhalb erreichen konnte: **Keiner** wusste von irgendwelchen Begebenheiten. Alle wussten von den Gerüchten, aber nichts von irgendwelchen Fakten!
Unsere Wohnung in Puttaparthi ist in dem Haus, das Lars Hessenkamp gebaut hat, ein deutscher Heilpraktiker, der mit Gracy, einer Inderin, verheiratet ist. Nicht nur ein reizendes, sondern auch ein kluges Ehepaar, das seine beiden Söhne zunächst bei Baba auf der Schule, dann auf dem Gymnasium und schließlich auf der Universität hatte beziehungsweise hat. Keiner von diesen vieren weiß irgendetwas von einem Missbrauch. Kein Student hat sich beschwert, so dass sie es erfahren hätten. Baba hat ihnen unzählige Interviews gegeben, aber sie niemals unsittlich berührt. Wie kommt es, dass Babas angebliches Fehlverhalten im Internet so weit und breit diskutiert wird, ich Tausende (!!!) von Wundern erlebt habe, ihm aber unterstellt wird, er betrüge? Wie kommt es, dass zudem von mehreren behauptet wird, Baba habe sie missbraucht, in seiner nächsten Umgebung aber keiner etwas davon weiß? Findet hier die totale Leugnung statt?

Ich kann es nicht beurteilen und maße mir auch kein Urteil an, denn ich weiß, dass Baba die erstaunlichsten Dinge tut.
So kam ein Mann aus einer meiner Gruppen zu mir und berichtete, Baba habe ihm ein Einzelinterview gewährt und ihn dabei aufgefordert, seine Hose samt Unterhose herunterzuziehen. Dann habe er eine Paste materialisiert (nicht aus dem Ärmel gezogen!) und ihn einge-

schmiert. Mehr war nicht passiert. Trotzdem war dieser Mann recht geschockt und fragte mich, was das zu bedeuten hätte. Ich hatte keine Ahnung, fand die Situation auch zunächst ungewöhnlich, und fragte deshalb Baba, der mir sogleich antwortete, er habe ihn vor Gonadenkrebs bewahrt. Erst später verstand ich, dass dies Hodenkrebs bedeutete. Das Wort war mir in dem Moment überhaupt nicht geläufig gewesen! Dieser Mann reiste noch mehrmals zu Baba, der ihn auch mit einer sehr netten Frau verheiratete. Aber irgendwelche der oben genannten Praktiken wiederholten sich nicht, geschweige denn, dass Baba weiter gegangen wäre.

Dann hörte ich von Italienern, die als Gruppe von Baba ein Interview bekamen. In dieser Gruppe war ein junger Mann, der anschließend erzählte, Baba habe ihm ein Einzelinterview gewährt und ihn dabei sexuell belästigt. Das Problem bei der Geschichte war, dass er nie die Gruppe der anderen verlassen hatte und alle bezeugen konnten, dass er keinen Augenblick allein mit Baba gewesen war.

Will ich damit den Menschen, die im Internet glaubhaft ihre Erlebnisse schildern, unterstellen, sie würden fantasieren oder gar lügen? Würde ich es tun, fände ich es gemein beziehungsweise infam. Ich glaube aber Mehreres. Einerseits bleibe ich dabei, dass mich die Verbindung von Baba als Missbrauchstäter und Baba als Trickbetrüger sehr skeptisch stimmt. Hier kann etwas Grundlegendes nicht stimmen, denn, wie gesagt, es gibt zu viele, die klare Beweise dafür haben, dass er unendlich viele Wunder wirkt. Und dass er *Vibuthi*, die heilige Asche, von gepressten Tabletten abreiben soll, die er in der Hand versteckt hält, wie es im Internet beschrieben wird, ist so abwegig, als wollte man sagen, ein Lehrer, der das Einmaleins aufsagt, würde spicken! Ich habe Baba derartige Riesenmengen an *Vibuthi* produzieren sehen, dass er einen Sack an Tabletten hätte abreiben müssen – und das würde selbst dem blindesten Devotee auffallen. Außerdem hat er für Constanze, unsere Gruppe und mich direkt vor unserer Nase *Vibuthi* materialisiert, so dass wir es gesehen und auch geschmeckt hätten, denn das von ihm materialisierte schmeckt völlig anders als zum Beispiel das, was man kaufen kann.

Oder das andere große Wunder, wie er mich vom Rauchen befreite. Ich war ein sehr starker Raucher und drehte mir die Zigaretten selber, nicht so sehr um Geld zu sparen, sondern um nicht genau zu wissen, wie viel ich rauchte. Ich lebte über Jahre nach dem Motto von Mark Twain: „*Das Rauchen aufzuhören ist für mich überhaupt kein Problem, ich habe es tausendfach getan!*“ Das heißt, ich hatte immer wieder damit aufgehört und ebenso häufig „aus gutem Grund!“ wieder angefangen. Dann dachte ich an Woody Allen, der sagte: „*Ich habe das Rauchen aufgehört. Nun lebe ich eine Woche länger, in der es ununterbrochen regnen wird!*“
Nun aber reichte es mir wirklich, ich wollte unbedingt das Rauchen aufhören, war mir aber bewusst, dass ich es allein nicht schaffen würde. Also bat ich Baba während eines Besuchs, mich von dieser Sucht zu befreien. Und prompt reagierte er: Er kam direkt auf mich zu, sah mich an und ging wieder. Ich war danach wie gelähmt und konnte auch nicht aufstehen, als alle gingen. Erst viel später gelang es mir, den Darshanplatz zu verlassen. Seitdem ist das Rauchen für mich vorbei, so vorbei, dass ich jederzeit rauchen könnte, aber nicht mehr anfangen würde, denn die Sucht in mir ist ausgelöscht.
Zudem konnte ich bereits viele in der Therapie von den Süchten Rauchen beziehungsweise Alkohol befreien (vgl. Kap. *Therapieausbildung*).

Wegen dieser unendlich vielen Erlebnisse, die ich, Constanze oder Freunde von uns mit Baba hatten und haben, bleiben die erwähnten Unterstellungen ihren Beweis schuldig, denn Baba macht Wunder. Nicht eins, nicht zwei, sondern Millionen. Dies mag man glauben oder nicht. Aber genauso wie andere ihre Erlebnisse als authentisch gewertet sehen möchten, müssen sie meine beziehungsweise unsere als solche akzeptieren.

Missbrauch

Nun das delikatere Thema Missbrauch. Einige Berichte würde ich sogleich glauben, hätten sie nicht, wie gesagt, diese unheilvolle Verbindung mit dem Trickbetrüger. Das macht sie sehr suspekt.

Auf der anderen Seite weiß ich, dass Baba liebend gern innere Bilder bedient. Ich war einmal bei ihm und in unserer Gruppe war ein Mann, der allen und so auch Baba gegenüber sehr negativ war. Beim *Darshan* fügte es sich, dass er rechts neben mir saß und Baba direkt auf uns zukam. Als Baba gegangen war, meinte ich begeistert, wie fröhlich und liebevoll er uns doch angesehen habe. „*Findest du?*", fragte der Mann eher trübsinnig. „*Ich finde, er hat absolut finster geschaut.*" Dieser Mann hatte ein großes Problem, wenn Menschen rülpsten und pupsten, was Inder eher locker handhaben. Aber so viel „Musik" wie zu der Zeit, als er da war, habe ich nie gehört. Am Schluss hat er auch noch beim Anleinen in Kot gegriffen. Auch das ist niemals davor oder danach passiert, dabei war ich Dutzende Male bei Baba.

Was will ich damit sagen? Es dreht sich jetzt um die Frage: Kann ich erleben, dass Sathya Sai Baba der *Purna-Avatar*, also die höchste Gottesinkarnation ist, die es geben kann, oder nehme ich an, er ist ein übler Betrüger, wie es leider immer wieder welche gibt? Denke ich, er ist nur ein Scharlatan, dann werde ich alles in diesem Licht sehen. Und ich kann das gut verstehen, denn trotz aller Beweise seiner Liebe zu mir, Constanze und Gopala hatte ich nicht selten das Gefühl, er wolle uns nur Böses bei dem, was uns geschah.
In einem Bericht wird eindringlich geschildert, wie ein Paar sogar von der Polizei verfolgt wurde. Alles schreckliche Dinge, da gibt es keinen Zweifel. Ich kann meiner Erfahrung nach aber nur dann einen Schritt weiter kommen, wenn ich mich frage, was das alles mit mir zu tun hat. Viele finden dies zu viel verlangt. Das kann ich akzeptieren, wenn es um das tägliche Leben geht. Geht es aber um einen *Purna-Avatar*, dann sollte ich bei mir und nicht bei ihm suchen.

Ich habe dies im Klitzekleinen auch bei Baba erlebt, als wir vier Monate dort waren. Erstens ging immer beim *Darshan* der mir äußerst unangenehme Polizeichef hinter Baba her und hielt eine Gerte unter dem Arm. Er war mir widerlich. Aber noch schlimmer: Wo ich auch hinging, traf ich auf Polizisten. Manche von ihnen waren sogar komplett schwarz gekleidet und hatten Maschinenpistolen in der Hand. Es war so entsetzlich für mich, dass ich mich zum Teil fürchtete, in den *Ashram* zu gehen. Ich sprach mit Constanze darüber; wir gingen

gemeinsam dem nach, woher es kam, und fanden eine plausible Erklärung dafür. Und man mag es mir glauben oder nicht: Kaum hatte ich den Grund gefunden, lief der unangenehme Polizeichef immer noch hinter Baba her und war mir immer noch unangenehm, er machte mir aber keine Angst mehr. Tatsächlich verschwunden waren die Polizisten. Ich sah höchstens noch vereinzelt hier und da welche. Sie bedrängten und ängstigten mich aber nicht mehr wie zuvor.
Trotzdem beschäftigten mich die Berichte und das Leiden, von dem die Menschen so intensiv berichteten.

So ließen mir die Gerüchte keine Ruhe; ich fuhr wieder einmal zu Baba und wollte von **ihm** die Gewissheit haben, dass es nur Gerüchte sind. Und da geschahen Dinge, die nur ein *Avatar*, eine Gottesinkarnation, und kein Mensch inszenieren kann: Ich saß am Morgen beim *Darshan*, als Baba vorbeikam. Da sagte ich zu ihm in Gedanken: ‚*Baba, du hast mich durch das Schreiben der Bücher, um das ich mich nicht gerissen habe, in eine Position gebracht, in der ich einer der bekanntesten Baba-Devotees bin. Nun kursieren über dich diese schrecklichen Gerüchte und ich brauche von dir dreierlei: Erstens den Beweis, dass du wirklich Gott bist, zweitens den Beweis, dass alle diese Gerüchte nicht stimmen, und drittens die Zusicherung, dass du mich immer beschützt.*'
Es ist kein Wort zwischen mir und Baba ausgetauscht worden, sondern ich sprach es alles in Gedanken genau auf ihn gerichtet aus, als er vorbeiging. Aber auch wenn ich gesprochen hätte, sind die Ereignisse, die folgten, nur von Gott, nicht aber von einem Menschen inszenierbar. Dass ich nichts aussprach, er aber **sofort** reagierte, lieferte mir den doppelten Beweis.

Der *Darshan* war zu Ende und Gopala, ein Freund von ihm und ich nahmen eine *Motorrikscha*, eines dieser Dreiräder mit Verdeck. Den Fahrer kannte ich nicht und er fuhr, wie noch nie einer zuvor und danach gefahren ist. Er raste durchs Dorf, bog dann in eine kleine Seitenstraße ein, die zu unserer Wohnung führt, und raste an einem Geschäft vorbei, bei dem ich mir beim Vorbeifahren stets die wunderschönen Steine in der Auslage anschaue. Diesmal tat ich es, Gott sei Dank, nicht, denn der damals noch kleine Gopala war auf die Idee gekommen, sich hinauszulehnen und auf den Boden zu schauen. Da machte die *Rikscha* einen Satz, weil sie über einen Stein fuhr, und Gopala fiel mit dem Gesicht zuerst aus der *Rikscha*. Geistesgegenwärtig erwischte ich gerade noch seine Hand und riss ihn zurück. Wäre er bei der Geschwindigkeit mit dem Gesicht zuerst auf den Betonboden gefallen, es wäre die Katastrophe geworden. Ich herrschte den Fahrer an, der von da an ganz zivil fuhr. Gopala und ich waren total geschockt und gleichzeitig dankbar, dass nichts passiert war. Als wir zu Hause ankamen und ich mich etwas beruhigt hatte, fiel mir die letzte Bitte an Baba ein. Er hatte soeben bewiesen, wie sehr er uns alle schützt. Ich war sehr ergriffen – und bin es beim Schreiben noch immer.

Am Nachmittag kamen die anderen beiden Beweise!!
Da die *Sai Baba spricht…-Bücher* in Kroatien absolute Bestseller sind, bat mich die kroatische Gruppe, einen kurzen Vortrag zu halten. Ein lieber Freund von mir, Kruno, der perfekt Deutsch und Kroatisch spricht, fungierte als Dolmetscher. Ich wurde dieses und jenes gefragt und Kruno übersetzte meine Antworten. Am Schluss fragte mich eine Frau, ob ich der Meinung sei, dass sie sich scheiden lassen sollte. Ich fand die Frage erstaunlich, denn wie kam ich dazu, so etwas zu entscheiden? Ich sagte deshalb, ich könnte dies nicht beurteilen, ich fände aber den Begriff Scheidung in fast allen Fällen falsch bezogen, denn die Menschen meinten, Probleme lösen zu können, indem sie sich **vom Partner** anstatt von ihren **inneren negativen Programmen lösen**. Hier läge für mich der Schlüssel, denn ich müsste mich ja zweierlei fragen: Erstens, warum habe ich „falsch" gewählt, und zweitens, warum kann ich nicht mit ihm? Das war's.

An dem Nachmittag dieses Tages, an dem ich Baba um die drei Beweise gebeten und er mir bereits den einen geliefert hatte, begleitete Kruno einige aus unserer Gruppe zum Flughafen. Da sprach ein Mann, der ebenfalls abreiste, ihn an und sagte: „*Ihr seid in der Gruppe mit diesem Stephan von Stepski, der ist ja völlig verrückt!*" Kruno fragte interessiert: „*Warum*?" Da antwortete er: „*Der hat einen Vortrag bei den Kroaten gehalten und einer Frau verboten, sich scheiden zu lassen, und außerdem hat er ihr ebenfalls verboten, nach Puttaparthi zu kommen!*" „*Wie bitte?*", fragte Kruno zurück. „*Was hat er gemacht?*" „*Er hat einer Frau verboten, sich scheiden zu lassen und nach*

Puttaparthi zu kommen!“, wiederholte der Mann. „*Das ist doch völliger Blödsinn!*“, erwiderte Kruno, „*ich habe den Vortrag von Stephan übersetzt und es war ganz anders.*“ „*Nein, nein*“, insistierte der Mann, „*ich weiß es ganz genau!*“ „*Aber*“, bemerkte nun Kruno, „*ich habe dich gar nicht bei dem Vortrag gesehen, wie willst du das so genau wissen, wenn du gar nicht da warst?*“ „*Ich weiß es eben!*“, erwiderte jener trotzig und Kruno brach das Gespräch ab, denn er merkte, dass es keinen Sinn hatte, hier weiterzureden.

Diese unglaubliche Geschichte hat aber noch eine Vorgeschichte: Am Abend vor diesen unglaublichen Ereignissen hatten Constanze, einige Freunde von uns und ich in einem Lokal gesessen. Am Nebentisch saß genau dieser Mann mit seinem Zwillingsbruder, die ich beide sehr lange kenne. Ich grüßte sie und wechselte ein paar Worte. Constanze in ihrem „Psi“ sagte mir aber: „*Die wirken komisch, die tun nett, ich spüre jedoch, dass sie gegen dich sind!*“ „*Das glaube ich nicht*“, antwortete ich naiv, „*ich kenne beide schon lange und wir hatten immer einen guten Draht!*“ Die beiden gingen dann an unserem Tisch vorbei und grüßten sehr freundlich, was ich als Beweis wertete, dass Constanze mit ihrem Gefühl diesmal nicht Recht hatte.
Und dann der Beweis am nächsten Tag, dass ich falsch lag und zumindest der eine Gerüchte über mich verbreitete, die hanebüchen waren, und so tat, als sei er bei dem Vortrag dabei gewesen und hätte selber erlebt, was er da behauptete!

Diese Ereignisse direkt an dem Tag, an dem ich Baba um einen Beweis gebeten hatte, dass er nichts mit den Gerüchten zu tun habe, waren für mich unglaublich. Da bezieht sich jemand auf einen Vortrag, der einige Tage zurückliegt, gibt sich mir gegenüber nett, freundlich und freundschaftlich, spricht nichts an, obwohl ich am Nebentisch esse, verbreitet regelrechte Verleumdungen über mich und will es auch noch besser wissen als der Übersetzer, obwohl er gar nicht dabei war. Das ist unglaublich und das kann nur Gott. Nur er kann direkt auf meine Gedanken reagieren, nur er kann Dinge so konstellieren, nur er steht über Raum und Zeit, nur er kann so unmittelbar antworten und gestalten, dass wir die Erfahrungen machen, die für uns wichtig sind.

Deshalb wird es niemanden verwundern, dass ich Sathya Sai Baba als einen *Avatar*, als den inkarnierten Gott ansehe und dass ich und Constanze auf Tausende solcher Wunder verweisen können.

Damit verändert sich die Argumentation völlig. Gott tut nur Gutes. Nur Gutes? Und was ist mit all dem Schrecklichen, das ständig auf der Welt passiert? Was ist mit den armen Menschen, denen in Saudi-Arabien öffentlich der Kopf abgeschlagen wird? Oder denen, die in den USA die Giftspritze zu allem Unglück auch noch falsch gesetzt bekommen und elend daran sterben, und der Supreme Court entscheidet, Todesstrafe sei okay? Was ist mit Auschwitz? Was hat Gott damit zu tun? Besonders, wenn wir hören, dass Baba sagt, dass alles nach seinem Willen geschieht? *Kein Blatt fällt vom Baum, wenn Gott es nicht will.* Wenn dem so ist und qua definitionem Gott reine Liebe und reine Güte ist, dann muss jeder sich fragen, **was er mit dem zu tun hat, was ihm geschieht**. Ich kann nur sagen, dass für mich stimmt, was Baba in *Sai Baba spricht zum Westen* beziehungsweise in *Zeitlose Wahrheiten für jeden Tag* sagt: dass er unser negatives Karma ununterbrochen abmildert. Ich weiß zum Beispiel, dass es mein Schicksal war, mit 39 zu sterben, und er mir die Amöbenruhr und alles damit verbundene Unglück schickte, um dieses Schicksal abzumildern. Mehr kann und will ich zu diesem Thema nicht sagen, denn jeder hat ein Recht auf seine Erlebnisse und seine Gefühle und die Schlüsse, die er daraus zieht. Und ich habe kein Recht zu sagen, was hier zudem für andere richtig oder falsch ist beziehungsweise sein sollte.

12. Das Haus in Venedig

Anfang Dezember 1995 kamen Constanze, Gopala und ich wieder einmal von Baba zurück. Die Reise zu ihm erinnert mich immer an den *Witz von dem Almbauern, der ein Preissauschreiben gewinnt und deshalb für eine Woche nach Paris fährt. Er geht zu Fuß die Alm hinunter zu seinem Haus. Von dort nimmt er den Bus bis zur Kleinstadt und von hier aus weiter den Personenzug nach München. Hier steigt er in den ICE nach Paris ein. Er bleibt eine Woche dort und kommt genauso wieder zurück. Als er auf der Alm angekommen ist, fragt ihn ein Bauer, wie es war. Da antwortet jener: „Sehr schön, aber ich sage dir, völlig abgelegen, dieses Paris!"*

Alles ist eben relativ bezüglich des Standpunkts des Betrachters, lehrte Werner Heisenberg in seiner Unschärferelation. Und Albert Einstein brachte es auf den Punkt, als er auf der Fahrt von München nach Basel den verdutzten Schaffner fragte: „*Wann hält Basel an diesem Zug?*"

Die Reise zu Baba verläuft genau umgekehrt wie in der Anekdote mit dem Almbauern: Man fliegt gegebenenfalls mit dem Jumbo von Metropolen wie Frankfurt, Zürich oder London nach Bombay, von hier mit einer sehr viel kleineren Maschine nach Bangalore und von dort geht es mit dem Taxi – sofern Baba dort ist – nach Puttaparthi, dem ziemlich allein liegenden Städtchen, wohin bisher die Straße immer schlechter wurde. Die Reise geht damit von den weltlichen Metropolen zur spirituellen Metropole.

Diese Reise dauert häufig von Haus zu Haus mehr oder weniger einen Tag. Und je nachdem, wie der Flug verlief, ist man ausgeschlafen oder todmüde.

Wir waren soeben in Grafrath angekommen, da klingelte das Telefon. Meine Mutter war dran, fragte kurz, wie es uns ginge, und berichtete mir dann, mein Vater liege im Sterben.

Mir ging in dem Moment sofort durch den Kopf, dass unser Verhältnis nicht besonders eng war. Aber der bevorstehende Tod des eigenen Vaters ist natürlich ein Ereignis, das einige Missstimmungen überbrückt – zumindest eine Zeit lang, denn alles Ungeklärte, Ungelöste hat die Eigenschaft, so lange wiederzukommen, bis wir es lösen. Ich duschte mich, zog mich um und fuhr nach München ins Schwabinger Krankenhaus. Als ich ins Zimmer meines Vaters kam, erwachte er aus dem Koma, nahm meine Hand, küsste sie und verabschiedete sich so von mir. Daran erinnerte ich mich immer wieder bei all dem, was danach kam.

Es kam die Testamentseröffnung. Leider hatte mein Vater den denkbar unfähigsten Testamentsvollstrecker ausgesucht, den man sich denken konnte. Dieser kostete meine Mutter unendlich viel Geld und schuf zudem nur weitere Kosten und Probleme.
Constanze, Gopala und ich fuhren nach Venedig und mein Bruder Hans Onno zeigte uns die beiden Häuser, die mein Vater mir vererbt hatte. Bei dem einen hatte er die schönsten Wohnungen verkauft, um das Haus meiner Schwester zu renovieren, das andere war ein „Schrotthaufen", wie Gopala es nannte. „*Caro mio, tete gà ciappà i rosegoti*" – *Mein Lieber, du hast die Apfelbutzen bekommen*!, sagte mein Bruder scherzhaft auf Venezianisch. Das stimmte wirklich.

Denn ich hatte ehrlich gesagt in Venedig noch nie so ein Haus gesehen: Man kam durch eine Tür, deren unterer Teil weggefault war, in einen mit einer Funzel beleuchteten Treppenraum und stand erst einmal auf reinem Lehmboden. Links war eine unverputzte hässliche Ziegelwand, die rechte Wand war genauso hässlich, aber weniger sichtbar, denn alle Leitungen für Wasser, Strom und Gas verliefen hier kreuz und quer. Zudem hingen hässliche, aufgebrochene und zum Teil völlig verrostete Blechbriefkästen an dieser Wand. Die alten Stufen der Steintreppe aus Marmor von Istrien, dem berühmten Baustoff Venedigs, waren in der Mitte so abgetreten, dass sie gebrochen waren! Die Fenster auf den Treppenabsätzen hatten zum Teil keine Gläser. Die Stäbe des Geländers standen so weit auseinander – offensichtlich um Geld zu sparen –, dass sowohl das Kind der Familie aus dem vierten Stock als auch Gopala einmal um ein Haar hindurchgefallen wären. An einer Außenwand fehlten unzählige Ziegelsteine, so dass der Wind durchpfiff. Der Ganze stank zudem entsetzlich nach Kloake, denn wie ich später feststellte, flossen alle Abwässer von Spülwasser bis Klo ins Erdreich und von da in den Kanal. Durch dieses Abwasser waren die Fundamente so ausgespült, dass das gesamte Haus sich auf der Nordseite um 30 cm gesenkt hatte!

Die eine Mieterin im dritten Stock konnte nicht mehr in ihr Schlafzimmer, denn hier stand in der Mitte ein großer Schrank, um die Decke zu stützen, die drohte herunterzufallen. Eine Küche gab es nicht, sondern nur eine Steinspüle, die nicht so sehr wie ein Becken, sondern eher wie ein Trog aussah.
Der Mieter im vierten Stock musste sich seine Küche ein zweites Mal kaufen, weil es durch das undichte Dach so hineingeregnet hatte und die neue Küche so beschädigt worden war, dass sie nicht mehr verwendet werden konnte.
Man kann sich vorstellen, dass ich über dieses Erbe nicht besonders erfreut war. Ich war nicht gerade gut weggekommen und würde absolut beschönigen, wenn ich behauptete, mir hätte dies nichts ausgemacht. Es hat mich geärgert. Und warum? Weil ich vergessen hatte, dass ich Baba hatte. Er ist der absolute Segen in meinem Leben – selbst wenn seine Wege manchmal wirklich unergründlich sind.

Also: Ich sah den „Schrotthaufen“ und entschied, ihn sofort zu verkaufen. Sicherheitshalber fragte ich Baba und da kam ein entschiedenes Nein. Ich konnte es nicht fassen! Ich sollte dieses Schreckenshaus behalten? Wozu? Und mit welchem Geld konnte ich es herrichten? Hier musste ja alles erneuert werden.
„*Kein Problem*“, sagte Baba, er würde für uns sorgen. Na, dachte ich, das kann ja lustig werden, denn meine Umbauerfahrungen in Grafrath waren mir noch lebhaft in Erinnerung! So verkaufte ich das zweite, das Torsohaus, das mein Vater bereits zerstückelt hatte, und bezahlte damit die Erbschaftssteuer beziehungsweise hatte das Geld, um den „Schrotthaufen“ zu renovieren.

Bei einem zweiten Besuch dieses „wunderschönen" Häuschens, das ich nun nicht nur behalten, sondern auch noch herrichten sollte, hatte ich ein recht unangenehmes Erlebnis: Der Mieter im ersten Stock, der offensichtlich sauer auf meinen Vater und seinen verbrecherischen Hausverwalter war, ging auf mich los, als könnte ich etwas für die Zustände. Ich konnte ihn beruhigen, war aber etwas perplex, welche Leute hier wohnten, mit denen ich nun *nolens volens* (ob ich wollte oder nicht) auskommen musste.
Ich tat in diesem Moment das Einfachste: Ich beschwerte mich bei Baba und klagte, warum er denn wolle, dass ich mich mit so einem entsetzlichen Haus und noch schlimmeren Mietern herumschlagen müsse. Seine Antwort überraschte mich: Ich sollte für eine gute Lösung beten und alles würde sich lösen! Ehrlich gesagt, konnte ich es nicht glauben, tat es dann aber doch, hatte ich ja gelernt, Baba zu gehorchen!

Und was geschah? Unglaubliches! Dieser Typ, der so proletenhaft auf mich losgegangen war, behandelte offensichtlich auch seine Frau so schlecht, dass sie sich von ihm trennte und auszog. Er wollte – Gott Lob! – nicht allein in der Wohnung bleiben und ging ebenfalls. Nun wurde die einzige halbwegs renovierte Wohnung in dem Haus frei und Constanze und ich beschlossen, sie mit Möbeln, die wir übrig hatten einzurichten, denn ich wollte immer eine Wohnung in Venedig haben. Und war das Haus noch so hässlich.
Gesagt, getan: Wir brachten zusammen mit einem Freund diese Möbel in die gerade frei gewordene Wohnung. Ich stand nun in der Wohnung und fühlte mich hundsmiserabel. Als ich durch das eine Fenster auf ein Gitter blickte, kam ich mir fast wie im Gefängnis vor. Dass alle anderen Fenster nur auf Wände schauten, unterstützte diesen Eindruck. Ich hatte das Gefühl, eingemauert zu sein. Zudem waren noch die Energien dieses reizenden Vormieters zu spüren. Es war kein Platz, an dem ich gerne bleiben wollte. Viel lieber hätten Constanze und ich die Wohnung im vierten Stock gehabt oder zumindest die im dritten, aber beide waren besetzt.

Ich dachte nach, wie schlecht es mir doch ging, und verlor mich so richtig im Weltschmerz, da hörte ich eine freundliche Stimme im

Hintergrund sagen: „*Buon giorno, Signor Barone, come sta?*“ Signora Bonometto, die nette Mieterin aus dem dritten Stock, fragte mich, wie es mir ginge. Ich ließ sie freigiebig Teil an meinem Weltschmerz haben, da sagte sie: „*Und warum tauschen wir nicht? Ich bin alt und die Stufen fallen mir schwer, zudem liebe ich es etwas dunkler, da ich gerne auch tagsüber fernsehe, Sie wissen ja, ich bin schon eine Weile in Pension.*“ Ich war sprachlos, bekam ich doch nun die Wohnung, die ich so gerne gehabt hätte. Genau jetzt, als ich mich fragte, was ich hier solle! Außerdem war dies eine absolute Win-Win-Situation, denn alle waren zufrieden.
Ich ging nun frohen Mutes hinunter und traf Constanze, die vor dem hässlichen Geschäft stand, das der Mieter am Schluss auch noch abgefackelt hatte. Und was stand da auf dem typisch Venezianisch grünen Fensterladen? Wir konnten es kaum glauben! Mit weißer Kreide stand darauf geschrieben: *My love Baba*! Ich habe heute noch die Fotos davon. Ist das nicht unglaublich?

Architekt 1

Durch Fabio Zambon, von dem wir die Fliesen für Grafrath gekauft hatten und der uns auch sonst sehr gut beraten hat, bekamen wir unseren ersten Architekten. Er hieß Cadamuro, was so viel heißt wie „es falle die Wand“. Kein guter Name für einen Architekten. Oder baute er vielleicht besonders stabil, um die Bedeutung seines Namens zu widerlegen? Ich fing an zu bauen und er bat mich darum, ihm Geld zu schicken. Ich tat das. Dann kam ich einige Zeit später nach Venedig, um ihn zu treffen. Baba sagte mir aber, ich solle eine Stunde früher bei dem Haus sein als mit Cadamuro verabredet. Kaum war ich dort, kam der Bauunternehmer, Rampazzo, auf mich zu und fragte mich, warum ich ihn nicht bezahlte. Der gute Cadamuro hatte das Geld schön auf seinem Konto gelassen und Rampazzo gesagt, der böse Barone aus Deutschland würde nicht zahlen.
Ich trennte mich von ihm. Danke, Baba, dass ich so früh hinter seine Schliche kam.

Der Bauunternehmer

So baute ich als Nächstes die Wohnung, in der die Decke herunterzufallen drohte, mit dem Bauunternehmer Rampazzo. Das ging gut und er hat sich sehr engagiert, um die Balken in dieser Wohnung zu retten. Da das Haus keinen Außenputz hatte, waren fast alle Balkenköpfe verfault. Sie mussten ersetzt werden. Die Venezianer haben diesbezüglich große Erfahrung und gehen absolut gekonnt damit um. Wir haben es so hinbekommen, dass man von der Reparatur nichts sieht. Rampazzo hat zudem den Außenputz derart gut angebracht, dass dieser heute nach zwölf Jahren immer noch wie neu aussieht. Und Baba hat auch hier Wort gehalten, denn im Gegensatz zu anderen Häusern wird unseres nie mit Graffiti besprüht. Auch dafür danke.
Rampazzo setzte sich auch dafür ein, dass der zweite verkommene „Laden" im Parterre, der derartig dreckig war, dass man ihn nur mit zugehaltener Nase betreten konnte, von seinen Freunden gemietet wurde, die mit ihrem Dentallabor eine neue Bleibe suchten. Sie richteten ihn auf ihre Kosten her, keine gute Idee!, und zahlen mir deshalb minimal Miete. Dafür ist aber dieses grässliche Loch renoviert und vermietet worden. Rampazzo hat während des Baus auch daran gedacht, von dort unten einen Schornstein hochzuziehen, den das Dentallabor unbedingt benötigte. Ebenso wurde alles Weitere getan (zum Beispiel eine Aushebung des Bodens zur Erlangung der notwendigen Raumhöhe), um die Genehmigung für die Betreibung eines Labors zu bekommen. Es war ein wahres Wunder, dass ich dieses Loch so schnell hergerichtet und vermietet bekam. Danke, Baba!

Nun geschah etwas sehr Erstaunliches: Je schöner das Haus wurde, desto mehr Mieter zogen aus und auch die Wohnung im vierten Stock wurde frei. Damit war es möglich, meinem Wunsch nach einer Dachterrasse nachzugehen. Hätte mein Vater in den 60er oder 70er Jahren von hier aus einfach eine Treppe hinaufgebaut und schlicht vier Pfeiler auf das Dach gesetzt – wenn auch nur 10 cm hoch –, so hätte ich sogleich eine Dachterrasse bauen können, denn in Venedig besteht absoluter Bestandschutz. Was einmal da war, kann immer wiederhergestellt werden. Was nicht da war, bekommt man (fast) nicht genehmigt.

Ich erzählte dem Schreiner, Casonato, der bei uns in Venedig um die Ecke wohnt und alle Holzarbeiten in unserem Haus gefertigt hat und zudem der Vetter eines mir sehr lieben Arbeiters aus meiner Kindheit ist, dass ich eine Dachterrasse wollte. „*La riceve, se ha l'architetto giusto e non solo un impresario!*" – *Die bekommen Sie, wenn Sie den richtigen Architekten und nicht nur einen Bauunternehmer haben!*, antwortete er mir viel wissend. Rampazzo meinte auch, er könne mir hier nicht weiterhelfen, und so kam ich zu Alessandro Trevisani, den mir Casonato genannt hatte.

Architekt 2

Trevisani war mit allen Wassern gewaschen, sehr künstlerisch und sehr schlau im Erreichen der benötigten Genehmigungen. So beantragte er die Dachterrasse zuerst auf meinen Namen samt Ausstieg und Treppe. Dies wurde sofort abgelehnt. Sodann beantragte er nur die Terrasse ohne Ausstieg und ohne Treppe auf Constanzes Namen und es zog sich und zog sich und zog sich hin. Italienische Bürokratie kann unendlich langsam sein.
Als ich zwischenzeitlich in Deutschland war, kam ich eines Tages an Dießen mit seiner wunderschönen Kirche vorbei. Da es mir gesundheitlich nicht so gut ging, Constanze und ich einen Streit hatten und ich an diesem Freitag eine Gruppe gab, ging ich in die wunderschöne Kapelle beten. Ich bat um drei Dinge: Um Gesundheit, um Frieden mit Constanze und als schönes Surplus um die Dachterrasse, denn da hatte ich die Hoffnung schon fast aufgegeben. Ich bekam sofort die Antwort, all drei Dinge würden erfüllt. Ich blieb gesund, der Streit löste sich und kurz darauf rief Trevisani an, denn wir hatten die Genehmigung für die Dachterrasse bekommen! Danke, Lieber Gott, besonders, da es die letzte in der Gegend war.

Schlau, wie er war, beantragte Trevisani nun den Ausstieg und die Treppe, und kaum waren die genehmigt, beantragte er die doppelte Größe der Terrasse. Er erreichte alles. Auch bei der Gestaltung der Wohnung war er sehr kreativ. Nicht aber im Bauen, Planen und Umsetzen dessen, was besprochen war. Hätte ich damals nicht in

Italien gelebt und wäre immer wieder zur rechten Zeit da gewesen, die Wohnung wäre fürchterlich geworden: mit den falschen Türen am falschen Platz, mit einem viel zu großen Bad und zu kleinen Schlafzimmern sowie einer tragenden Wand, die im Gegensatz zur Planung um fast einen halben Meter versetzt war. All dies musste geändert werden. Und so wie er die Abrechnung machte, merkte ich, dass einiges nicht stimmte.

Baba zog hier endlich die Notbremse. Als Trevisani im Krankenhaus war, kam heraus, wie er alles hatte schludern und mich zahlen lassen. Es war kein gutes Ende.

Claudio Gallo

Als all dies herauskam, war ich gerade in der Bank und sprach ich darüber mit dem mir sehr wohl gesonnenen Direktor. Er rief sogleich seinen Freund, den Architekten Claudio Gallo, an. Als ich meinem Schreiner Casonato erzählte, ich hätte nun Claudio Gallo als Architekten, da schlug er die Hacken zusammen und salutierte. *„Questo sì che è un grande architetto“ – das ist wirklich ein großartiger Architekt*, meinte er, und welches Glück ich hätte, ihn zu bekommen. Er hatte Recht!

Claudio, der heute mein sehr guter Freund ist, machte alles in Windeseile und mit einer Umsicht, Fairness und Klarheit, dass ich natürlich immer wieder dachte, was ich mir erspart hätte, wenn ich ihn von Anfang an gehabt hätte. Wäre es aber so gewesen, hätte ich weder so viel gelernt noch hätte ich annähernd abschätzen können, was ich ihm und Baba zu verdanken habe.

Mit Claudio zusammenzuarbeiten ist einfach wunderbar. Seine Ruhe, seine Liebe zum Detail, sein Einfühlungsvermögen in das, was wir brauchen und was uns gefällt, sind einzigartig. Ich danke Gott immer wieder, dass ich solch einen Architekten, Menschen und Freund gefunden habe.

Babas grosse Lehre und Schutz

Einige Jahre bevor wir das Haus in Venedig renovierten, bekamen wir das erste Interview von Baba in Whitefield. Ich habe bereits im Kapitel „Besuche" davon berichtet. Nun möchte ich noch ein wichtiges Detail daraus erwähnen, das ich dort nicht ansprach, weil es nicht dorthin passte.
Ich war also, wie gesagt, Babas Übersetzer während jenes Interviews. Und es fiel mir unglaublich schwer, denn Baba sprach diesmal starkes Pidgin Englisch – ich sage, diesmal, weil er auch ganz anders kann – und ich ließ mich völlig von der Form blenden. Es kam dazu, dass Baba mit einer jungen Frau sprach, die mit ihrem Mann da war, der vor kurzem einen Schlaganfall erlitten hatte und seitdem stark behindert war. Baba fragte in seiner Art, als wisse er gar nichts, was sie tue. Sie war natürlich mit drei Kindern und einem schwer behinderten Mann mehr als beschäftigt. Sie sagte aber, sie sei Atemtherapeutin. Baba tat nicht wissend und fragte: „*Ah?*" Ich übersetzte: „*She is a breathing therapist.*" Baba fragte wieder: „*Ah?*" Ich übersetzte dieses Mal: „*She is a therapist who works with the breath of her clients."* Baba wieder: „*Ah?*" Ich wusste nicht weiter. Ich war völlig in der Dualität gefangen und begriff nicht, dass ich es war, der nicht verstand, und nicht Baba. Nun begann die ganze Gruppe, Baba Erklärungen abzugeben. Es war eine chaotische Situation.
Was war geschehen? Was sagt Baba so treffend dazu? „*Der Mensch, der nichts weiß, gibt sich als allwissend und der niedergekommene Gott, der alles weiß, gibt sich als nicht wissend.*" Das traf hier genau zu.

Dies erinnert mich an den Witz, in dem ein Deutscher, der sich mit einem Amerikaner über seinen Besitz unterhält, sagt, sein Land umfasse 150 Hektar. Da erwidert der Amerikaner: „*Mein Land ist so groß, dass ich, wenn ich es mit meinem Wagen umfahre, dies nicht an einem Tag schaffe!*" Darauf antwortet der Deutsche trocken: „*So ein altes Auto hatte ich auch einmal!*"
Genauso wenig verstand ich, was Baba meinte beziehungsweise in welcher Realität er sich bewegte. Ich war im Hier und Jetzt gefangen, er dagegen sah weit in die Zukunft. Deswegen war ich völlig über-

rascht, als er sagte, er beende hier das Interview, weil unser Englisch nicht gut genug sei. Worauf ich ihm – recht frech! – sagte, sein Englisch sei auch nicht so gut. Da wendete er sich voller Liebe zu mir und sagte absolut anerkennend: „*Aber dein Englisch ist gut!*" Dieser Satz, dieses Erlebnis veränderte mein Leben, denn ich habe verstanden, dass es überhaupt keinen Grund gibt, Negatives mit Negativem zu beantworten.

Nun ergab es sich, dass wir Constanzes Biedermeiersofa, das wir nach Venedig gebracht hatten, beziehen lassen wollten. Dazu passte ein Rosshaarstoff sehr gut, den wir in Deutschland gekauft hatten und in Venedig der Firma Pasinetti zum Beziehen gaben. Pasinetti ist ein stadtbekannter Polsterer, der in allen großen Palazzi samt Dogenpalast und zudem mit den weltberühmten Stoffen von Rubelli arbeitet. Aber mit Rosshaarstoff hatte er keine Erfahrung, weil dies eine deutsche beziehungsweise britische Spezialität ist. Also ging das nicht ideal. Deswegen rief ich ihn an, nachdem das Sofa geliefert worden war, und monierte sehr freundlich, aber doch, was ich nicht so gut fand. Da er sich in seiner Ehre verletzt fühlte und nicht zugeben wollte, dass er einen solchen Stoff noch nie verarbeitet hatte, begann er mich zu beschimpfen. Ich dachte an Babas Lehre, unterbrach ihn und sagte ihm all das Gute, was ich von ihm wusste. Er war sprachlos. Wir haben bis heute einen guten Draht. Er reparierte das Sofa und alles war gut. Dies allein wäre schon eine spannende Geschichte. Sie geht aber viel spannender weiter.

Weil wir einen so guten Draht hatten, schickte er zwei Arbeiter, die die vordere Rumpelbude mieteten, an deren Fensterladen „*My love Baba*" gestanden hatte. Und Pasinettis Sohn, der Architekt war, betreute die Umbauarbeiten. Eines Tages sprach er mich an und sagte mir, indem er auf ein recht verrostetes Eisenrohr zeigte, das einen Riesenbalken trug, auf dem das gesamte Haus ruhte: „*Entschuldigen Sie, aber wenn dies mein Haus wäre, würde ich die Statik an dieser Stelle umgehend überprüfen lassen, denn*", er zeigte in diesem Moment auf den großen Balken, „*hier kann das ganze Haus einstürzen!*" Sogleich rief ich Rampazzo an, der feststellte, dass das Rohr fast vollständig durchgerostet war und auf einem äußerst wackligen Fundament gerade noch ruhte, denn die Sickergrube war, man roch es ja, zusammengebrochen! Sofort wurde dieser das ganze Haus tragende Balken gestützt, die Sickergrube neu gemauert und darauf eine schöne viereckige Säule gebaut, die nun diesen wichtigen Balken sicher stützt.

Was wäre passiert, wenn ich mich mit Pasinetti überworfen hätte? Was wäre passiert, wenn seine Arbeiter nicht jetzt schon mit den Umbauarbeiten begonnen hätten? Was wäre passiert, wenn der Sohn Pasinetti gesagt hätte, mit dem blöden Barone spreche ich nicht? Was wäre passiert, wenn Baba mir nicht diese so kostbare Lehre erteilt hätte? Und genauso wie es am Schluss der Lurchy-Salamander-Hefte immer heißt, die ich früher dem auf meinem Bauch liegenden Gopala vorlas: „*Und im Walde tönt es noch, Salamander lebe hoch*“, so wiederhole ich immer wieder: Vielen Dank, Sai Baba! Und ich kann sagen, die Abenteuer, die ich mit ihm erlebe, sind wirklich ebenso großartig!

Reisen nach Venedig

Da ich am Danken bin, möchte ich noch von zwei Wundern berichten, die im Zusammenhang mit unseren Reisen nach Venedig stehen.
Das eine Mal, als wir losgefahren waren und uns bereits auf der Autobahn nach München befanden, fiel uns ein, dass wir etwas vergessen hatten. Nun stellte sich die Frage, sollten wir umkehren oder sollten wir nicht? Wir waren sehr unschlüssig, deshalb fragte ich Baba. Er antwortete mit einem klaren Nein. Also fuhren wir weiter. Wir kamen in Venedig an und nahmen das Boot, um zu der Calle, der Gasse, zu gelangen, in der unser Haus steht. Als das Boot an dem Steg anlegte, wussten wir, warum Baba so klar Nein gesagt hatte: Es war Hochwasser und es reichte genau an die Oberkante des Stegs. Eine halbe Stunde später und wir hätten nicht nur waten, sondern das ganze Gepäck durchs Wasser ziehen müssen. Wir beeilten uns, zum Haus zu kommen. Kurze Zeit später reichte das Wasser bereits bis zur Hälfte der Gasse. Danke, Baba, für die hervorragende Führung.

Das andere Wunder fand statt, als wir von Venedig nach Hause fuhren. Wir waren in Verona auf die Brennerautobahn abgebogen und ich überholte Kolonnen von Lastwagen. Als ich aus einer Kurve auf eine gerade Strecke kam, meinte ich, wie merkwürdig es sei, dass das Auto auf der Überholspur vor uns mit eingeschalteten Rückscheinwerfern fahre. Da rief Constanze: „*Das ist ein Geisterfahrer!*“ Ich beendete schnell den Überholvorgang und fuhr auf die rechte Fahrbahn, als der Geisterfahrer schon an mir vorbeiraste. Wäre ich etwas langsamer gewesen und er wäre mir in der Kurve begegnet, wir hätten keine Chance gehabt. Wir dankten Baba von Herzen, fuhren weiter und da sahen wir nach der nächsten Kurve einen großen, wunderschönen Regenbogen im blitzeblauen Himmel. Keine Wolke war da, geschweige denn irgendein Regentropfen, der ihn hätte entstehen lassen können. Es war der 17. Juli 1998 und wir dankten für dieses neue Leben – und sind heute noch dankbar dafür!

13. Therapieausbildung

In der Familie

Meine Therapieausbildung begann direkt nach meiner Geburt, einer Zeit, von der meine Mutter stolz berichtete, sie habe mich genau nach der Uhr gestillt und ein, zwei Nächte durchschreien lassen, dann sei Ruhe gewesen! Hätten wir dies auch so gemacht, hätten wir uns neben Gopala nicht die Nächte um die Ohren schlagen müssen (vgl. *Sai Baba spricht über Erziehung*!). Mit Entsetzen musste ich feststellen, dass viele Ärzte und Eltern uns diesen Rat gaben, den meine Mutter mangels besseren Wissens damals auch befolgt hatte. Meine Mutter hat Dinge, die wir Kinder kritisch ansprachen, sehr ernst genommen, denn sie war sehr liebevoll, positiv und, wie gesagt, frei lassend.
Was mir damals wirklich zu schaffen machte, waren ihre Unklarheit und Parteilichkeit. Diese beschäftigten mich einige Zeit in meiner eigenen Therapie und geben mir heute die Grundlage, zum Beispiel Paaren unparteiisch zuzuhören und immer zu sehen, was gerecht beziehungsweise was für beide hilfreich ist.

Besonders aber hat sich mein Vater mittels seiner weit gefächerten schwarzen Pädagogik um meine therapeutische Ausbildung gekümmert. Er verschaffte mir eine vielfältige Grundlage, wodurch ich fast alles irgendwie kenne, was in der Therapie an leichteren beziehungsweise schwereren Themen aufkommt. Das ist ein absoluter Vorteil, denn ich bin immer in Kontakt mit dem, was den Menschen widerfahren ist.
Mein Vater war zudem entscheidend an meiner Studienwahl beteiligt. Es gab kaum etwas, was wir Kinder sagen konnten, was er nicht entweder in Frage stellte oder gleich kritisierte. Allein das schuf natürlich eine „absolut entspannte" Atmosphäre, schulte aber unser Diskussionsvermögen.

Diskutierte man mit ihm – und dadurch war er ein wirklich guter Lehrer für den Erfolg in meinen Studien, denn diskutieren konnte ich! – und er hatte Recht, dann triumphierte er. Hatten wir Kinder Recht, dann kam ein simples „*Alles ist relativ*“. Das brachte mich derart auf die Palme, dass ich Philosophie und anschließend auch noch Psychologie studierte. So bin ich meinem Vater heute wirklich dankbar, denn er hat mich gezwungen, völlig neue Wege zu gehen. Er konnte damit nicht so viel anfangen, für mich waren sie aber ein wahrer Segen.

Ich studierte also Philosophie, und als er wieder mit seiner „*Alles ist relativ*“-Argumentation kam, war ich vorbereitet. Ich sagte ganz trocken: „*Alles Relative kann nur relativ zu einem Absoluten sein. Sonst ist dieser Satz selber relativ und hat damit keine Aussagekraft.*“ Mein Vater, so mühsam er auch war, war intelligent und witzig. Er verstand sofort, dass sein Spiel für immer aus war; so prostete er mir freudig zu und meinte: „*Das viele (!) Geld, das ich für dein Studium ausgegeben habe, hat sich offensichtlich gelohnt!*“ Wir lachten beide. Und ich lernte durch ihn zudem zwei weitere wichtige Dinge: **Erstens „Gib nie auf!“ und zweitens „Werde exzellent!“.** Dafür danke ich ihm genauso wie für all das, mit dem er mich beziehungsweise uns alle konfrontierte, auch wenn dies zunächst nicht so lustig war.
Meine Theorie heute ist aber: Beschweren kann sich nur derjenige, der ernsthaft an sich arbeitet – und der tut es nach einer Weile nicht mehr. Oder wie es der große französische Schriftsteller und Philosoph Albert Camus sagte: „*Ab Mitte zwanzig ist man für sein Gesicht verantwortlich.*“

Meinem Vater habe ich besonders zu danken, weil er mich zur Entwicklung zwang. Ich musste aus Negativem durch meinen und den Einsatz meiner Therapeuten etwas Positives machen.
Ganz anders ist mein Dank an die vielen Italiener, die meine Kindheit begleiteten: Die Angestellten, Arbeiter, Bauern, Kaufleute, Lehrer, Mitschüler und Freunde. Sie haben mir sehr viel Liebe, Anerkennung, Leichtigkeit, Freude und das Lachen mitgegeben. Dies waren wunderbare Geschenke, die ich, wann immer ich kann, gerne weitergebe. So gibt es keinen Tag, an dem Constanze, Gopala und alle Menschen, die mit mir beziehungsweise mit uns arbeiten, nicht lachen. Und es gibt

keine Gruppe, die nicht genauso vom Lachen wie von Ernsthaftigkeit bestimmt ist. Lachen ist wichtig – das lehrt auch, wie gesagt, der Dalai Lama, der so eine enorme Verantwortung trägt, so viele tragische Schicksale kennt und trotzdem lacht!

Weiter ging meine Ausbildung im Internat, wo ich mich nicht besonders aufgehoben fühlte. Im deutschen Internat gab es nicht die italienische Umgebung, die mir so vieles leichter gemacht hatte. Ich kam nicht zurecht. Zudem sprach ich nicht sehr gut Deutsch, denn die Sprachen, in denen ich mich zu Hause fühlte, waren Italienisch und Venezianisch. Aber ich überstand die Jahre und machte das Abitur.

Bioenergetik

Wie ich bereits berichtete, kam ich dann zur Bioenergetik.
In der Bioenergetik wurde die Paararbeit zum Beispiel sehr klein geschrieben. Ich erkannte jedoch bald, wie wichtig sie ist.
Baba, der ab 1985 meine Ausbildung gestaltete, ließ mich sehr lange Bioenergetik machen. Ich habe mich immer wieder gefragt, warum ich nichts Neues kennen lernen sollte. Baba ist aber ein großer Freund der kleinen Schritte. Er vertritt die Ansicht, dass **nur was langsam wächst, von Dauer ist**. Was schnell entsteht, vergeht häufig entsprechend schnell. Durch die vielen Bioenergetischen Sitzungen entwickelte ich ein sicheres Gefühl dafür, was stimmig war und was nicht, wann ein Gefühl tatsächlich zu einer Veränderung führte und wann nicht. Dies sind für mich sehr wichtige Maßstäbe zum Beispiel bei Aufstellungen, denn zweierlei ist mir bald klar geworden: Erstens kommt immer irgendetwas heraus und zweitens können die Seminarteilnehmer auf Grund der Anspannung häufig nicht spüren, ob etwas für sie wirklich hilfreich ist oder nicht. So habe ich es immer wieder erlebt, dass Menschen, die starke Gefühle ausgedrückt hatten, begeistert nach Hause gingen. Es hatte sie sehr erleichtert. Natürlich ist das schön. Hat es aber eine Veränderung bewirkt? Und wenn ja, war diese von Dauer? Genau darum ging es mir.

AUFSTELLUNGEN

Ich bin nun einmal eine Leseratte. So kam ich auch auf die Bücher von Bert Hellinger und wollte sogleich eines seiner Seminare besuchen, denn ich fand spannend, was er machte. Baba hat mir dies aber strikt verboten. Zudem sollte ich mich gedulden. Mir kam in dieser Zeit immer wieder in den Sinn, dass in den frühen Jahren bei Baba das am häufigsten von ihm gehörte Wort „*wait*" – *warte* war. Ich sollte warten, warten, warten. Ich mochte es ganz und gar nicht!

Heute weiß ich, dass es so richtig war, denn was Baba mit mir vorhatte, war nicht „von Pappe".
Eines Tages sagte er mir nämlich, eine Seminarteilnehmerin solle eine Aufstellung machen. „*Was soll ich machen?*", fragte ich, denn ich dachte – und hoffte! –, falsch gehört zu haben. Ganz ruhig, bestimmt und sehr freundlich kam: „*Eine Aufstellung*". „*Aber ich habe doch noch nie eine geleitet!*", antwortete ich und spürte, wie ich in dem Moment sicherlich mehr Angst als diese Seminarteilnehmerin hatte. „*Keine Angst*", beruhigte mich Baba, „*ich führe dich!*" Das machte mir noch mehr Angst. Da sollte ich jemanden durch eine therapeutische Arbeit führen, mit der ich selber noch keine Erfahrung gesammelt hatte! Ich fand das mehr als erstaunlich. Baba kam aber mit einem schlagenden Argument: „*Bedenke, wie viele Arbeiten du gemacht hast, bei denen du plötzlich in etwas geraten bist, wo du weder ein noch aus wusstest. Und wer hat dich da sicher geführt? Siehst du, das passiert jetzt auch. Nur von Anfang an!*" Baba bestimmte nun, wen sie aufstellen sollte, erläuterte mir einige Regeln, sagte mir, was ich sagen beziehungsweise wann ich schweigen sollte. Danach lehrte er mich, wann eine Aufstellung zu Ende war, wann ich sie abbrechen sollte, und alles andere, was ich heute kann.
Wenn ich das jetzt so niederschreibe, dann denke ich: ‚*War ja gar nicht so schlimm! War ich doch in hervorragenden Händen.*' Stimmt! Trotzdem habe ich zum Teil Blut und Wasser geschwitzt, denn es gab immer wieder Situationen, in denen ich nicht wusste, was ich tun sollte. In solchen Situationen fiel mir besonders auf, dass Baba die Ruhe selbst ist. Diese Ruhe musste ich aber erst lernen auszuhalten.

Mit der Zeit wollten immer mehr Teilnehmer eine Aufstellung machen, denn sie fanden diese so spannend. Dem schob Baba sogleich einen Riegel vor: *„Keine Aufstellung ohne Klarheit! Keine Inhaltsanalyse vor der Widerstandsanalyse!“* Auf beides pochte Baba unermüdlich. Deshalb musste ich immer zuerst herausfinden, was der entscheidende Punkt war. Entschied ich etwas zu schnell, kam früher oder später der Hinweis, noch etwas anderes zu beachten. Beachtete ich nicht, was den Patienten hinderte, sich zu öffnen, sondern behandelte sogleich den angebotenen Inhalt, dann musste ich manchmal sogar zurückrudern. Denn Baba ist ganz klar im Anwenden des Wissens, dass zum Beispiel ein inhaltliches Problem nicht behandelt werden darf, **bevor** nicht zum Beispiel die Beziehung zum Therapeuten oder zur Gruppe oder zu beiden geklärt ist, da diese häufig den Widerstand ausdrückt und damit möglicherweise das Arbeitsbündnis in Frage stellt. Ich durfte mir solche Fehler nicht erlauben. Er wies mich zwar sehr liebevoll, aber nichtsdestoweniger sehr deutlich darauf hin. Und ich musste dann meine Arbeit korrigieren.

Genauso durfte ich natürlich keine vorschnellen Schlüsse ziehen. Ich musste vielmehr **genau** herausfinden, was Sache war, und nicht von irgendetwas ausgehen, was ich dafür hielt. Immer wieder, wenn ich zu früh etwas aufstellen wollte, bremste mich Baba und machte mir deutlich, wie falsch es gewesen wäre, in diesem Augenblick eine Aufstellung zu machen. Und noch schlimmer: **Weder ich noch der Beteiligte noch die Gruppe hätten es gemerkt**.
Wie häufig kam ich ins Staunen, war erschüttert und bin mir völlig klar darüber, dass ich mich ohne ihn nicht mehr trauen würde, Therapie zu geben, denn ich weiß, was ich ihm zu verdanken habe. Dadurch wird deutlich, warum Baba in *Sai Baba spricht über Psychotherapie* immer wieder betont, nur ein Erleuchteter dürfe Therapie geben. Ich wusste genau, dass ich trotz all meines Wissens und trotz meiner bald 30-jährigen Erfahrung ohne ihn an meiner Seite völlig verloren wäre. Warum? Weil bereits kleine Unachtsamkeiten oder Ungenauigkeiten riesige Wirkungen beziehungsweise Konsequenzen haben können.

Wie häufig möchte jemand irgendetwas Wichtiges aufstellen und Baba sagt mir ganz klar: „*Nein*". Ich halte mich absolut daran. Und bald stellte sich heraus, dass dies nicht die *via regia* – „der Königsweg", wie Freud es nannte, gewesen wäre.
Baba lässt sich durch nichts beirren. Da kann jemand noch so sehr irgendetwas wollen, wenn es nicht hilfreich ist, darf ich dem Druck nicht nachgeben – selbst wenn der Teilnehmer deshalb die Therapie beenden sollte. Die Wahrheit und die Rechtschaffenheit sind sein oberstes Gebot. Es kommt sogar vor, dass er mich daran hindert, eine Brücke zu schlagen. So war ein Paar bei mir, das sich, der Gruppe und mir das Leben schwer machte. Ich bemühte mich, ihnen zu helfen, damit sie es etwas leichter hätten. Die beiden waren so im Vorwurf, dass sie mich einen Lügner nannten. Ich wies sie darauf hin, dass sie gerne anderer Meinung sein könnten. Mich aber, nur weil ich anderer Ansicht sei, einen Lügner zu nennen, sei inakzeptabel. Baba wollte sie aber nicht länger in der Gruppe, und so warf ich sie hinaus, als sie mich erneut einen Lügner nannten. Mir tat das leid und ich wollte sie am nächsten Tag anrufen, um gemeinsam eine gute Lösung zu finden. Baba verbot mir das. Verwundert, dass er so hart war, fragte ich ihn nach dem Warum. Er antwortete sehr dezidiert: „*Wer seine Kuh, die ihm gedient, noch dazu sehr lange gedient hat, schlachtet, aufisst und das auch noch gut findet, der hat nichts in deiner Gruppe zu suchen. Besonders dann nicht, wenn er diesbezüglich bis heute nicht einmal Zweifel hat, sondern sogar andere der Unrechtschaffenheit bezichtigt. Deshalb wollte ich, dass sie gehen!*" Ich war platt! Und bin es heute noch.

Rollentausch

Bert Hellinger arbeitet sehr direktiv, das heißt, er bestimmt fast alles, was in der Gruppe geschieht. Baba lehrte mich, wann immer es ginge, die Gruppendynamik zu unterstützen Denn erstens lässt dies die Gruppe aktiv werden, zweitens fördert es die Synergien und drittens ist eine aktive Gruppe ein hervorragendes Korrektiv für einen Therapeuten.

Hinzu kommt, dass Baba mir nicht erlaubt, Gruppen zu geben, die nicht fortlaufend sind. Das heißt, dass Menschen zu einer Gruppe zusammenkommen, hier Aufstellungen machen und dann gehen. Was ist sein Grund dafür? Er meint, psychologische Prozesse seien zu weit reichend und zu wenig abschätzbar, als dass man diese mit einer Gruppe, die sich ein einziges Mal trifft, handhaben könne. Außerdem sei es **das** Problem der heutigen Zeit, dass man sich nicht binden, keine Verpflichtung eingehen und keine Kontinuität aufbauen wolle.
Deshalb finden alle meine Gruppen dreimal im Jahr statt – außer den Geldseminaren, für die sich Teilnehmer nur einmal anmelden können.

Bei wichtigen Fragen fordert Baba mich immer auf, die Gruppe einzubeziehen und zu hören, was sie denkt, was sie spürt, was sie braucht. Dadurch entstehen zum Teil völlig neue Sichtweisen, die mir helfen, den Punkt zu finden, um den es geht.
Baba achtet auch sehr genau darauf, dass ich nicht „betriebsblind" werde. Er liebt es zum Beispiel, Techniken verschiedener Therapiemethoden anzuwenden, denn er lehrte mich, die Psyche sei viel zu vielseitig angelegt, als dass man nur mit einer Methode auskommen könne. So soll ich in der einen Situation rein analytisch vorgehen, in der anderen bioenergetisch, in der dritten gibt es reine Gesprächs-, in der vierten Gestalttherapie, in der fünften eine Aufstellung, in der sechsten Verhaltenstherapie und in der siebenten Psychodrama.
Besonders das Psychodrama legte er mir ans Herz. Heute gibt es kaum eine Aufstellung, in der nicht ein Rollentausch, dieses wichtige Element des Psychodramas, stattfindet.

Psychodrama definierte ihr Begründer Jakob Levy Moreno als *„die Methode, welche die Wahrheit der Seele durch Handeln ergründet*". Sie beruht auf Morenos Erfahrungen mit dem Stegreiftheater, das Anfang des vorherigen Jahrhunderts in Wien große Mode war. Moreno stellte fest, dass diese Methode wunderbar dazu verwendet werden konnte, psychologische Fragen überhaupt einmal zu umreißen beziehungsweise zu klären. Er war ein Meister darin, Menschen, die sich nicht verstanden beziehungsweise nicht gehört fühlten, mittels des Psychodramas zu Wort – oder besser, zum Spiel und zur Tat – kommen zu lassen.

Eine *Aufstellung* funktioniert nun zum Beispiel so, dass jemand seine Ursprungsfamilie aufstellt. Das heißt, er bittet jemanden aus der Gruppe, ihn selbst, jemand anderen, seinen Vater, jemand dritten, seine Mutter, und wieder jemand anderen, seine Schwester zu spielen. Diese vier stellt er so in der Mitte der Gruppe auf, wie es ihm richtig erscheint. Dadurch wird sogleich deutlich, wie diese vier zueinander stehen. Das Faszinierende an Aufstellungen ist nun, dass diese vier Menschen völlig anders empfinden, wenn sie sich auch nur ein wenig von einem Platz zu einem anderen bewegen. Bert Hellinger arbeitet sehr viel mit diesem Bewegen und mit Sätzen, die er die einzelnen Familienmitglieder sagen lässt. Die von ihm vorgegebenen Sätze sind eher stereotyp. Das darf ich zum Beispiel nicht. Ich muss für jeden genau die Sätze finden, die exakt zu ihm beziehungsweise ihr passen. Für alle die gleichen oder auch nur ähnliche zu verwenden ist mir nicht erlaubt.

Um die entscheidenden Sätze für jeden herauszufinden, hilft mir der *Rollentausch* sehr. Letzterer geht folgendermaßen vor sich: Diejenige Person, die beispielsweise die Mutter spielt, wechselt nun in die Rolle der Tochter und umgekehrt. Dies ist für viele eine sehr wichtige Erfahrung, denn Menschen – besonders wenn sie selber keine Kinder haben – tun sich schwer zu spüren, wie es ihren Eltern ging. Spüren sie, wie die Mutter empfunden hat, wie sie sich bemühte, wenn auch ohne den gewünschten Erfolg, dann können sie gegebenenfalls das Herz wieder öffnen und mit ihr Frieden schließen.
Diese Methode ist zum Beispiel auch sehr wichtig, wenn die Frage im Raum steht, ob ein Missbrauch stattgefunden hat. Wechseln mehrere Teilnehmer der Aufstellung in die Rolle des Täters und spüren, dass hier etwas „Schmutziges“ ist, dann erhärtet sich die Vermutung, dass ein Missbrauch stattgefunden hat.
Genauso ist es bei der Frage, ob der Vater wirklich der Vater ist, ob er Alkoholiker war, eine Freundin hatte oder die Mutter einen anderen liebte. Der Rollentausch kann hier unendlich viel ans Tageslicht bringen.
Voraussetzung dafür ist aber, dass Menschen gut spüren können. Diese Fähigkeit entwickeln sie durch Übung. Deshalb sind Gruppen so unendlich hilfreich, die länger zusammen sind. Auch für Neue ist dies

eine große Hilfe, denn sie kommen in einen Raum von Differenziertheit, Klarheit und Wohlwollen, der ihnen nicht nur den Einstieg, sondern auch das Sich-Öffnen sehr erleichtert.

Der Rollentausch hat außerdem einen weiteren großen Vorteil: Er macht die Aufstellung lebendig. Das ist mir sehr wichtig. Auch, dass viel gelacht wird. Lachen entspannt, wodurch die tiefer liegenden Wahrheiten leichter und damit schneller sichtbar werden. Außerdem ist der Gruppenprozess an sich schon ernst genug, deshalb hält mich Baba immer wieder an, es leicht zu machen. Man mag es glauben oder nicht, er fordert mich zuweilen auf, einen Witz zu erzählen, wenn ich frage, ob dieser jetzt angebracht ist oder nicht. Ein anderes Mal fordert er mich auf zu schweigen – und dies lange. Oder er fordert mich auf, eine Aufstellung noch einmal durch einen Rollentausch mit einer völlig anderen Frage zu beleuchten – manchmal sogar mit einer eher spielerischen Ausrichtung.

Zu Schluss noch ein Beispiel für Synergien: Eines Tages sagte mir eine junge Frau, sie hätte es sehr hilfreich gefunden, wenn jemand damals, als sie neu in die Gruppe kam, für sie „zuständig“ gewesen wäre. Eine „Tante“, die sie jederzeit alles hätte fragen können, was sie beschäftigte, wäre wunderbar gewesen. Dies haben wir sogleich eingeführt. Denn erstens ist es eine große Stütze für neue Teilnehmer, zweitens zeigt es sogleich, wen jemand wichtig findet (ich denke hier an Sokrates, der sagte: *„Sag mir, mit wem du gehst, und ich sage dir, wer du bist!“*), und drittens hilft es unmittelbar, die Neuen in die Gruppe zu integrieren.

Die Basis-Aufstellung

In der Therapie hatte ich lange ein großes Problem: Menschen erzählten mir, sie suchten das Glück, und sagten dies mit einer Stimme, die nur Unglück ausdrückte. Oder sie erzählen mir, sie suchten Erfolg, ihre Hosen sind aber zum Beispiel so lang, dass sie beim Laufen darauf treten. Sie treten sich damit selbst mit Füßen. Oder sie sagten, sie wollten einen Partner, lassen aber selbst mich, den sie ja angeblich aufsuchten, um seinen Rat zu hören, nicht zu Wort kommen. Früher waren diese offensichtlichen *Double-Bind-Situationen* (Doppelbotschaften) für mich sehr schwierig, denn wenn ich diese Diskrepanz zwischen dem, was ich hörte (*„ich will Glück"*), und dem, was ich spürte (*„ich will es nicht"*), ansprach, so erlebte ich es nicht selten, dass die Menschen gar nichts damit anfangen konnten. Die Deutung kam zu früh, denn der Sachverhalt war noch zu unbewusst. Sprach ich es dagegen nicht an, blieb die Therapie an der Oberfläche. Das machte mir sehr zu schaffen.

Da lehrte mich Baba die *Basis-Aufstellung*, das heißt, die *Aufstellung der inneren Instanzen wie Glück und Unglück, Erfolg und Misserfolg, Gesundheit und Krankheit*. Wieder haben wir es hier damit zu tun, dass Menschen eher das glauben können, was sie sehen, als das, was sie hören.
Stellt jemand diese sechs Instanzen auf und **sieht**, wie sie zu ihm stehen, dann bewirkt dies fast immer ein Nachdenken, ein Nachspüren und Nachfragen. Außerdem ist diese Methode sehr schnell und „neutral". Denn nicht der Therapeut macht etwas deutlich, sondern verschiedene Gruppenteilnehmer tun es, und dies oft auch noch im Rollentausch. Die aufgestellten Teilnehmer, und nicht ich, sagen, was sie erleben, was sie spüren, was sie denken. Außerdem können auch noch die restlichen Gruppenteilnehmer sagen, was ihnen auffällt, was den Prozess noch lebendiger macht. Wer mehr über die Basis-Aufstellung wissen möchte, vergleiche *Sai Baba spricht über Psychotherapie*, dort wird sie ausführlich beschrieben.

Auch bei der Basis-Aufstellung ist wieder die Arbeit **davor** entscheidend: Um welche Instanzen geht es? Geht es hier um Glück und Unglück oder um Offenheit und Verschlossensein, um Wahrheit und Unwahrheit oder um Verrat und Treue? Es gibt derart viele unterschiedliche Schattierungen, dass ich manchmal eine Weile zuhören muss, bis ich die richtige finde. Und gelingt es mir nicht, auch trotz der Antworten aus der Gruppe, Klarheit zu bekommen, frage ich, na wen wohl? Ja, Baba, der so unendlich viel für mich arbeiten muss! Auch zu dieser Erkenntnis, die ich etwas locker hinschreibe, musste ich langsam kommen: Früher dachte ich, **ich** müsste ununterbrochen für Baba schuften. Heute weiß ich, dass es genau umgekehrt ist und dass es wirklich stimmt, dass er immer, immer!, für mich und andere tätig ist, denn ich kann ihn jederzeit und wo immer ich bin fragen. Und bekomme immer eine Antwort. Das wirft die nicht unwesentliche Frage auf: Wann schläft Baba? Die Menschen in seiner nächsten Umgebung sagen: „*Nie!*“ Ich glaube das, denn er ist immer da. Unglaublich!

Positiv denken

Mit seinem Buch *Die Macht Ihres Unterbewusstseins* macht Dr. Joseph Murphys deutlich, dass in unserem Denken eine Macht steckt, mit deren Hilfe wir Unvorstellbares erreichen können. Wie alles andere klappt dies bei einigen, bei anderen aber nicht. Warum? Weil im Unterbewusstsein auch Kräfte wirken können, die gegen Erfolg, Glück und Gesundheit gerichtet sind. Wie können diese Kräfte entstehen?
Ich denke dabei an einen Rattenversuch, von dem uns während meines Studium in München berichtet wurde. Nimmt man eine Ratte aus ihrer Familie heraus und tut sie nach einiger Zeit wieder hinein, dann freuen sich alle. Ist diese Zeitspanne aber zu lang und die Ratte hat nicht mehr den Geruch der anderen, freut sich keiner mehr, sondern sie wird angefallen und würde – wird sie nicht in Sicherheit gebracht – totgebissen werden. So wichtig ist der Stallgeruch. Für Kinder ist die Familie entscheidend. Werden sie weggegeben, vernachlässigt oder schlecht behandelt, kann dies zu einem schwerwiegenden Trauma führen. Ich denke dabei an die vielen Seminarteilnehmer, die als Kinder im Krankenhaus keinen Kontakt zu ihren Eltern haben durften, weil die Ärzte die fatale Theorie vertraten, das sei das Beste für sie. Diese Menschen haben Traumata davongetragen, die sich auf vielen Ebenen, besonders aber in ihren Beziehungen bemerkbar machen. Das Urvertrauen wurde damals tief verletzt und lässt sich ohne hervorragende Therapie kaum wieder herstellen.

Kinder wissen genau, wie abhängig sie von ihren Eltern sind, deshalb tun sie (fast) alles, um die Liebe ihrer Eltern zu bekommen und zu erhalten. Selbst wenn ihnen dies schadet. So verzichten sie sogar auf Glück, Erfolg und Gesundheit, um sich diese Liebe zu sichern. Des-

halb streben so viele Menschen bewusst etwas völlig anderes an, als ihr unbewusstes Programm ansteuert – und erreicht! Denn das **unbewusste Programm** entscheidet, **nicht** der bewusste Vorsatz.
Als Folge davon ergibt sich, dass einige sich noch so sehr vornehmen können, froh, erfolgreich und zufrieden zu sein, haben sie aber zum Beispiel die ihnen unbewusste Angst, die Liebe ihrer Eltern zu verlieren, wenn sie zum Beispiel zu ausgelassen sind, dann werden sie es nicht sein.

Hier hilft eine Basis-Aufstellung sehr. Aber auch nicht immer.
So fragte ich mich, warum sie bei einigen Seminarteilnehmern half und bei anderen nicht, bis Baba mich auf das Denken dieser Menschen hinwies. Dies war mir in der Tat nicht aufgefallen: Viele gaben sich sehr nett, sehr zugewandt, waren es *sich selbst gegenüber* aber gar nicht. Kaum ging ich dem nach, kam heraus, wie katastrophal sie über sich dachten. Bei solch einer Einstellung sich selbst gegenüber kann jemand sich tagelang einreden, wie glücklich und erfolgreich er sei, es wird sich nichts ändern.
Deshalb achte ich heute sehr genau darauf, **wann, wem, wie und was** jemand sagt. Negativität ist wie Säure. Sie zerfrisst alles. Es ist erstaunlich, wie geschickt sie sich verstecken beziehungsweise tarnen kann, wie wenig sie von vielen bemerkt wird und wie sie deshalb besonders zerstörerisch wirken kann.

Dies machte mir wieder einmal deutlich, warum Baba so häufig betont, wir sollten **Gutes denken, Gutes sehen, Gutes hören und Gutes sprechen**. Ich dachte lange Zeit, dies sei wichtig für die Welt und für uns, ohne mir im Klaren zu sein, dass hiermit unsere unbewussten Programme angesprochen werden: Sind diese negativ, dann vergiften sie zuerst unser Leben und dann das der anderen. Erstaunlich ist auch die Verbindung, die die deutsche Redewendung herstellt: Ist jemand *ärgerlich,* so sagt man*, er sei sauer*. Es ist nun so, dass bei Menschen, die häufig sauer sind, der Stoffwechsel ebenfalls sauer wird – der ideale Nährboden für alle nur erdenklichen Krankheiten. Denken wir dagegen positiv und sind wir nicht ständig sauer, so ist dies die ideale Basis für Gesundheit.

Zusammenfassend habe ich also gelernt: Positives Denken ist sehr wichtig, aber die unbewussten Programme müssen auch positiv sein. Arbeiten diese gegen unsere bewusste Ausrichtung, gegen unsere bewussten Zielsetzungen, werden wir diese nicht erreichen, denn nur Bewusstmachung und Veränderung kann die unbewussten und die bewussten Ziele in Einklang bringen.

ZIELE

Damit kommen wir zu einem entscheidenden Punkt: **Ziele**. Nach Brian Tracy, einem ausgezeichneten Coach, haben 97 % der Deutschen – und Amerikaner! – keine niedergeschriebenen Ziele. Nur 3 % der Bevölkerung schreiben sich Ziele auf – und diese 3 % seien die erfolgreichen!
Was ist nun der Unterschied zwischen einem Wunsch und einem Ziel? Ein Wunsch ist eine Idee, die mir kommt – und die vielleicht wieder geht. Ein Ziel ist dagegen eine Idee, die mir so wichtig ist, dass ich sie niederschreibe, dass ich mir Gedanken mache und dass ich sie als Ausrichtung definiere. Außerdem gehört zu einem Ziel, dass ich mir überlege, **wann** und **wie** ich es erreichen will, und dass ich mich täglich frage, ob ich ihm näher komme oder nicht. Gehe ich mit meinen Zielen nicht so um, dann bleiben sie undefinierte Wünsche, die mich nirgendwohin führen beziehungsweise häufig sogar zum Scheitern, denn ich habe mir nicht bewusst gemacht, was ich wirklich will. (Vgl. den Anhang am Ende des Buches, S. 226)

Ich vergleiche dies mit einem Navigationssystem, das weder meinen aktuellen Standort noch mein Ziel kennt. Wie soll es mich zu irgendeinem Ort führen können, wenn es nicht weiß, wo ich bin und wohin ich will? Wenn ich nicht weiß, was ich will, und mich nicht darum kümmere, welchen Einsatz ich zu leisten bereit bzw. in der Lage bin, dann werde ich auch nirgendwohin kommen – mit entsprechenden Konsequenzen. Man denke nur, was passiert, wenn jemand dringend ins Krankenhaus will, sich auf sein Navigationssystem verlässt und dieses ihn so lange in die Irre führt, bis es zu spät ist!

Baba brachte mir deshalb bei, genau mit Zielen zu arbeiten. Ich musste mir klar werden, was ich erreichen wollte, und ich musste genau darauf achten, dass Seminarteilnehmer klare Ziele hatten. Für viele Neue ist dies völlig ungewohnt – für manche ist es das erste Mal, dass sie überhaupt nach einem Ziel gefragt und aufgefordert werden, es niederzuschreiben. Für diesen Zweck entwickelte ich auch das Buch *Ich bin ich und ich bin gut.* Damit kann jeder seine Ziele und Erfolge aufschreiben. Erstaunlich ist, wie wenig Seminarteilnehmer mit diesem Buch arbeiten – und sich wundern, dass sie nicht so viel erreichen, wie sie wollen. Warum nicht? Weil ihre Ziele und das Erreichen dieser ihnen nicht so wichtig sind, dass sie darüber Buch führen wollten.

Zum Aufschreiben der Ziele gehört auch, dass für denjenigen, der in der Gruppe arbeitet, mitgeschrieben wird. Jeder hat damit schriftlich, wie die Arbeit verlief. Zudem kann er nachvollziehen, ob diese ihm geholfen hat, dahin zu kommen, wohin er kommen wollte.
Baba sagte mir, ich solle die Arbeiten ebenfalls mitschreiben. In der Bioenergetik war dies nicht üblich. Vieles entstand damals ja, wie ich bereits berichtete, im Gruppenprozess, den Baba bei mir – erst einmal zu meinem Leidwesen! – abschaffte.

Mit ein Grund für die Abschaffung der Gruppenübungen war, dass keiner *präzise* an seinen Zielen arbeiten konnte.
Ich sollte nun deshalb die Prozesse mitschreiben, damit ich sehen konnte, wie wichtig jedem seine Ziele sind. Ich bin immer wieder überrascht, wie die Ziele der letzten Gruppensitzung in der darauf folgenden nicht mehr aktuell sind, obwohl sie noch gar nicht erreicht wurden.
Auch hier ist Baba mir gegenüber ein genauer Lehrer. Er mag es nicht, wenn ich irgendetwas anfange und nicht zu Ende führe. Dies verwundert manche Gruppenteilnehmer, wenn sie zum Beispiel glauben, ihre Arbeit sei rund.
Baba kümmert es nicht, wie viel oder wie wenig jemand bereits erhalten hat, wichtig ist ihm allein, ob er **Seins** bekommen hat.

Baba hält sich hier klar an den Platonischen Gerechtigkeitsbegriff, der da lautet: *Gerechtigkeit ist, dass jeder das Seine hat und tut*. Hier geht es eben nicht um das Gleiche, sondern dass jeder das hat, was **ihn** weiterbringt. Alles andere macht nämlich auf Dauer unzufrieden.

Immer wieder sehe ich in diesem Zusammenhang, wie wichtig Baba das Erreichen der Ziele ist (*„fight till the end" – kämpfe bis zum Schluss!*, sagt er zum Beispiel) – Ziele, die sehr viel weiter gehen als meine. Deshalb war mir vor 22 Jahren nicht bewusst, wohin er mich führen würde. Nur deshalb konnte ich auf jeder Stufe mit dem zufrieden sein, was ich erreicht hatte.
Das bedeutet: Wir sollen unsere Ziele aufschreiben, damit wir volle Verantwortung für unser Tun und Nichttun übernehmen. Das Beste ist aber, wenn jemand für uns sorgt, der viel weiter als wir blicken kann. Und was ist der Preis dafür? Für mich waren es ständige Überraschungen. Bevor ich bei Baba war, verlief mein Leben eher stumpf, weltlich und unausgerichtet. Ich hatte immer wieder meine größeren und kleineren Probleme, es war aber irgendwie abschätzbar.

Seitdem Baba die Führung in meinem Leben übernommen hat, geschieht unendlich viel, von dem ich von ganzem Herzen sagen kann, dass ich es so weder wollte noch meinte und dass mich hier jemand gründlich missverstanden hat. Und wer dieser „Jemand" ist, weiß ich besonders gut, wenn ich mich grün und schwarz ärgere. Baba lässt das völlig kalt. Und was geschieht? Nach einer Weile muss ich feststellen, dass mein Ärger absolut unbegründet war, da das Ergebnis sich plötzlich – gegen alle Erwartungen – als sehr gut herausstellt. Dann danke ich wieder ganz brav..., bis „jemand" erneut etwas macht, das ich so nicht „bestellt" hatte...
Mit anderen Worten: Am Ende des Prozesses ist es für mich mehr oder minder leicht, dankbar zu sein. Solange ich dagegen mittendrin bin, ist es für mich eine große Herausforderung, mich zu erinnern, dass bisher immer alles gutging, und zu vertrauen, dass es dieses Mal ebenso sein wird! Trotz allem Danken bleibt nämlich immer die bange Frage: Und wenn es dieses Mal nicht...?

Coaching

Viele Männer brauchen nicht selten eine andere Form der Therapie als Frauen. Männer sind häufig mehr unter Druck als Frauen, weil sie sich beruflich sehr gefordert fühlen, immer in Konkurrenz stehen und sich weniger auf ihre Gefühle verlassen können als Frauen.
Dies ist einer dieser Grundwidersprüche des Lebens: Frauen sind viel mehr als Männer ihren Gefühlen ausgesetzt, die zudem auch noch durch den Hormoneinfluss schwanken können. Sie sind aber meistens sehr viel beständiger als Männer! Frauen testen zum Beispiel am ersten Tag, am Freitag, in meinen Seminaren, wo ich bin und ob sie sich auf mich verlassen können. Stellen sie fest, dass sie es tun können, dann vertrauen sie auch.
Männer, die sich mehr auf ihren Verstand verlassen, der angeblich viel beständiger als Gefühle ist, haben es häufig schwerer zu vertrauen und nicht ständig zu testen (man bedenke: *testis* heißt auf Lateinisch Hoden!). Männer tun sich nicht selten schwer mit Therapie, weswegen sie sich immer wieder erst zur Paartherapie anmelden, wenn ihre Partnerin gegangen ist! Sie tun es somit dann, wenn eine große Wahrscheinlichkeit besteht, dass sie sich nicht verändern müssen, da es die Partnerin für eine mögliche Paartherapie nicht mehr gibt.

Weil viele Männer so wenig mit Therapie anfangen können und so viele berufliche Fragen haben, die eng mit ihrem Leben und ihrem Seelenzustand verbunden sind – ebenso wie die Geldfragen, über die ich nächsten Kapitel sprechen werde –, sah ich die Notwendigkeit, mich auf diesem Gebiet weiterzubilden. Und ich durfte in die Seminare verschiedener Coachs gehen, wo ich viel lernte.
Bei einigen war ich aber entsetzt, wie sehr sie Geld und Erfolg über Ethik, Wahrheit, Rechtschaffenheit und Gewaltlosigkeit stellten. Offensichtlich hat mich Baba dorthin geschickt, damit ich sehen konnte, dass es heutzutage tatsächlich Menschen gibt, die im Ernst glauben, das Erlangen von viel Geld über die Aristotelische Ethik, das philosophische Fundament unserer gesamten gesellschaftlichen Ordnung, stellen zu können! Sie meinten, Geld sei eindeutig wichtiger als Anstand und Rechtschaffenheit. Der von mir oben erwähnte und sehr geschätzte Brian Tracy hätte so etwas Dummes nicht gesagt.

Durch diese Seminare, verbunden mit den unzähligen Büchern, die ich las, hatte ich einiges gelernt. War dies aber ausreichend, um Direktoren, Manager und Firmeneigentümer zu coachen? Baba verwendete wieder seine „bewährte" Methode: *Learning by doing*! So musste ich zunächst vertrauen und tun und erst, wenn ich nicht mehr weiter wusste, konnte ich nachfragen.
Dann schickte Baba Constanze, Gopala und mich in die USA, wo ich ebenfalls viel lernte. Zudem sagte er mir, ich solle die gemischte Gruppe beenden und stattdessen eine Coaching-Gruppe anbieten. Ich wusste nicht so recht, ob das meins sei. Da Baba aber nicht locker ließ, tat ich wie verlangt – und die Gruppe war sofort voll!
Außerdem staunte ich, wie viel Baba über Coaching wusste. Natürlich ist das lächerlich, aber immer wieder bin ich in meinem kleinen Ego und staune, wie allwissend er ist, und vergesse dabei, wer er ist und dass er in Puttaparthi aus dem Stegreif die interessantesten Vorträge über Wirtschaft, Coaching und Management hält. Und das, obwohl er nichts liest!

Werte und Visionen

Bemerkenswert war für mich auch, was geschah, als ich die Visionen und die Werte für mein Coaching, das Dr. von Stepski Institut und den Doliwa Verlag formulierte.

> **Die Visionen**: *Durch Wissen zu Glück und Fülle und dadurch zu Erfüllung.*
> **Die Werte**: *Wahrheit, Rechtschaffenheit, Fürsorge, Achtsamkeit und Gewaltlosigkeit*

Durch diese wurde mir zunächst deutlich, dass sowohl das Coaching wie das Institut als auch der Verlag die gleiche Ausrichtung haben. Bald darauf erkannte ich auch, wie viel diese Visionen und Werte bewirken.

So hatten wir für den Verlag eine neue Mitarbeiterin eingestellt. Ihr gab ich sowohl die Werte als auch die Visionen – und sie reagierte überhaupt nicht. Sie las sie nicht, sie fragte nicht nach – nicht einmal oberflächlich. Nichts. Das stimmte mich nachdenklich und erinnerte mich an den Bauunternehmer, den ich zu Zeiten des Architekten Trevisani in Venedig hatte. Ich kam ins Haus und war völlig verschnupft. Da traf ich ihn. Er begrüßte mich und fragte mich, wie es mir ginge. Ich antwortete ihm, schlecht, denn der Schnupfen mache mir zu schaffen. Darauf sagte er mir, indem er mich weiterhin nicht ansah: „*Oh, wie gut!*“, denn er hatte mich überhaupt nicht gehört. Das stimmte mich sehr skeptisch; ich kontrollierte daraufhin seine Arbeit im Verhältnis zum Kostenvoranschlag und danach trennten wir uns.

Ähnlich war es mit dieser Mitarbeiterin: Weder die Visionen noch die Werte der Firma, für die sie nun arbeitete, interessierten sie. Was dann? Eines Tages kam sie zu Constanze und mir und kündigte. Nachdem mir ihr mangelndes Engagement aufgefallen war, hatte ich ihr gesagt, sie müsse sich entscheiden, was sie einbringen wolle. Sie kündigte, weil ihr offensichtlich bewusst wurde, dass die Ziele des Verlags andere als die ihrigen waren. Ihr Nachfolger stellte fest, wie viel sie nicht bearbeitet beziehungsweise liegen gelassen hatte.

Deshalb braucht nicht so sehr das abstrakte Gebilde „Firma“ Werte und Visionen, sondern die Menschen brauchen sie. Menschen von der höchsten bis zur niedrigsten Ebene. Denn nur Menschen mit übergreifenden Werten können auf Dauer Großes leisten. Alle anderen scheitern – und die Leidtragenden sind fast immer die Angestellten und die Arbeitnehmer der unteren Ebenen, für die – von den Werten her!!! – die auf den oberen Ebenen hätten sorgen müssen.

Sich führen lassen, sich führen, andere führen

Baba sagt: „*Die Leute trachten heute nur nach den Früchten der Macht. Sie drücken sich aber um die Verantwortung, welche die Macht mit sich bringt. Macht wird angestrebt, aber die Bürde, die damit verbunden ist, heißt man nicht willkommen. Das Chaos und das Elend in der heutigen Welt sind das Werk jener Menschen, die in Machtpositionen aufgestiegen sind, ohne ihrer Verantwortung gerecht zu werden.*“

Während meiner 22-jährigen „Ausbildung“ bei ihm habe ich immer wieder festgestellt, wie wichtig es ihm ist, dass Menschen hören, zuhören und tun, was man ihnen sagt. So funktioniert der gesamte *Ashram*, so werden die Schüler und Studenten erzogen und dies erwartet er auch von denjenigen, die zu ihm kommen.
So war es auch Baba, der mich lehrte, nicht „*ich versuche*“ zu sagen. Das mag er gar nicht, weil im Versuchen zweierlei enthalten ist, was er ablehnt: Mangelndes Übernehmen von Verantwortung und die Annahme, dass es nicht klappt. So sagt Baba immer, wenn jemand von „*versuchen*“ spricht: „*Nicht versuchen, tun!*“
So habe ich bei manchen Seminarteilnehmern feststellen können, dass sie vor lauter Versuchen gar nichts tun. Besonders kreative Menschen sitzen häufig da und warten auf die Inspiration: Sie *versuchen* damit in die richtige Stimmung zu kommen, *versuchen* die richtigen Ideen zu erhalten, *versuchen* die richtige Schwingung zu finden. Und was geschieht? Nichts. Dabei denke ich an den klugen Spruch Napoleons: „*Genie ist Fleiß!*“ Nichts da von großartigen Eingebungen, sondern Disziplin und Durchhaltevermögen. Diese liebt auch Baba!

Baba hat mir da immer wieder den Fleiß so genannter Hochbegabter vor Augen geführt. Sie wurden erfolgreich, **nicht** weil sie es versuchten, sondern taten. So staunte ich nicht wenig, als ich erfuhr, dass Ernest Hemingway das, was er am Abend verfasste, morgens nochmals schrieb und dann beide Versionen verglich. Er machte sich damit doppelte und dreifache Arbeit. Den Nobelpreis für Literatur bekam er vordergründig für seine Begabung, tatsächlich wurde diese Begabung aber allein durch seinen Fleiß erst sichtbar.
Wie viele verschwenden möglicherweise noch viel größere Begabungen, weil sie nur versuchen, aber leider nicht tun. Kein Wunder, dass ich meinem sehr liebevollen, aber auch äußerst zielstrebigen Lehrer damit nicht kommen konnte.

Baba hat eine klare Mission, die, wie er sagt, jeden seiner Schritte auf Erden bestimmt. Er versucht deshalb überhaupt nichts.
Wie schwach klänge das, wenn er sagte, er *versuche*, die Welt zu verändern. Davon gab und gibt es Millionen, von denen wir nichts gehört haben, weil sie alle gescheitert sind.

Deshalb *versucht* Baba nichts, sondern *tut*. Er sagt es noch viel deutlicher: Was er sich vornimmt, **wird**. Da ist überhaupt kein Raum für irgendwelche Zweifel, vielmehr wird deutlich, dass sich hier jemand seines Zieles und wie er es erreicht (Präsens und nicht Futur!), absolut bewusst ist.

Und genau nach diesem Prinzip von Tun und nicht Aufschieben bildet er seine Studenten aus, damit sie eines Tages Führungspositionen einnehmen können. Das wird mit absoluter Sicherheit kommen. Und wie sehr sich Indien, die größte Demokratie der Welt und ein zudem tief gläubiges Land, im Gegensatz zum autoritären China verändert, sehe ich nicht nur an dem enormen Verkehr in Bangalore, sondern an dem Flughafen von Bombay/Mumbai, der sich von einem Dritte-Welt-Flughafen in den 80er Jahren des vorherigen Jahrhunderts zu einem blitzblanken internationalen Knotenpunkt gemausert hat.

Zum Thema Tun und nicht Aufschieben gehört auch die Bedeutung, die Baba dem Dienen beimisst. Damit seine Studenten und Studentinnen lernen, dass das Entscheidende im Leben Dienen ist, schickt Baba sie jedes Jahr in arme Dörfer. Hier kochen und sorgen die Studenten für die armen Familien, während die Studentinnen (!) deren Häuser abreißen und auf Babas Kosten neue bauen.
Ebenso sind es immer die Studenten, die an Festtagen mit Schüsseln durch die Reihen der Devotees gehen und Tausende von kleinen Kuchen, Plätzchen oder sonstigen Süßigkeiten an jeden verteilen. Baba möchte, dass sie zunächst gehorchen und dienen lernen, damit sie Disziplin, Engagement und Fleiß entwickeln. **Nur wer zunächst sich führen lassen kann, entwickelt die Fähigkeit, sich selber zu führen. Und nur wer sich selbst führen kann, kann auch andere führen**. Dies ist Babas Ziel, das er bei Tausenden von Studenten verwirklicht, und ich bin sehr sicher, dass wir noch staunen werden, was in den nächsten fünf bis 20 Jahren in Indien und der Welt geschehen wird.

Baba sagt, er bringe das Goldene Zeitalter. Ich kenne Unzählige, die zurückfragen: „*Ja, wann denn endlich?!*"
Wann? Wieso wann? Es ist doch bereits in sehr vielen Fällen da. Wann gab es das, dass Milliarden Menschen in Frieden miteinander lebten?

Dass weltweit Frieden herrscht und die Menschen immer respektvoller miteinander umgehen – außer an den wenigen Plätzen, wo die Menschen noch nicht gelernt haben, dass Kriege nichts lösen, sondern – wie Baba und der Dalai Lama immer wieder betonen – nur die Liebe, das Mitgefühl und der Dialog etwas verändern können?

Der Mittelstand

So bin ich immer wieder berührt, wie engagiert viele sind. Wie mutig sie sich für ihre Ideale einsetzen. Viele Teilnehmer meiner Gruppen haben die höchsten Ideale und setzen diese, wo immer sie können, auch um.
Ebenso berührt es mich, wie engagiert sich die Teilnehmer meines Führungsseminars verhalten. Wie sie sich einsetzen und vieles umsetzen, damit es ihren Mitarbeitern besser geht, diese sich wohler fühlen und das Betriebsklima so gut wie irgend möglich wird. Wie viele Chefs kenne ich, die sich mit großem Respekt und eindeutiger Fürsorge um ihre Angestellten beziehungsweise Arbeitnehmer kümmern.

Häufig sind es diese Chefs von Firmen des Mittelstandes, die Menschen aufnehmen und ihnen eine neue Perspektive und damit Zukunft bieten, die die Großkonzerne zum Teil wie alte Maschinen ausgemustert haben. Immer wieder berichten die Medien, wie katastrophal Großkonzerne mit Tausenden von Menschen umgehen. Zudem wurden vorher noch Millionen Steuergelder kassiert – also Geld, das diesen Menschen abgenommen wurde! – und Mitarbeiter zum Teil brutal unter Druck gesetzt. Erst werden dadurch exorbitante Gewinne eingefahren und dann Zigtausende entlassen.
Oder es werden völlig unfähige Manager eingestellt, die Milliarden in den Sand setzen. Für dieses schreckliche Missmanagement, das häufig Tausenden den Arbeitsplatz kostet, werden diese unfähigen und nicht selten gewissenlosen Manager zu allem Übel auch noch mit Millionenabfindungen belohnt, die den Arbeitern und Angestellten zum Beispiel durch Entlassungen, weggenommen werden. Das ist wirklich schrecklich und hat mit dem Goldenen Zeitalter nichts zu tun. Genauso wenig wie ein Präsident, der die UN angelogen hat, um ein Land zu überfal-

len. Aber die Entwicklung zum sehr viel Besseren ist unaufhaltsam und wird völlig unvorstellbare neue Perspektiven eröffnen.

Ähnlich Unvorstellbares geschah damals, als Michail S. Gorbatschow es ermöglichte, dass der eiserne Vorhang fiel. Wer hätte das damals gedacht? Und wer denkt heute an das Goldene Zeitalter?

Wenn ich aber sehe, wie viele von Großkonzernen zutiefst enttäuschte Menschen in sehr viel kleineren Betrieben des Mittelstands eine neue Aufgabe, neue Zuversicht und Erfüllung finden, dann weiß ich, wie viel Gutes geschieht. Und man betrachte einmal die Zahlen: Die zigtausend Menschen, die in den letzten Jahren von den Großkonzernen entlassen wurden, damit diese ihren *shareholder value* verbessern konnten, bedingten **nicht**, dass die Arbeitslosenzahlen in Deutschland stiegen. Nein, sie sanken! Warum? Weil der Mittelstand diese Menschen aufgenommen hat!

Baba sagt immer wieder: „*Don't worry, be happy!*" – *Mach dir keine Sorgen, sei vielmehr froh*. Dies können wir aber nur sein, wenn wir das viele Positive sehen, das um uns herum geschieht. Die Medien berichten primär Schlechtes, und das viele, viele Gute bleibt leider unerwähnt. Schade, denn nur durch den Aufbau von Vertrauen und Zuversicht können wir erkennen, wie viel unendlich besser geworden ist.

Wir müssen uns erziehen zu sehen, wie viel Gutes in der Welt geschieht. Wir müssen hier vielfach gründlich umdenken und die jahrhundertealten Erfahrungen, die sicherlich in unserem kollektiven Unbewussten gespeichert sind, von ewig andauenden Kriegen, von Weltkriegen, von kalten Kriegen, von Blitzkriegen und von Präventivkriegen allmählich aufgeben. Wir leben zum Beispiel in den meisten Teilen Europas seit bald 65 Jahren in Frieden, der in keinster Weise bedroht ist, sondern sich Tag für Tag noch mehr festigt und ausbreitet. Wir sollten dies unbedingt sehen. Dies ist für mich eine der wichtigsten Formen des Umdenkens: Dass ich jeden Tag sehe, **wie sehr** ich beschenkt bin, und aus diesem Gefühl der Fülle heraus gerne abgebe und teile.
Ein weiterer für mich sehr wichtiger Gedanke der Selbstführung.

14. Das Gayatri

Meine Gruppen beginnen immer mit dem *Gayatri*. Dies ist eines der ältesten Mantren der Welt und es heißt, es biete Schutz, reinige uns und unsere Umgebung und sei zudem die Quintessenz, die Summe der Veden. Die Veden, seit über 4000 Jahren überliefert, sind die heiligen Bücher der Hindus und werden „*der Atem Gottes*" genannt.

Sind neue Teilnehmer in einer Gruppe, die das *Gayatri* nicht schon vorher kennen gelernt haben, so staunen sie, was wir da singen. Ich habe sogar erlebt, dass jemand mich am nächsten Tag anrief und mitteilte, er werde nicht wiederkommen. Von anderer Seite erfuhr ich dann, er hielt das Ganze für eine Sektenveranstaltung, der er sich so schnell wie möglich entziehen wollte.

Ich bin mir dieser Wirkung bewusst und teile somit immer wieder mit etwas gemischten Gefühlen die Blätter mit dem Text an neue Teilnehmer aus. Gleichzeitig bin ich aber derart überzeugt von der Wirkung, der Kraft und dem Segen, den das *Gayatri* bringt, dass ich das Risiko eingehe, als Sektierer oder Sektenhandlanger missverstanden zu werden.

Zudem habe ich so wunderbare Erfahrungen mit dem *Gayatri* gemacht, dass ich es in meinem Leben nicht missen möchte und anderen deshalb auch ähnlichen Segen im Leben wünsche.

Beispielsweise fuhr ich eines Nachts auf der Autobahn von Siena nach Florenz. Es regnete in Strömen und das Auto rutschte immer wieder. Da begann ich das *Gayatri* zu singen. Man mag es glauben oder nicht, sogleich stabilisierte sich der Wagen und ich kam sicher an. Deshalb kann ich nur jedem eindringlich raten, der ein Auto oder ein sonstiges mit Gefahr verbundenes Gefährt lenkt, dieses Mantra zu singen, denn es gewährt größten Schutz.

Eine meiner Seminarteilnehmerinnen arbeitet bei einem schwierigen Arzt, der eine so angespannte Atmosphäre verbreitet, dass alle ihre Vorgängerinnen gegangen sind und auch sie immer wieder Probleme hat und Fehler macht. Nun hatte sie sogar den gleichen Fehler wiederholt und erwartete deswegen ein Riesendonnerwetter. Den ganzen Tag sang sie im Geiste das *Gayatri* und sprach am Abend mit dem Arzt. Er reagierte völlig ruhig, war freundlich und fand eine gute Lösung.

Dieses wunderbare Mantra hilft aber nicht nur bei Menschen und Gefahrensituationen, es wirkt auch bei Tieren.
So hatte sich eines Tages ein Vogel in mein Arbeitszimmer verirrt. Als Constanze das Zimmer betrat, flog er panisch gegen die Scheibe des Giebelfensters. So stellte sie sich neben das Gaubenfenster, das sich auf der anderen Wand befindet, und sang das *Gayatri*. Der Vogel beruhigte sich sofort, flog neben sie auf das Fensterbrett und sah sie ganz ruhig an. Als sie das Fenster öffnete, war er nicht einmal verschreckt und flog dann hinaus.

Und es wirkt absolut beruhigend auf Kinder. Ich habe das *Gayatri* beziehungsweise das *Sai-Gayatri* stets Gopala vorgesungen, als er klein war, und er ist wunderbar dabei eingeschlafen. Heute singen wir es immer abends, bevor er einschläft.

Ich kann es nur wiederholen: Das *Gayatri* ist ein unglaublich Segen bringendes Mantra, deshalb sollte jeder es mindestens drei Mal, am besten aber neun Mal täglich singen. Man sollte es selbst dann singen, wenn man anfangs nicht daran glaubt, denn der Segen kommt, ob man daran glaubt oder nicht.

Man muss es aber, laut oder leise, **singen**, damit der Segen kommen kann.

Gayatri

Om Bhur Bhuvah Svah

Tat Savitur Varenyam

Bhargo Devasya Dhimahi

Dhiyo Yonah Prachodayath

Und zum Schluss: Om Shanti, Shanti, Shantii

Shanti heißt Frieden.

Im Doliwa Verlag sind CDs mit den verschiedenen Mantren erschienen (vgl. die Titel am Ende des Buches).

15. GELD

Von klein auf war ich immer sehr sparsam und kam gut mit meinem Geld aus, das ich damals schon mit den verschiedensten Aktivitäten verdiente, und konnte zudem immer einen Teil sparen. Auch als Student kam ich stets gut mit meinem kleinen Wechsel (450 DM) zurecht, denn erstens war ich sehr sparsam – zuweilen hungerte ich sogar, um mir die teueren Philosophiebücher (z. T. 125 DM pro Buch!) kaufen zu können – und zweitens arbeitete ich immer nebenher, zum Beispiel als Reiseführer in Frankreich und Italien.
So war ich in meiner Familie dafür bekannt, dass ich gut mit Geld umgehen konnte, weswegen ich zum Beispiel bei unserer Frankreichreise als vierzehnjähriger „Finanzminister“ die gemeinsame Kasse verwaltete. Wie ich anfangs berichtete, wäre ich auf dieser Fahrt um ein Haar zweimal umgekommen. Damit hätte meine Familie ihr „finanzielles Haupt“ verloren.

Im Grunde hatte ich aber bis dato genauso viel vom Geld verstanden wie der Bauer Sepp. *Dieser kaufte vom Bauern Xaver einen Traktor und kam mit einem Sack Geld zu ihm, um ihn zu bezahlen. „Ah, Sepp“, sagte da der Bauer Xaver, „das macht doch heute keiner mehr, dass er mit einem Sack Geld herumläuft und damit bezahlt. Das macht man heute mit Schecks!“ „Scheck, was ist denn das?“, fragte der Bauer Sepp. Bauer Xaver erklärte ihm, was das sei und dass man sie in der Bank bekomme, die Schecks. Bauer Sepp ging sofort zu seiner Bank und bekam ein gut gefülltes Scheckheft, mit dem er nun alles Mögliche kaufte: Ein Fahrrad hier, ein Moped da, ein Auto dort usw., bis er merkte, dass er kaum noch Schecks hatte. Er ging zur Bank und da sagte ihm der Bankangestellte, sein Konto sei ganz schön im Minus. „Kein Problem“, antwortete darauf der Bauer Sepp, „sagen Sie mir, wie viel, und ich stelle Ihnen einen Scheck aus!“*

In Anlehnung an die Basis-Aufstellung, die ich weiter oben beschrieb, lehrte mich Baba auch die Aufstellung von *Armut, Auskommen, Wohlstand, Reichtum und Geld.*
Natürlich wollte ich auch sehen, wo ich im Verhältnis zu diesen inneren Instanzen stand, und stellte sie eines Tages für mich auf – und war ziemlich sicher, es würde gut aussehen, weil ich doch so gut mit Geld umging. Man kann sich vielleicht vorstellen, wie sehr ich staunte, als die Instanzen, die ich so schön um mich gruppiert hatte, nämlich das Geld, der Wohlstand und der Reichtum, schnurstracks von mir weggingen, mich aber dafür die Armut umso mehr mochte. Ich konnte es, ehrlich gesagt, nicht verstehen! Hatte ich doch gedacht, mein Verhältnis zum Geld sei so ausgezeichnet. So naiv, so blind war ich!
Als ich aber dem nachging, was diese Aufstellung mir sagen wollte, stellte ich ebenfalls überrascht fest, dass ich mir bis zu dem Tag keine Gedanken über eine Altersvorsorge gemacht hatte. Vielmehr ging ich ebenso naiv davon aus, bis zu meinem Tod arbeiten zu wollen und zu können, weil ich das doch so gerne tat. Mir war aber gar nicht bewusst, wie riskant dies ist und dass ich damit weder für mich noch für meine Familie sorgte. Als mir dies wie Schuppen von den Augen fiel, staunte ich nicht wenig über meine Blauäugigkeit.

Seitdem biete ich die Geldseminare an, die mir immer wieder zeigen, dass ich wahrlich nicht der Einzige bin, der so wenig seine finanzielle Zukunft plant. Zu meiner großen Überraschung musste ich sogar feststellen, dass es Menschen gibt, die noch unklarer in diesen Dingen sind, als ich es war. So hatte ich Seminarteilnehmer, die ich regelrecht zwingen musste, eine Krankenversicherung abzuschließen. Viele verstanden die Notwendigkeit einer Unfallversicherung oder einer Altersvorsorge erst, als sie sich ihre unbewussten Programme bezüglich Geld angesehen und nicht wenig gestaunt hatten – ungefähr wie ich, als meine erste Aufstellung bezüglich Geld mir erst einmal „den Boden unter den Füßen wegzog", den ich nicht hatte!

Baba und Geld

Nun geschah etwas ganz Erstaunliches: Ich hatte Baba immer so verstanden, dass Geld nicht gut sei, dass wir Geld meiden sollten, dass

Arme gut und Reiche böse seien. Nachdem ich ein wenig Klarheit in meine Geldprogramme gebracht hatte, stellte ich fest, dass Baba das überhaupt nicht so simpel sagt. Er differenziert sehr genau. Kein Mensch ist für ihn allein schon deshalb gut, weil er arm, und keiner schlecht, weil er reich ist. Es geht ihm immer darum, was jemand mit dem macht, was er hat. So gesehen, mag es Baba überhaupt nicht, wenn Reiche wie der Milliardär Paul Getty sagen, Superreiche dächten nur noch ans Geld. Das beantwortet er simpel mit: „*Wasted life*!" – *verschwendetes Leben*. Deswegen spreche ich in *Wie werde ich reich – innerlich und äußerlich?* (S. 196) nicht von finanzieller Freiheit, sondern von **finanzieller Sorgenfreiheit,** nach dem Motto: Wann habe ich mein Ziel erreicht, wann kann ich mich Wichtigerem zuwenden, als Geld zu verdienen?

Baba möchte, dass Menschen immer, immer anderen helfen. Dafür sollen sie auch all ihre Mittel einsetzen, seien diese nun seelischer, geistiger oder finanzieller Natur. **Dienst am Nächsten** ist für ihn das Allerwichtigste. Hindert mich das Denken an immer mehr Geld daran, anderen zu helfen, dann ist Geld wahrlich kein Segen, sondern ein Schaden für mich. Deswegen erklärte mir Baba auch die Wertetabelle, die in meinem Buch über Geld steht (S. 28): *Erst kommt Gott, dann innerer Frieden und Glück, danach Gesundheit, gefolgt von den Kardinaltugenden Wahrheit, Rechtschaffenheit, Liebe, Friedfertigkeit und Gewaltlosigkeit, dann die Familie, Freunde, berufliche Erfüllung und hier erst das Geld.*
Erstaunlich fand ich in diesem Zusammenhang die Reaktion eines Bankdirektors, der dieses Buch gelesen hatte und verwundert war, dass in einer Skala, bei der es um Geld geht, auch Gott vorkomme und dieser zudem an erster Stelle stehe. Daraufhin verstand ich besser, warum Baba immer wieder sehr kritisch ist, wenn es um Geld geht: Wir weisen Gott häufig den absolut falschen Platz zu. Ich bin außerdem überzeugt, dass jeder, der ein wirklich gutes Verhältnis zu Geld hat, es niemals an die erste Stelle seiner Werteskala setzen wird, denn Geld macht wirklich nicht glücklich, Gott dagegen sehr wohl, das Gleiche gilt für unsere Familie beziehungsweise unsere Freunde. Baba fasste das folgendermaßen prägnant zusammen: *„Hast du Gott, hast du alles. Hast du nur Geld, hast du nichts!"*

Die Kraft der inneren Programme ließ mich jetzt auch die Bibelstelle verstehen, in der es heißt: *„Wer hat, dem wird gegeben, und wer nicht hat, dem wird auch noch das Letzte genommen."* Es sind die inneren Programme, die hier angesprochen werden. Sie bewirken, dass uns immer wieder das Gleiche passiert: Entweder sie leiten uns von Erfolg zu Erfolg oder von Misserfolg zu Misserfolg.

Leider ist mir bezüglich Geld etwas aufgefallen: Diejenigen, die einen spirituellen Weg gehen und nach tragfähigen Werten leben, lehnen es häufig ab, sich mit Geld zu beschäftigen. So kenne ich unzählige Baba-Devotees, die Frührentner sind, von Arbeitslosen-Geld, von Sozialhilfe, von Gelegenheitsjobs, vom Betteln leben oder langsam ihre Ersparnisse aufbrauchen. Das ist schade, denn sie überlassen das Feld denjenigen, die mit Sicherheit nicht Gott und die Kardinaltugenden an die oberste Stelle ihrer Werteskala setzen. Aber genau dies muss geschehen: Es müssen sich Menschen in Zukunft mit Geld beschäftigen, deren höchstes Interesse die Zufriedenheit Gottes und das Wohlergehen der Menschen beziehungsweise der gesamten Welt ist. Ich finde es zumindest keinen Weg für mich, mich lediglich um meine „gute Entwicklung" zu kümmern und den Rest der Welt vor sich hin wursteln zu lassen.

Geld und Therapie

Da ich bei Privatpatienten über Kasse abrechnen konnte, hatten Constanze und ich mit den jeweiligen Kassen geklärt, welche Positionen für unsere Arbeit in Frage kamen und auch der Wahrheit entsprachen. Anschließend stellte ich ziemlich Unangenehmes fest: Erstens, dass alle, aber auch alle Patienten, die über Kasse abrechnen wollten, die Therapie abbrachen. Zweitens war es schwierig, in der Wahrheit zu bleiben. Wie sollten wir eine Doppelstunde abrechnen, wenn die Kasse nur eine Stunde pro Tag bezahlte? Und was passierte mit dem Rest, also mit der Differenz zwischen dem, was wir wahrheitsgemäß abrechneten, und dem, was die Stunde kostete? Es war unglaublich: Viele dieser Patienten hatten damit Probleme, etwas dazuzuzahlen, oder – noch schlimmer! – sie waren nicht bereit dazu.

Ich kann Gott dafür nur danken, dass dies erstens so passierte und wir zweitens nicht bereit waren zu lügen. Deshalb beendete ich das Abrechnen über Krankenkasse vollständig. Und was geschah? All diese Menschen, die nicht auch nur das Geringste für ihre Entwicklung zahlen wollten, verließen uns und: Wunderbare andere Menschen kamen nach.

Jetzt wurden zwei große Verpflichtungen deutlich: Erstens, was war ein fairer Preis, der für die Seminarteilnehmer und mich stimmig war? Und zweitens: Was konnte ich tun, um diesen mir so lieben Menschen auch finanziell zu helfen?
Bei der Preisfindung war es einfach: Ich fragte Baba und er sagte mir den Preis und auch, wann ich diesen erhöhen und wann ich ihn unbedingt so belassen sollte.
Mit der Hilfe in finanziellen Dingen war es sehr viel schwieriger, denn hier gestaltete sich die „Ausbildung" bei Baba alles andere als angenehm. Natürlich kann ich heute sagen, dass sie exzellent war. Heute sage ich das, aber noch vor kurzem war ich in dieser Hinsicht gar nicht gut auf Baba zu sprechen.

Baba und mein Geld

Ich weiß nicht, ob es viele Menschen gibt, die so viel mit Baba gestritten haben wie ich. Zum Teil habe ich getobt. Ich habe seine Bilder entfernt und nichts mehr gefragt. So wütend war ich. Warum? Weil er mir über Jahre, ja über Jahre hinweg!, immer, wenn ich ihn nach der Verwendung oder Anlage von Geld fragte, genau das riet, wodurch ich es verlor. Zu 100 %! Ich tobte, denn ich empfand die innere Stimme als wahre Geißel, dachte ich doch, ich wäre ohne sie viel besser gefahren. Und das Schlimme ist, dass Baba – deswegen verstehe ich diejenigen so gut, die öffentlich auf ihn schimpfen – sich total an seinen Spruch hält: *„Life is the best teacher" – das Leben ist der beste Lehrer*. Er sagt einem nicht, warum er etwas tut. Er tut es einfach und es ist unsere Aufgabe herauszufinden, dass es gut für uns ist und dass es stimmt, dass er besser für einen sorgt als 1000 Mütter.

Ich kenne von den Geschichten in den Seminaren viele fürchterliche Mütter. Zeitweise empfand ich sie als reine Engel verglichen mit dem, was Baba mir antat – zum Teil auch noch gleichzeitig. Da waren einmal seine „Anlagetipps“ (siehe weiter unten) und dann der Hausbau in Grafrath, bei dem alles nur schiefzugehen schien und ich den Tag, an dem wir es kauften, als die Katastrophe meines Lebens ansah. Eine Katastrophe, aus der ich nicht mehr herauskam und viele Nächte in heller Panik aufwachte, weil ich dachte, wir seien pleite. Folgendes fand ich besonders gemein: Da sagt uns Baba gleichsam als besonderes Weihnachtsgeschenk, in der Zeitung fänden wir das richtige Haus für uns, und dann das. Ich dachte immer wieder an die letzten Worte des Komikers Carl Valentin, die ich bereits in meinem Geldbuch zitierte: „*Ein Leben lang Angst vor dem Tod, und nun das!*“ Ich verstand das so: Da machst du, Baba, uns angeblich ein Geschenk, und dann das! Es gab Tage, an denen ich ihn ernsthaft fragte, ob er sich nicht schäme, mich derart hinters Licht zu führen. Ich glaube, man kann sich vorstellen, welche Lust ich unter diesen Umständen hatte, Bücher in seinem Namen zu schreiben!

Hier eine kleine Liste von Babas besonders „hilfreichen“ Tipps:

- Anlage in Gold in den 90ern Jahren – Verlust
- Verkauf der Aktien in den 90er Jahren – Verlust
- Kauf des Hauses in Grafrath – absoluter Aderlass
- Verkauf des zweiten Hauses in Venedig – Verlust
- Anlage des Geldes 2000 in Aktien – die Hälfte weg
- Anlage bei türkischen Betrügern über einen gewissenlosen deutschen Mittelsmann in der Türkei – Geld weg. Dabei hatte Constanze das ganz klare Gefühl, hier vorsichtig sein zu müssen. Baba sagte aber, wir sollten es tun und sogar noch mehr anlegen!

Wie viele Existenzängste hatten wir – durch Baba! Nur durch ihn!!! – dachte ich.

Ich tobte – und übersah dabei, dass das Ganze System hatte. Sorgte ich – endlich nach meiner Geld-Aufstellung 2000! – mit dem von mir verdienten Geld für meine Altersvorsorge, klappte es. Bei den anderen Investitionen aber nicht. Ich gab lange, lange, lange Baba die Schuld.

Und habe deswegen auch kein schlechtes Gewissen, denn es ist seine Form der Therapie, dass er einen in Situationen bringt, in denen man sowohl lernt als auch Karma abbaut. Er erklärt einem aber nichts, das erzeugte bei mir Wut, denn ich fühlte mich völlig hilflos, verraten und verkauft.

Geld und Karma

Wie gesagt, es dauerte **Jahre,** bis mir etwas dämmerte: Der große Ärger hatte mit dem Geld begonnen, das ich von meinem Vater beziehungsweise meiner Tante, seiner Schwester, bekommen hatte. Wie kam das? Was war das für Geld? Hatte das eine Bedeutung? Ich muss gestehen, dass ich mich lange weigerte, das genauer anzuschauen. Ich fand es einfach zu abwegig, um nicht zu sagen grotesk. Was sollte das alles mit der Art des Geldes zu tun haben? Ich muss gestehen, es fiel mir sehr viel leichter, Baba die Schuld zu geben, anstatt mir dieses Thema anzusehen. So blieb ich lange im Opfer, fühlte mich verraten und meinte deshalb, allen Grund zu haben zu schimpfen.
Aber Baba wäre nicht Baba, wenn er lockerließe. Ich beziehungsweise wir bekamen ein Problem nach dem anderen, bis ich mich endlich bequemte nachzudenken. Da erinnerte ich mich, dass Daskalos uns gesagt hatte, es gäbe tief greifende Probleme in meiner Ursprungsfamilie. Als Therapeut bezog ich dies recht platt auf die offensichtlichen psychologischen Schwierigkeiten, die diese Familie bestimmten. Nun dachte ich etwas weiter und bezog all diese Verluste und die damit verbundenen dramatischen Ängste auf die **Herkunft** dieses Geldes.

Das Vermögen hatte mein Urgroßvater geschaffen. Ein Mann, der von vielen Königen, Staatsmännern und sonstigen großen Leuten die höchsten Ehren erfuhr. Wenn man bedenkt, wie diese „Großen" in der Weltgeschichte zum Teil selber auf ungute Weise an ihr Geld beziehungsweise ihre Riesenvermögen kamen, dann bedeutete es erst einmal nichts Gutes, dass sie meinen Urgroßvater so ehrten.
Julius Rechsteiner vom Rehetobel war als nicht besonders wohlhabender Konsul nach Venedig gekommen, hatte hier eine Bank gegründet und ein Vermögen gemacht. „*Wie war dies geschehen?*", fragte ich mich nun. Da dämmerte es mir allmählich. Und ich verstand auch,

warum Baba mich mit dem Geld meiner Familie das Haus in Grafrath kaufen und das in Venedig herrichten ließ, wodurch wir dann in die allergrößten Nöte kamen. Mein Urgroßvater hatte Hausbesitzern Darlehen gegeben und diese – ganz normal – durch eine Hypothek auf deren Haus beziehungsweise Häuser abgesichert. Und als sie das Darlehen nicht mehr bedienen konnten, hat er die Häuser bekommen. Sie haben sehr viel verloren, er hat sehr viel gewonnen. Sie haben offensichtlich Haus und Hof, jede finanzielle Sicherheit, ihr Zuhause und ihren sozialen beziehungsweise gesellschaftlichen Status verloren. Sie fielen die soziale Skala hinunter. Mein Urgroßvater stieg auf – besonders durch die Heirat seiner Tochter mit meinem Großvater. Dessen Großvater wiederum, wie gesagt, war niemand Geringeres als der österreichische Kommandant von Venedig. Das waren große Schritte – aber auf Kosten anderer. Analysierte ich zudem, wie der deutsche und die türkischen Betrüger uns angelogen und bewusst hinters Licht geführt haben, dann muss bei meinem Urgroßvater auch noch eine Absicht dabei gewesen sein, genau denjenigen Kredite zu geben, von denen er annehmen konnte, dass sie sie sehr wahrscheinlich nicht würden bedienen können. Damit waren deren Häuser sehr bald die seinen.

Eine große Geschichte, die ich mir nie angesehen, geschweige denn geglaubt hätte, wenn Baba nicht derart unnachgiebig gewesen wäre. Und, es gibt eben keine Zufälle (!), ich hatte vor einiger Zeit eine Biographie über die Kennedys von T. C. Reeves gelesen, worin dieser die Methoden beschreibt, mit denen Joseph Kennedy mit manipulierten Aktientransaktionen die Mehrheit der Anleger um ihr Geld gebracht hatte. Geld, das damit in seine Taschen floss. Wenn das so stimmt, wie T. C. Reeves es schreibt, dann kann ich mir heute vorstellen, wie sich diese getäuschten Anleger fühlten und welches Leid sie erfuhren, das anschließend ähnlich über die Kennedys kam.

Ich für meinen Teil habe gelernt, dass der Spruch der Lappen stimmt: „*Unrechtmäßig verdientes Geld kommt nicht auf den dritten Erben.*“ Der dritte Erbe nach meinem Urgroßvater bin ich – und sehr viel kam nicht an, entweder weil mein Vater bereits dafür sorgte, dass nicht zu viel negatives Karma mich belasten könnte, indem er das meiste verkaufte! Oder durch Baba, der es wirklich gut mit mir meinte.

Durch all dies eröffneten sich für mich völlig neue Horizonte. Ich verstand, warum meine Großtante unglücklich war, warum meine Großeltern im Krieg durch eine Bombe ihr gesamtes Haus in München in der Arcisstraße verloren hatten. Warum meine Eltern unglücklich waren, solange sie in Italien auf dem Gut lebten, das mein Urgroßvater erworben hatte. Warum mein Bruder dort das größte Unglück seines Lebens erleben musste, dass dort nämlich seine Frau nach 20 Jahren Leiden mit größter Haltung an Krebs starb.

Ich bin der Einzige von uns allen, der einen Beruf wählen konnte – nach den größten Kämpfen –, mit dem ich anderen helfen kann. Ich bin der Einzige aus der Familie, der zu Baba kam. Und ich bin der Einzige, der froh und glücklich ist. Für diese großen Gnaden danke ich heute sehr. Lange, lange habe ich all dies nicht im Entferntesten gesehen. Heute weiß ich, dass man unbedingt sauberes, ethisch erworbenes Geld haben muss.
Deswegen betonte ich so sehr in meinem Buch über Geld, dass *beim Geld die Freundschaft anfängt*. Deswegen mache ich keine Geschäfte, bei denen nicht am Ende beide Seiten froh lächeln können.
Nehme ich dagegen heute jemandem sein Geld unrechtmäßig weg, so werde ich und gegebenenfalls meine Nachkommen dafür zahlen. Außerdem mache ich Menschen unglücklich – und das ist das Schlimmste. Denn nicht das Geld ist ein hohes Gut, sondern allein mein und das Glück anderer. Und heute weiß ich durch Babas Gnade, dass beide miteinander verbunden sind.

Geldseminare

Deswegen gebe ich Geldseminare: Damit Menschen von diesen Zusammenhängen erfahren und die Gelegenheit erhalten, an ihren unbewussten Geldprogrammen zu arbeiten. Und da bin ich der absolut richtige Lehrer – denn ich weiß genau, wie man Geld verliert! Kleiner Scherz!

Nein, ich weiß, was Illusionen sind, wie blind und verbohrt man sein kann und wie man gerade deswegen glaubt, Bescheid zu wissen. Wie sagt der französische Philosoph Descartes? „*Der Verstand ist das Einzige, was in der Welt gerecht verteilt ist, denn jeder glaubt, genug davon zu besitzen!*"
So weiß ich erst jetzt, wie ich Fakten falsch interpretierte. Wie zum Beispiel, dass ich dachte, immer etwas Geld zu besitzen – und nichts auf Dauer zu sparen!!! – bedeute, ein gutes Verhältnis zum Geld zu haben. Ich hätte mir nicht träumen lassen, dass dies gerade ein Beweis dafür ist, dass ich Geld nicht achtete beziehungsweise ein Armutsprogramm lebte. Und dass ich außerdem das unbewusste Programm meines Vaters übernommen hatte, was ich für völlig ausgeschlossen hielt. Ich hatte mich gründlich geirrt, und hätte Baba mit mir nicht seine „bis an die tiefsten Wurzeln" gehende Therapie gemacht, ich hätte diese Zusammenhänge nie und nimmer erkannt.
Deshalb kann ich mich heute immer wieder darüber freuen, dass ich Menschen, so wie mich selbst, von der Armut zum Auskommen oder gar zum Wohlstand führen kann. Besonders freut es mich natürlich, wenn es jemand, wie im Fall von Christopher, vom arbeitslosen Messie zum Millionär schafft. Das gelingt nicht alle Tage – und ist auch gut so, denn es wurde weder ihm noch allen anderen Beteiligten etwas geschenkt, sondern war vielmehr mit viel Arbeit und Engagement verbunden. Es hat aber geklappt.

Und wem haben wir das zu verdanken? Wie hieß nochmal der heilige Mann mit dem orangenen Gewand und der schwarzen Haarkrone? Ah ja: Sri Sathya Sai Baba *Purna-Avatara*!

LITERATUR

Caddy, E.:
- Herztüren öffnen, Kimratshofen 1986
- Flug in die innere Freiheit, Kimratshofen 1989

Kasturi, N.: Loving God, Puttaparthi 1985

Küstenschneider, T., Seiwert, J.: Simplify Your Life, Frankfurt/New York 2002

Lowen, A.: Depression, München 1978

Mallasz, G.: Die Antwort der Engel, Einsiedeln 1988

Markides, K. C.: Heimat im Licht – Die Weisheit des Magus von Strovolos, Berlin 1987

Murphy, J.: Die Macht Ihres Unterbewusstseins, München 2005

Reeves, T. C.: John F. Kennedy, Hamburg 1992

Sandweiss, S. H.: Sai Baba, der Heilige... und der Psychotherapeut, Bonn 1988

Selvini-Palazzoli, M., et al.: Paradoxon und Gegenparadoxon, Stuttgart 1977

von Stepski-Doliwa, S.:
- Die Platonische Erkenntnistheorie, 1995
- Theorie und Technik der Analytischen Körpertherapie, 1999
- Sai Baba spricht zum Westen, 2007, 9. Aufl.
- Sai Baba spricht über Psychotherapie, 2000
- Sai Baba spricht über Erziehung, 2003

Alle im Govinda Sai Verlag
- Zeitlose Wahrheiten für jeden Tag, 2004
- Zeitlose Wahrheiten über Beziehungen, 2005
- Zeitlose Wahrheiten über die Welt und Gott, 2006
- Wie werde ich reich, innerlich und äußerlich, 2006
- Ich bin ich und ich bin gut, 2002

Alle im Doliwa Verlag

Tracy, B.: Thinking Big – Von der Vision zum Erfolg, Offenbach 1998

Anhang

Wie ich im Kapitel *Therapieausbildung* geschrieben habe, sind Ziele entscheidend im Leben. Wer sich Ziele aufschreibt, sie täglich verwaltet und genau weiß, was er will, wird sie erreichen und damit erfolgreich sein (vgl. *Ich bin ich und ich bin gut*).

Die wichtigsten Ziele betreffen die Bereiche:

1. Du liebst und achtest Dich und andere von ganzem Herzen.
2. Du lebst in einer glücklichen und ehrlichen Beziehung.
3. Du achtest Deinen Körper und bist vollkommen gesund.
4. Du verstehst es, Deine Freundschaften zu pflegen. Deshalb bist Du stets von guten, treuen und Dir wohlgesonnenen Menschen umgeben.
5. Du liebst Deine Arbeit und bewirkst dadurch viel Gutes. Erfolg begleitet Dich stets bei allen Deinen Vorhaben.
6. Du bist glücklich und zufrieden und genießt die Fülle des Lebens.
7. Du bist sehr humorvoll und verstehst es, Menschen zu begeistern.
8. Du sorgst gut für Dich und Deine Mitmenschen und verstehst es, dafür zu sorgen, dass diese gut für Dich sorgen.
9. Du bist finanziell sorgenfrei, ziehst täglich mehr Geld an, weil das Geld auch gerne zu Dir kommt und bei Dir bleibt. Deshalb sorgst Du gut für Dein Geld.

Johannes Welz hat nun – ausgehend von der wissenschaftlich belegten Aussage, dass wir alles, was wir mit Musik lernen, uns erstens leichter merken und zweitens schneller umsetzen –, etwas sehr Kluges getan: Er hat zwei CDs herausgebracht, die diese bzw. individuelle Ziele mit Musik verbinden.
Die erste CD beinhaltet die oben erwähnten neun Standardziele, die alle wesentlichen Lebensbereiche abdecken.

Die zweite CD gestaltet er individuell gemäß den jeweils vorgegebenen Zielen.
Informationen zu den Erfolgs-CDs erhalten Sie von F.-Johannes Welz unter www.visionerfolgreich.de oder Sie schreiben eine Email an kontakt@visionerfolgreich.de

SEMINARE VON
DR. VON STEPSKI-DOLIWA

Frauenseminare

Männerseminare

Paarseminare

Führen Lernen

Geldseminare

Informationen zu den Seminaren erhalten Sie sowohl über

www.vonstepski.de

als auch über

Frau Marianne Gorski

Telefon 030 / 23 63 59 05 Mo. – Do. 9:00 – 12:00

marianne.gorski@vonstepski.de

Bücher aus dem Doliwa Verlag

direkt zu bestellen bei:

Doliwa Verlag Lerchenstr. 10

82284 Grafrath

Tel.: 08144 / 99 82 82 7

Fax: 08144 / 99 66 77

E-Mail: kontakt@doliwa-verlag.de

oder online unter:

www.doliwa-verlag.de

Innerhalb Deutschlands liefern wir an Privatkunden portofrei, sobald der Rechnungsbetrag auf dem Konto

C. v. Stepski-Doliwa

Konto-Nr. 103 08 16

BLZ 700 530 70

Sparkasse Fürstenfeldbruck

eingegangen ist.

Ich bin ich und ich bin gut

Mein Dank, meine Erfolge, meine Ziele

Erfolgsbuch 1

Viele Menschen fragen sich, wie sie erfolgreicher werden können. Einige machen deshalb eine Therapie. Andere visualisieren Sätze, die sie positiv motivieren sollen.

Eine große Hilfe für alle ist es, seinen Dank für all das Positive, was man erlebt, seine Erfolge und seine Ziele aufzuschreiben. Wer dies täglich tut, wird sich seiner Leistungen bewusst. Dies baut Selbstwert auf. Je mehr Selbstwert wir aber haben, desto erfolgreicher werden wir.

Das Buch ist in Kalenderform gestaltet, damit wir an keinem Tag unseren Dank, unsere Erfolge und unsere Ziele vergessen. Es enthält eine kurze Anleitung und Erklärungen beziehungsweise Hintergründe zur Vorgehensweise.

Beginnen wir zu einem späteren Zeitpunkt mit dem Aufschreiben, so notieren wir auf den leeren Seiten, was wir in diesem Jahr bereits erreicht haben.

Wann wir beginnen, ist also völlig unwichtig. Entscheidend allein ist, dass wir beginnen – das ist der Weg zum Erfolg.

Hardcover · 448 Seiten · € 24,50 · ISBN 978-3-930889-23-5

Wie werde ich reich?

Innerlich und äußerlich

Erfolgsbuch 2

Wer will nicht reich werden? Unzählige gehen dabei aber nur in eine Richtung und streben äußeren Reichtum oder Wohlstand an, bevor sie diesen in ihrem Inneren gefunden haben.

Außerdem muss, wie mit allem, auch gelernt werden, mit Geld umzugehen. Viele Menschen können dies nicht. Warum? Weil sie es entweder nicht gelernt oder falsche innere Vorstellungen von Geld haben. Dr. von Stepski-Doliwa hat in seinen Geld-Seminaren unzählige Menschen vor Armut bewahren beziehungsweise zu mehr Wohlstand führen können, indem sie ihre inneren, meist unbewussten Einstellungen zu Geld veränderten. Die Zusammenhänge werden in diesem Buch geschildert, außerdem enthält es viele praktische Anregungen, wie jeder für sich in Richtung inneren Reichtum starten kann.

Hardcover · 204 Seiten · € 24,50 · ISBN 978-3-930889-22-8

Zeitlose Wahrheiten für jeden Tag

In liebevoller Weise werden in diesem Buch zeitlose Wahrheiten über Partnerschaft, Gesundheit, Ernährung, Erziehung, Geld, Religion und Spiritualität offenbart.

Dies geschieht in 366 Tagessprüchen, die unser Herz berühren und unseren Geist inspirieren.

Hardcover · 462 Seiten · € 23,00 · ISBN 978-3-930889-17-4

Beziehungen

Zeitlose Wahrheiten – Band 2

In diesem Buch wird gezeigt, wie sich jeder Mensch intellektuell, spirituell und gefühlsmäßig auf eine glückliche Beziehung vorbereiten und eine erfüllende Partnerschaft leben kann.

Das Ziel: die Unterschiede von Mann und Frau verstehen, achten und lieben lernen.

Es wird dargelegt, wie jeder mit Schwierigkeiten umgehen kann, wie man konstruktiv kommuniziert, den anderen versteht und so z.B. eine Trennung vermeidet.

Es wird aber auch gesagt, was man nach dem Scheitern einer Partnerschaft tun kann.

Hardcover · 418 Seiten · € 23,00 · ISBN 978-3-930889-18-1

WELT UND GOTT

Zeitlose Wahrheiten – Band 3

In diesem Buch werden Beispiele beschrieben, die viel Wissen über das Leben vermitteln. Die Hauptaussage: Das Leben ist der beste Lehrer.

Deswegen erfahren wir hier von verschiedenen Schicksalen, die uns berühren. Wir erhalten die Chance, uns selber zu betrachten und daraus zu lernen.

Ein Buch, das uns vermittelt, wie kostbar ein Leben ist, wie viele verschiedene Ebenen der Betrachtung es gibt und wie viel Grund wir haben, nicht nur unser Leben wertzuschätzen, beziehungsweise zu lieben.

Hardcover · 348 Seiten · € 23,00 · ISBN 978-3-930889-20-4

ERZIEHUNG

Zeitlose Wahrheiten – Band 5

In diesem Buch erfahren Sie, wie Eltern ihre Kinder führen und zu glücklichen und erfolgreichen Menschen erziehen können. Dabei wird nicht nur auf grundlegende philosophische und spirituelle Fragen eingegangen, sondern auch auf ganz konkrete Probleme bei - der Ernährung und Kleidung in Schule und Ausbildung, der Behandlung von Krankheiten, dem Umgang mit Hyperaktivität oder mit Hochbegabten. Das Buch liefert Eltern, Lehrern, Erziehern und allen, die mit Kindern oder Jugendlichen zu tun haben, neben nützlichen und interessanten Anregungen vor allem Lösungen. Selbst Erwachsenen ohne Kinder werden wichtige Einsichten vermittelt. Der Leser bekommt die Möglichkeit, in seine eigene Kindheit zu gelangen und herauszufinden, welche Blockaden er lösen und worüber er sich freuen kann.

Hardcover · ca. 300 Seiten · erscheint 2009 · ISBN 978-3-930889-19-8

Die Platonische Erkenntnistheorie

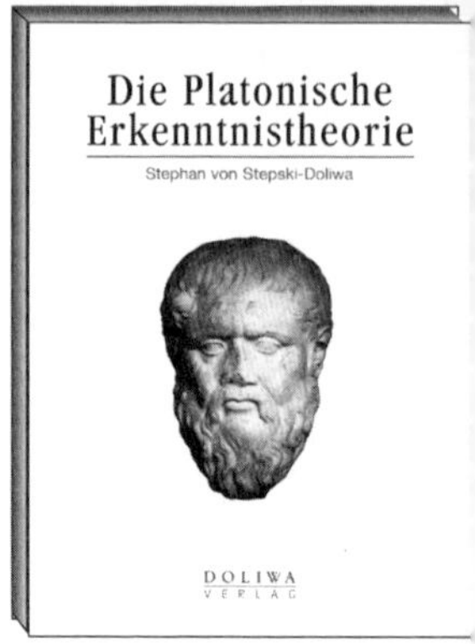

In der Platonischen Philosophie lassen sich, neben der Naturphilosophie, drei Hauptgebiete unterscheiden: Die Ontologie, die Ethik und die Erkenntnistheorie. Die vorliegende Untersuchung weist auf, dass diese drei Themen im Denken Platons aufs engste miteinander verbunden sind. So kann die Ethik nicht ohne Ontologie, die Ontologie nicht ohne Erkenntnistheorie und die Erkenntnistheorie nicht ohne Ethik verstanden werden. Im umfassenden philosophischen System Platons ist das Agathon, das letzte Gute dasjenige, was alles begründet. Dies ist zudem das Eins des PARMENIDES'. Anhand der Interpretation des Dialogs PARMENIDES zeigt sich, dass Platon nicht nur die Notwendigkeit der Erkenntnis des letzten Grundes immer wieder betonte, sondern dass er diese Erkenntnis selbst geleistet hat und deutlich den Weg dahin weist.

Broschur · 171 Seiten · € 15,00 · ISBN 978-3-930889-15-0

Theorie und Technik der analytischen Körpertherapie

Die Körpertherapie erfährt eine starke Verbreitung, da sie durch das Einbeziehen des Körpers in den Behandlungsprozess eine ganz neue und sehr wichtige Dimension hinzufügt. Die verschiedenen körpertherapeutischen Richtungen unterscheiden sich besonders in dem Maße, wie intensiv bzw. wie wenig sie den therapeutischen Prozess psychoanalytisch aufarbeiten.

Dieses Buch legt dar, wie entscheidend in vielen Fällen die Anwendung der analytischen Mittel ist. Vor allem weist er auf, dass sich Körpertherapie und Psychoanalyse ideal ergänzen, also gerade nicht als gegensätzliche Ansätze zu betrachten sind.

Eine interessante und anschaulich geschriebene Darstellung vieler Therapiebereiche, die auf dem fundierten theoretischen Wissen und der reichhaltigen Praxiserfahrung des Autors beruht. Ein informatives Buch für Therapeuten und andere Therapie-Interessierte.

Hardcover · 375 Seiten · € 21,00 · ISBN 978-3-930889-01-3

Sai Baba spricht zum Westen
Band 1

Sathya Sai Baba, der Avatar unserer Zeit, wendet sich in diesem Buch an die westlichen Leser. Er offenbart in liebevoller Weise zeitlose Wahrheiten über Partnerschaft, Therapie, Ernährung, Religion, Spiritualität, Karma und Wiedergeburt.

Dr. Stephan von Stepski-Doliwa hat 366 Tagessprüche von Sathya Sai Baba aufgezeichnet, die nicht nur den Geist inspirieren, sondern auch unser Herz berühren.

Hardcover · 470 Seiten · € 23,00 ·
ISBN 978-3-930889-00-6 · Neuauflage 2007

Sai Baba spricht über Psychotherapie
Band 4

n diesem Buch zeigt Sai Baba auf, was einen guten Therapeuen auszeichnet, worauf er achten sollte – und woran man eine irklich hilfreiche Therapie erkennt. Er äußert sich zu verchiedenen Therapieformen und weist auf eine neue sehr rfolgreiche Methode hin. Mit diesem Buch gibt Sai Baba ielen Therapeuten, Therapiesuchenden und allen interessieren Laien eine große Orientierungshilfe an die Hand. Sie fahren, welche Kriterien für den Erfolg beziehungsweise Iisserfolg einer Therapie ausschlaggebend sind.

ine geglückte Verbindung aus Spiritualität, Philosophie, Psychologie und Psychotherapie.

ardcover · 443 Seiten · € 23,00 · ISBN 978-3-930889-10-5

Sai Baba spricht über Erziehung
Band 5

In diesem ebenfalls Dr. Stephan von Stepski-Doliwa diktierten Buch beschreibt Sathya Sai Baba, was Eltern ihren Kindern geben und wie sie diese führen und zu glücklichen und erfolgreichen Menschen erziehen können. Er geht dabei nicht nur auf grundlegende philosophische und spirituelle Fragen ein, sondern auf ganz konkrete Probleme wie Ernährung, Kleidung, Ausbildung, die Behandlung von Krankheiten und den Umgang mit Hyperaktivität oder Hochbegabung. Ein sehr umfassendes Buch, von dem alle mit Erziehung Befassten, auch Lehrer und Erzieher, sehr profitieren. Selbst wenn man chts mit Kindern zu tun haben sollte, ist es eine wertvolle Hilfe, weil wir anhand der Texte nsere eigene Kindheit anschauen und in neuem Lichte sehen können.

ardcover · 304 Seiten · € 23,00 · erscheint Ende 2009 · ISBN 978-3-930889-14-3

Christentum, Psychologie und die Welt der Physik

Ein vergleichendes und erklärendes Buch der Weisheit, speziell für den Westen formuliert.

Zusammengestellt von Dr. Sven Jaeggi. Vedanta ist keine spezielle indische Weisheitslehre oder Theorie, sondern erklärt universell gültig die zur Evolution gehörenden Prinzipien.

Heute können wir erkennen, dass sich Religion und Wissenschaft – und hier besonders die Physik –, nicht widersprechen, sondern nur unterschiedliche Modelle oder Paradigmen der Wirklichkeitserkenntnis verwenden.

Eben dieses Wissen vermittelt uns das faszinierende und höchst lehrreiche Buch von Dr. Sven Jaeggi.

Hardcover · 344 Seiten · € 27,00 · ISBN 978-3-930889-13-6

Jesus und Buddha

Eine vergleichende Dokumentation

„Die Bergpredigten"

In dieser Zeit der Globalisierung rückt Fernes immer näher. Wie fern beziehungsweise wie nah sind sich die zwei Religionsstifter Jesus und Buddha?

Dieses Buch von Dr. Sven Jaeggi weist die gemeinsamen Wurzeln von Christentum und Buddhismus auf und zeigt, wie beide von der gleichen Quelle genährt werden. Ein Buch, das uns wieder einmal bewusst macht, dass die heutigen weltweiten Probleme nicht durch Betonen der Unterschiede, sondern nur im Auffinden der Gemeinsamkeiten zu lösen sind.

Hardcover · 68 Seiten · € 13,00 ·
ISBN 978-3-930889-08-2

BeobAchtung des Augenblicks

Stationen auf dem Weg zu Sathya Sai Baba

In dem spannenden und humorvoll geschriebenen Buch beschreibt der Autor Rudy Alexander Daniel - früher in der Friedens- und Ökologiebewegung engagiert – seine Reise durch Indien, die ihn schließlich zu Sathya Sai Baba führt. Im Ashram von Sai Baba macht er Erfahrungen, die seinen westlich geprägten Verstand vollends zum Rotieren bringen.

Hardcover · 375 Seiten · € 20,00 ·
ISBN 978-3-930889-06-8

Traum und Wirklichkeit im Angesicht Gottes

Dr. Naresh Bhatia war einer der hauptverantwortlichen Ärzte im Krankenhaus von Sathya Sai Baba. Er beschreibt in diesem Buch seine außergewöhnlichen, auch Menschen aus dem Westen tief beeindruckende Erfahrungen, die er mit dem Avatar unserer Zeit erleben durfte. Ein wunderbares Buch, das berührt und staunen lässt.

Hardcover · 214 Seiten · € 17,00 ·
ISBN 978-3-930889-07-5

Mein Freund Sai

Sri Sathya Sai Baba (in Form einer Durchsage)

Dieses Büchlein ist eine Perle an Fürsorge, Liebe und Weisheit. Es ist eines jener Bücher, die wir gern zu Rate ziehen, wenn wir wieder einmal mit einer der Fragen konfrontiert werden, die unser aller Leben bestimmen. Aber auch sonst erfreut und erfüllt uns dieses Bändchen mit der Freude und dem Licht, die so typisch sind für die Lehren, die aus der Tiefe unserer aller Sein, Bewusstsein und Glückseligkeit stammen.

Hardcover · 39 Seiten · € 9,00 · DIN A6 ·
ISBN 978-3-930889-09-9

Mantren

Die Welt ist auf Schwingungen aufgebaut. Untersuchungen haben gezeigt, wie sich zum Beispiel Worte unterschiedlichen Inhaltes auf die Wasserstruktur auswirken. Auch Menschen besitzen eigene, von anderen verschiedene Frequenzen. Mantren können die Schwingung von Menschen verfeinern und damit an die Göttliche Schwingung angleichen. Das Bewusstsein eines Menschen ist an seine Schwingung gebunden. Verändert sich diese – zum Beispiel durch Mantren –, dann verändert sich auch sein Bewusstsein.

Jede CD besteht aus zwei Abschnitten, im ersten wird das jeweilige Mantra im Chor und im zweiten als Solo gesungen. Wer möchte, kann leicht mitsingen oder die CD den Tag über laufen lassen, da die Mantren mehrfach aufgezeichnet sind.

Alle drei CDs · € 41,50 · ISBN 978-3-930889-28-0

Erscheinungstermin: November 2008

Doliwa Verlag

Gayatri

Das Gayatri ist ein sehr starkes Schutz- und Reinigungsmantra, laut den Veden kann die beständige Rezitation sogar zur Erleuchtung führen. Es hat die Kraft, größte Schwierigkeiten aufzulösen und Menschen zum Positiven zu verändern. Deshalb ist es gerade in kritischen Situationen hilfreich, das Gayatri zu singen. Traditionell wird es drei Male, neun Male oder Vielfache davon rezitiert.

CD · € 15,00 · ISBN 978-3-930889-24-2

Lokah

Das Lokah-Mantra bedeutet: „Mögen alle Wesen in allen Welten glücklich sein". Dieses Mantra bietet uns die Möglichkeit, Gutes für die Welt zu tun. Der Wunsch „Mögen alle Wesen glücklich sein" ist von so großer Bedeutung, weil er unsere Verbindung mit allen Wesen in das Bewusstsein zurückruft.

Auf der CD befinden sich zwei Versionen, die alte und die neue aus Puttaparthi vom Sommer 2008.

CD · € 15,00 · ISBN 978-3-930889-25-9

Heilung

Das Heilungs-Mantra ist ein Feuer-Mantra, mit dessen Hilfe Gott um Heilung angerufen wird. Das Singen beruhigt Erwachsene und Kinder, unterstützt jede Form von Genesungsprozess und wirkt selbst bei Schlaflosigkeit oder quälenden Sorgen.

CD · € 15,00 · ISBN 978-3-930889-26-6